소중한 _____ 님이 1BTC 모으는 그날까지 응원하겠습니다!

결국 비트코인

특별 선물

독자 여러분의 안전한 비트코인 라이프를 응원하는 마음을 담아 특별히 <비트코인 지갑 사용 설명서>를 준비했습니다. 본 QR을 통해 어스플러스에 가입한 후 '백훈종' 마스터를 팔로우하면, 해당 영상을 무료로 확인할 수 있습니다.

일러두기

- 이 책에서 언급되는 정보는 투자 판단에 대한 조언일 뿐, 투자의 최종 판단과 책임은 투자자 본인에게 있음을 알립니다.
- 이 책의 모든 내용은 2025년 8월 기준으로 작성되었음을 밝힙니다.

결국

우리는 모두 지금 당장 비트코인이 필요하다

비트코인

백훈종 지음

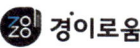
경이로움

추천사

아직도 비트코인을 의심하시나요? 그렇다면 이 책을 읽으십시오. 읽고도 의심한다면, 문제는 비트코인이 아니라 변화하는 세상을 받아들일 준비가 되지 않은 당신 자신입니다. 결국, 비트코인입니다.

- 인피닛블록 대표이사, 정구태

이 책은 비트코인이 우리의 재산을 지키고 늘리는, 쉽고 유일한 방법이라고 알려주고 있습니다. 장기적으로 위험 없이 재산을 늘리는 방법이 있다면 어떤 선택을 할 것인가요. 재테크나 노후 대비 등 여러 가지 돈 문제로 고민하는 분들이 이 책을 통해 편안한 길을 찾을 수 있기를 바라는 마음입니다.

- 블록미디어 대표, 최창환

그를 '다정한' 비트코인 전문가라 부르고 싶습니다. 이 책은 비트코인에 관한 일상적이고 현실적인 질문으로 가득합니다. 당신에게 미뤄둔 미해결 질문들이 있다면, 오늘이 해결의 날입니다.

- 대중음악 분야의 비트코인 전문가, 백찬(가수 에이트)

코인 투자의 대중화 시대, 모두가 비법을 찾고 있습니다. 이 책은 정답을 알려줍니다. 하지만, 그 답은 너무도 교과서적입니다. 책을 펼칠 필요도 없이, 결론은 간단합니다. '결국, 비트코인'이기 때문입니다. 그렇다면, 이 책을 왜 읽어야 할까요? 필자 역시 돌아 돌아 '결국, 비트코인'이라는 답에 도달했습니다. 필자가 겪었던 시행착오는 독자들도 경험했거나 경험하고 있을 겁니다. 그래서 필자가 쏟아내는 비판이 뼈를 때릴 수도 있습니다. 필자는 독자 여러분도 투자의 정도로 나아가길 청하고 있습니다. 책을 읽고 그 여정에 동참해보는 건 어떨까요.

- 알고란 대표, 고란

정직하고 성실한 사람들이 다 함께 승리할 수 있는 세상을 만들기 위해 우리는 어떤 자산을 선택해야 할까요? 이 책은 우량 자산 비트코인을 통해 그 해답을 제시합니다. 어지러운 세상에서 방황하는 당신에게, 이 책은 강력한 나침반이 되어줄 것입니다.

- 《나는 월급날 비트코인을 산다!》 저자, 봉현이형

빠르게 부자가 되는 요령이 아닌, 진짜 자산을 지키고 키우는 방법을 알려주는 책입니다. 수많은 투자 전략이 넘쳐나는 시대, 가장 단순하지만 가장 강력한 해답으로 우리를 이끌어줍니다. 이 책을 읽다 보면, 결국 우리 모두의 답은 비트코인일지도 모른다는 결론에 자연스럽게 도달하게 될 것입니다. 이 길을 함께 걸어가고 싶은 모든 이에게 이 책을 자신 있게 권합니다.

- 업루트컴퍼니 대표 겸 한양대학교 겸임교수, 이장우

프롤로그

우리는 모두 지금 당장 비트코인이 필요합니다

요즘 한국 사회는 온통 돈 버는 법에 대한 이야기로 가득합니다. 유튜브를 틀어도, 책을 펴도, 뉴스에서도 모두 돈, 투자, 부자 되기에 대한 이야기뿐입니다. 파이어족, 부동산 경매, 주식 단타, 알트코인 대박 신화 등 사람들의 관심은 한 방향으로 향해 있습니다. 바로 어떻게든 빨리 부자가 되자는 겁니다. 그런데 이 열풍의 이면에는 불편한 진실이 숨어 있습니다. 바로 실제로 돈을 버는 사람은 극소수이고, 대부분은 손해를 보고 있다는 사실입니다.

남의 성공 스토리는 말 그대로 남의 성공 스토리일 뿐 우리에게 적용되는 것이 아닙니다. 많은 유튜브 채널에서 '돈이면 다 된다'와 같은 메시지로 인기를 끌고 있습니다. 돈 버는 여러 가지 방법들을 설파하며, 이미 많은 돈을 번 자신을 자랑했습니다. 블로그로

벌었다, 달러 투자로 벌었다, 금과 은 또는 코인으로 벌었다는 사람들이 넘쳐났습니다. 하지만 중요한 건 여기에는 그 사람들의 환경, 타이밍, 운까지 포함된 이야기라는 점입니다. 지금 여러분이 아무리 같은 방법을 써도, 결과는 완전히 다를 수밖에 없습니다.

대표적인 예가 바로 워런 버핏의 가치 투자, 레이 달리오의 올웨더 포트폴리오입니다. 책도 많고 유튜브 강의도 많지만, 아무리 따라 해도 우리가 그들처럼 돈을 벌 수 없는 이유는 우리가 그 사람이 아니라는 데 있습니다. 그들의 자산, 네트워크, 시기, 시장 등 여러 조건이 다르니 말입니다.

투자로 돈을 버는 것보다 그 돈을 지키는 것이 훨씬 어렵습니다. 어쩌다 운 좋게 한 번 대박을 냈다 하더라도, 그걸 오래 유지하기란 여간 힘든 일이 아닙니다. 실제로 초창기 코인원에서 20대 개발자들이 수십억, 심지어 백억까지도 벌었지만 지금 그 돈을 유지하는 사람은 거의 없습니다. 돈을 지키는 법은 아무도 가르쳐주지 않기 때문입니다. 한 번 큰 수익을 맛본 사람은 더 큰 욕심을 갖게 되고 이는 다시 무리한 투자로 이어져 결국 무너지게 만들고 맙니다. 70억을 벌면 그 다음엔 140억이 눈에 아른거리고, 고급 아파트를 사면 그 위 레벨에 있는 더 비싼 아파트가 눈에 들어옵니다. 포르쉐를 타면 롤스로이스를 갖고 싶어지는 것과 같은 맥락입니다. 이건 인간의 본능입니다.

현재 시장은 개인 투자자에게 너무 불리한 상황입니다. 2020년 팬데믹 이후 개인 투자자는 폭발적으로 늘었습니다. 한국 전체 인구의 30%에 달하는 1,500만 명이 주식 계좌를 개설했습니다. 하지만 대부분 수익을 내지 못했습니다. 대표적인 사례가 삼성전자입니다. 당시 대부분의 주식 방송에서 '10만 전자 간다'는 말이 쏟아졌고, 개인 투자자들은 8~9만 원에 몰려들었습니다. 결과는? 2025년 8월 현재 삼성전자는 7만 원대입니다. 그런데도 여전히 개인 투자자들은 삼성전자를 사고 있습니다. 희망고문이 아닐 수 없습니다. 반대로 외국인과 기관은 같은 기간에 SK하이닉스, 한화에어로스페이스, 한화오션 같은 종목을 매수해 30~40%의 수익을 올렸습니다. 개인만 거꾸로 가고 있는 겁니다. 늘 그랬듯이 말입니다.

우리는 펀드매니저도, 인플루언서도 아닙니다. 워런 버핏처럼 평생 투자에만 매달릴 수 있는 환경에 있는 것도 아닙니다. 우리에게는 출근해야 할 직장이 있고, 키워나가야 할 사업이 있으며, 지켜야 할 가족이 있습니다. 우리는 지극히 평범한 사람들입니다. 그렇다면 전문가처럼 복잡한 전략을 흉내 내기보다, 단순하고 강력한 자산에 꾸준히 투자하는 전략이 필요합니다. 결국, 비트코인이 결론인 이유입니다.

왜 하필 비트코인일까요? 비트코인은 '디지털 금'입니다. 희소성이 있고, 중앙은행의 통제를 받지 않으며, 인터넷 세상과 궁합이 잘 맞는 자산입니다. 오히려 금보다도 더 확장성이 있는 자산입니다. 미래의 기술이 계속해서 비트코인 위에 얹혀질 수 있기 때문입니다. 글로벌 유동성은 계속 늘어납니다. 정치인과 중앙은행은 돈을 푸는 유혹을 절대 이기지 못합니다. 그 결과는 무엇일까요? 바로, 통화량 증가에 따른 비트코인의 상승입니다. 비트코인은 M2광의통화와 밀접한 상관관계를 가집니다. 유동성이 풀릴수록 비트코인의 가격은 올라갑니다.

비트코인은 예적금 하듯 모아야 하는 자산입니다. 하루아침에 수익을 내려고 하면 안 됩니다. 예적금처럼 차곡차곡 모아야 합니다. 단타 하지 말고, 레버리지 상품 하지 말고, 인플루언서 말에 휘둘리지 말아야 합니다. 시장의 타이밍을 맞추려 하지 말아야 합니다. 복리의 마법을 믿고 묵묵히 쌓아가면 언젠가 터지는 순간이 옵니다. 예적금이 복리로 불어나듯, 비트코인도 장기 투자 시 복리처럼 자산을 불려줄 수 있습니다.

지금 주식 시장은 너무 고평가되어 있습니다. 대부분의 개인 투자자는 인플루언서에 휘둘리며 잘못된 타이밍에 투자하고 있습니다. 단순함이 가장 강력한 무기입니다. 비트코인을 장기적 자산으로 가져가는 것이 가장 효율적인 예적금 대안입니다.

지금이라도 늦지 않았습니다. 비트코인을 꾸준히 모으시길 바랍니다. 여러분이 1비트코인을 모으는 그날까지 제가 여러분의 곁에서 함께하겠습니다!

2025년 여름, 백훈종 드림

차례

추천사　　　　　　　　　　　　　　　　　　　　　　　　　004
프롤로그　우리는 모두 지금 당장 비트코인이 필요합니다　　　006

Chapter 1
알트코인 투자, 반드시 실패할 수밖에 없다

나도 알트코인에 혹했던 때가 있었다 016 | 그간 투자했던 알트코인들의 공통점 023 | 벼락부자를 꿈꾸면 안 되는 이유 033 | 가장 밝은 별, 비트코인을 깨닫게 된 순간 042

Chapter 2
비트코인 vs 알트코인

암호화폐의 최종 목적지는 탈중앙화여야 한다 054 | 확장성: 사용성 개선을 위해 비트코인과 알트코인이 택한 완전히 다른 길 060 | 보안성: 철통 보안 비트코인 vs 맨날 해킹사고 터지는 알트코인 074 | 희소성: 모든 알트코인의 발행량은 사실상 무한대다 084 | 수익성: 전고점을 못 넘기는 알트코인들 096 | 유동성: 비트코인과 알트코인은 매수 주체가 다르다 105 | 도미넌스: 비트코인 도미넌스에 대한 오해 116

Chapter 3
비트코인의 가치는 어디에서 오는가

비트코인 가격이 오르는 원인, '네트워크 효과' 124 | 비트코인은 무정부주의를 추구하지 않는다 131 | 비트코인을 사면 디지털 세상의 맨해튼 주인이 된다 139 | 거듭제곱의 법칙 145 | 비트코인, 언제 시작해도 괜찮은 이유 153 | 비트코인, 법정화폐 시스템 매트릭스에서 탈출하는 '오렌지 필' 160 | 비트코인은 세상을 고치고, 또 바꾼다 169 | 비트코인이 탈중앙성을 유지하는 방법 176 | 비트코인이 금보다 우월한 다섯 가지 이유 181 | 비트코인에 평생 투자할 수 있는 이유 186

Chapter 4
비트코인에 관한 매우 잘못된 오해들

비트코인은 해킹이나 사기에 취약하다? 200 | 비트코인은 변동성이 크기 때문에 좋은 투자자산이 아니다? 205 | 비트코인 채굴은 환경오염을 유발한다? 208 | 비트코인 가격은 이미 너무 많이 올랐다? 217 | 양자 컴퓨터 나오면 비트코인은 없어진다? 224 | CBDC가 비트코인을 대체할 것이다? 232 | 저점에 사고 고점에 팔아야 최고 수익을 낸다? 240 | 비트코인은 불신을 조장하는 기술이다? 246 | MSTR 주식이 비트코인보다 낫다? 253 | 현물 ETF 옵션 승인 때문에 비트코인 가격이 오르지 않는다? 261 | 이번 사이클 비트코인 가격 상승 폭은 이전 대비 줄어든다? 270 | 연준은 비트코인을 싫어한다? 276 | 비트코인 사이클만 믿고 투자하면 성공한다? 281

Chapter 5
비트코인은 디지털 세상의 석유다

비트코인과 웹 3.0 **286** ｜ 디지털 화폐를 대하는 잭 도시와 마크 저커버그의 차이 **292** ｜ 느리지만 올바른 방향으로 발전하는 비트코인 **298** ｜ 알트코인은 주도주가 될 수 없다 **302** ｜ 비트코인 덕분에 기대되는 미래 인터넷 세상 **308**

나만 몰랐던 비트코인 용어 모음집 **314**
나만 알고 싶은 비트코인 사이트 목록 **329**

stay humble, stack sats!

Chapter 1

알트코인 투자, 반드시 실패할 수밖에 없다

나도 알트코인에
혹했던 때가 있었다

현업에서 알트코인을 만나다

믿기 어렵겠지만, 나도 일명 '코알못' 시절이 있었다. 2018년, 코인원Coinone에 입사하면서 법인 영업 매니저라는 직책을 맡았고, 다양한 알트코인 프로젝트와 미팅을 진행했다. 법인 영업 매니저란, 코인원에서 거래하는 개인 고객이 아닌 법인 고객을 대상으로 영업 활동을 하는 직군을 말한다. 쉽게 말해, '더 많이 거래해주세요'라는 식의 영업을 하는 역할이었다.

아무래도 영업 직군이다 보니 외부인들을 자주 만나게 되었고, 자연스럽게 비트코인이나 알트코인을 활용해 새로운 프로젝트를 추진하는 회사나 창업팀들과도 연결될 기회가 많았다. 특히, 당시 코인원은 해외 거래소 '코인원 글로벌 익스체인지'를 설립하려 하고 있었고, 나는 그 추진 팀의 영업 매니저로 일했다.

국내에서 2, 3위권이던 코인원이 글로벌 거래소를 론칭한다는 소식이 전해지면서, 자신의 프로젝트를 먼저 상장시키고 이를 발판 삼아 본 거래소에도 진출하려는 알트코인 프로젝트들이 많아졌다. 특히, 2017년 ICO 프로젝트가 새로운 암호화폐를 발행하고 투자자에게 판매해 자금을 조달하는 방식으로, 주식 시장의 IPO와 유사 대호황 직후였던 터라 (당시에는 ICO가 여전히 유행이었다) 국내에서는 ICO가 금지되었지만 싱가포르, 중국, 홍콩 등 아시아 지역을 비롯해 유럽에서도 활발하게 진행되고 있었다.

이 시기에 '유틸리티 토큰', 즉 실제 서비스에서 사용되는 코인들이 등장하면서, 거래소들의 성장도 가속화되었다. 당시만 해도 금융위원회나 금융감독원의 명확한 규제를 받지 않았기 때문에, 거래소들은 자체적인 내부 심사를 통해 알트코인을 상장했다.

상장 업무를 직접 담당한 것은 아니었지만, 프로젝트와 사전 미팅을 진행하며 흥미로운 사업 모델을 가진 팀들을 많이 만날 수 있었다. 그리고 그 과정에서 코인원이 추진하던 IEO ICO와 유사하지만, 거래소가 중개자로 참여해 토큰 판매를 진행하는 방식. ICO가 프로젝트 주체라면, IEO는 거래소가 프로젝트를 심사하고 판매까지 담당해 신뢰도가 더 높다고 여겨짐 라는 플랫폼이 있었다.

즉, 대중을 상대로 코인을 판매하는 방식이 중요한데, IEO는 거래소가 직접 상장과 공개 매매까지 진행하는 일종의 증권사 역할을 하는 시스템이었다. 원래 거래소는 단순히 상장만 담당하는 것이 일반적이지만, 당시 코인원은 자체적인 IEO 플랫폼을 구축하며 프로젝트 선정과 계약 작업을 진행하고 있었다. 나는 이 과정에서 플랫폼에 올라갈 프로젝트들을 선정하고 계약하는 역할을 맡았다.

이때 기억에 남는 알트코인 프로젝트들이 몇 개 있다. 태양광 발전을 통해 생산된 전기를 토큰화하여 개인들에게 판매하는 프로젝트도 그중 하나다. 개인들이 이 토큰을 사면, 가격이 오르면서 태양광 발전을 하려는 수요가 증가할 것이라는 논리였다. 즉, 코인 가격의 상승을 통해 친환경 전기 발전 산업을 활성화하려는 목적이었다.

개인 펀드 매니저들이 만든 포트폴리오를 기반으로 토큰을 발행한 일종의 카피 트레이딩 토큰도 기억에 남는다. 투자자들이 이 토큰을 구매함으로써 해당 펀드 매니저의 투자 전략과 수익률을 그대로 따라갈 수 있도록 설계한 모델이었다. 현재도 비슷한 개념의 코인이 존재하지만, 당시에는 굉장히 획기적인 아이디어였다.

그러나 결과적으로 보면, 현재 살아남아 거래되고 있는 토큰은 단 하나도 없다. 대부분은 상장폐지 되었고, 웹사이트마저 사라지면서 프로젝트 자체가 종료된 경우가 많다. 이 경험을 통해, 알트코인은 장기적으로 운영되기가 쉽지 않다는 현실을 실감하게 되었다.

하루에도 벼락부자가 몇십 명씩 쏟아져 나오던 그때

내가 알트코인에 손을 대게 된 또 다른 중요한 계기는 바로 알트코인 투자로 벼락부자들이 속출했다는 데 있다. 내 주변에도 나보다 한참 어린, 이제 막 사회생활을 시작한 코인원 개발자 사원이 우연히 투자한 알트코인 덕에 대박이 난 경우가 있었다. 정말이지 말도 안 될 정도로 수익률이 높았다.

그뿐만 아니라 1,000~2,000배까지 단기간에 폭등하는 알트코인들이 속출하면서, 순식간에 엄청난 부를 쌓은 사람들이 여기저기서 등장했다. 말 그대로 전반적인 투자 분위기가 굉장히 좋았던 시기였다.

당시 회사에서는 하루 자고 일어나면 새로운 벼락부자가 탄생했고, 다음 날이면 또 다른 사람이 그 대열에 합류했다. 바로 옆에서 그런 모습을 보면서, 솔직히 부러움이 샘솟았다.

'이렇게 부자가 되는 건가?' 위험한 착각이 들기 시작했다. '기회에 편승하면 부자가 되는 거구나.' 닷컴버블 때 벤처를 창업했던 사람들이 지금은 벤처 1세대, 2세대가 되어 전문 투자자로 활동하고 있지 않은가. 그들도 결국 기회를 잡아 성공한 것 아니었나. 당시에는 이것이야말로 부자가 되는 과정이라고 단단히 착각했다.

그때까지 나는 월급을 받으며 사는 것에 한계를 느끼는 그저 단순한 직장인일 뿐이었다. 분산 투자도 해보고, 저축도 하고, 주식 투자도 했지만, 매번 너무 큰 벽이 느껴졌다. '이렇게 월급 받아서 언제 부자가 되지?' 고민하던 차에, 알트코인에 손을 대기 시작했다.

코스모스 아톰과의 만남

그 무렵, 당시 엄청난 주목을 받았던 프로젝트가 하나 있었다. 바로 '코스모스 아톰'이라는 코인이다. 아직도 존재하는 이 코인은, '코스모스'라는 블록체인 네트워크에서 발행한 '아톰ATOM'이라는 코인으로, 국내에서는 코인원 거래소가 최초로 상장을 주관했다. 즉, 코인원이 국내 거래소 최초로 IEO를 진행한 셈이었다.

코인원은 코스모스 아톰 프로젝트와 협업하여, 국내 거래소 중 가장 먼저 아톰을 상장하는 이벤트를 열었다. 그러다 보니, 코인원 내부에서도 이 코인에 미리 투자할 기회가 있었다. '한번 사볼까?' 사실 뭐, 잘될지 안 될지는 아무도 몰랐다. 하지만 미리 투자한 사람들이 많았다.

그리고 대박이 났다. 상장 당시 아톰 코인의 가격은 약 170원이었다. 그런데 이후 거의 수직 상승하며, 개당 1만 원까지 폭등했다. 내가 창업하고 1년 뒤인 2021년에는 아톰 코인 가격이 개당 4만 원까지 올랐다. 이후 가격 변동은 따로 추적하지 않았지만, 당시 코인원 내부에 아톰 코인을 조금이라도 보유한 사람들이 많았고, 이 코인 덕분에 부자가 된 사람들도 여럿 봤다. 그래서 더욱 실감이 났다.

그런데 인생은 참 아이러니하다. 앞에서 이야기했듯, 그때 투자했던 프로젝트들은 지금 전부 사라졌다. 모두 다 공중분해되었다. 장기적으로 살아남는 프로젝트가 극히 드물다는 사실을 몸소 경험했다. 그때 나는 뼈저리게 깨달았다. '알트코인은 결국, 벼락 부

자가 될 수 있는 수단이 아니구나.'

옵션 투자로 갈 때까지 가보다

그렇다고 바로 정신을 차린 건 아니었다. 대신 이제는 메이저 코인 위주로 투자해야겠다는 생각이 들었고, 선물 옵션 상품에 손을 대기 시작했다. 당시에도 비트맥스 같은 해외 거래소를 비롯해 선물 상품을 제공하는 플랫폼이 꽤 많았다. 그래서 바로 해외 거래소 계정을 만들어 직접 거래를 해봤다. 생각보다 어렵지 않았고, 운이 따라줘 몇 번은 큰돈을 벌기도 했다.

거래소에서 머물다 보면 가격 상승이 예상되는 뉴스를 종종 들을 수 있다. 이 호재를 알고 선물 상품에 투자하면, 예를 들어 비트코인 가격이 단기간에 10%만 올라도, 선물에서 롱 포지션을 잘 잡을 경우 100배 수익도 가능했다. 지금은 100배 레버리지를 제공하는 메이저 거래소는 없겠지만, 50배 정도는 가능한 곳이 여전히 있을 것이다. 어쨌든, 당시에는 비트코인 선물에서 100배 레버리지로 단타를 칠 수 있는 환경이었다.

크게 벌었을 때는 단 한 번의 트레이딩으로 400~500만 원을 번 적도 있었다. 하지만 문제는 휴대폰을 계속 보게 되는 데 있었다. 회사에서 미팅을 하다가도 '청산' 알림이 뜨면 자연스럽게 휴대폰을 확인하게 되고, 마진콜이 오면 '담보금을 더 넣어야 청산을 안 당하지'라는 생각에 끊임없이 돈을 추가로 넣었다.

문제는 비트코인 선물 시장에는 '장이 마감되는 시간'이 없다는 것이었다. 집에서도 가족과 시간을 보내는 대신 차트만 들여다보며 피폐한 삶을 살았다. 그러다 보니 쉽게 피로해지고, 일도 잘 안 되고, 사람들과의 관계도 팍팍해졌다. 회사에서도 점점 좋지 않은 일들이 생기기 시작했다.

자연스럽게 투자 결과도 안 좋아졌다. 청산을 당하고, 반대로 잘못된 포지션을 잡아 큰 손실을 보면서 결국 선물 옵션 투자도 오래가지 못했다. 약 3개월 동안 나름 열심히 매달렸지만 결국 실패했고, 이것도 나와 맞지 않다는 걸 다시 한 번 뼈저리게 깨달았다.

나와 비슷한 길을 걸어온 사람들이 많을 거라고 생각한다. 순서는 다를 수 있지만, 대체로 비트코인으로 입문해 알트코인에 투자한다. 이후 트레이딩을 시도하고, 실패한다. 슬프게도, 여기서 갈 길을 잃는다. 많은 사람이 비슷한 과정을 겪었을 것이다. 나 역시 똑같았다. 지금 이 글을 읽고 있는 사람들에게 이런 시기를 겪는 사람이 나뿐만 아니다라는 위안을 주고 싶은 이유다.

다만, 중요한 것은 다음 단계다. 결국 완전히 잘못된 관념에서 벗어나 올바른 방향으로 가야 하기 때문이다.

그간 투자했던
알트코인들의 공통점

너도나도 발행하고 있던 토큰

거래소 비즈니스의 한계를 느꼈던 나는 결국 코인원에서 1년을 재직한 후 좋은 사람들과 함께 퇴사했다. 당시 거래소들은 모두 종합 금융사로 변신하고 싶어 했다. 거래소는 결국 거래소일 뿐이었는데 말이다. 당연히 현실은 녹록지 않았다. 금융 당국과 은행들의 압박이 서서히 들어오기 시작했다. 예를 들면 '거래소는 거래소 업무에만 집중해라', '자본시장법을 고려했을 때 다른 금융 서비스는 하지 않는 것이 좋겠다' 같은 메시지들이 날아들었다.

결국 거래소는 거래소 본연의 업무에만 집중해야 했다. 하지만 그렇게 되면, 새로운 비즈니스 모델을 찾기가 어려웠다. 거래소는 오직 거래만 담당해야 하는 상황, 과연 무엇을 더 할 수 있을까? 나는 IEO를 도입하고 싶었다. 거래소가 주체가 되어 직접 프로젝트를 발굴하고, 상장을 주관하는 브로커리지brokerage 역할을 하고 싶었던 것이다. 하지만 현실적으로 어려웠기 때문에, 결국 퇴사를 결심했다. 이제 직접 비즈니스를 해보자는 마음으로.

창업을 준비하면서 다양한 사람들의 의견을 듣고 고민한 끝에, 금융 서비스를 해야겠다는 결론을 내렸다. 비트코인, 알트코인 할 것 없이 암호화폐를 활용한 금융 상품을 제공하는 것이 답이라는 생각이었다. 예금, 대출, 현금 교환 서비스 등 암호화폐 기반의 다양한 금융 상품을 만들자는 목표로, 2019년 '디에이그라운드'라는 법인을 창업했다. 현재는 '스매시파이SmashFi'라는 서비스명으로 활동하고 있다. 창업을 하면 토큰을 발행해 자금을 조달하라는 권유를 정말 많이 받던 시절이었다.

스타트업 업계에서는 '3F'라는 용어가 있다. 3F=Family, Friend, Fool. 스타트업이 초기 자금을 확보하는 대표적인 방식으로, 가족과 친구의 도움을 받거나 운 좋게 펀딩을 받거나 '바보 같은 사람Fool'이 투자해주길 바란다는 의미다. 마지막 F는 자조 섞인 농담이기도 하다. 그만큼 스타트업이 투자를 받는 것이 쉽지 않다는 현실을 반영한 것이다.

우선 가족, 친구, 소규모 투자자들로부터 초기 자금을 지원받아 아이디어를 현실화시키는, MVPMinimum Viable Product라고 하는 최소 시연 모델을 만든다. 이 MVP로 시장 테스트를 진행한다. 테스트 결과가 어느 정도 입증되면, VC를 찾아가 피칭을 하면서 본격적인 투자 유치를 시작한다. 이렇게 회사의 가치를 키우고 확장해나가는 것이 스타트업이 하는 일이다. 그런데 2019년 당시에는 자금 조달의 또 다른 대안이 하나 더 있었다. 바로 토큰 발행이었다.

ICO에서 거래소 토큰까지, 코인 발행

2017~2018년에는 ICO가 유행이었다. ICO는 말 그대로 아무것도 없는 상태에서 아이디어만으로 코인을 발행하고, 투자금을 조달하는 방식을 뜻했다. 2019년부터는 거래소, 금융 서비스 스타트업들이 자체 플랫폼에서 활용할 수 있는 코인을 발행하기 시작했다.

그 예로 FTX의 FTT 토큰이 있는데, 이 토큰은 FTT 코인을 거래소에 예치하면 거래 수수료 할인을 받을 수 있는 방식으로 설계되었다. 셀시우스의 CEL 토큰도 마찬가지였다. 셀시우스 토큰을 보유한 고객들에게 고정 이자를 지급하는 방식이었다.

셀시우스는 디에이그라운드와 비슷한 금융 상품을 다루었는데, 일종의 은행처럼 보이는 전략을 취했다. 실제로 비트코인을 예치하면 연 5%의 고정 이자를 지급하고, 셀 토큰을 보유하면 추가 혜택을 제공했다. 이들은 뒷단에서 자동 트레이딩, 대출 등의 방식으로 수익을 창출했다. 이렇게 그들은 기존 은행의 예금 서비스와 유사한 형태로 운영되면서도, 스타트업의 자금 조달 방식은 기존 VC 투자 유치와는 전혀 다른 길을 걸었다.

점점 신개념 자본조달 방식이라는 둥, 완전히 새로운 패러다임이라는 둥의 인식이 퍼지기 시작했다. 내가 창업한 회사에서도 토큰을 발행해야 하지 않겠냐는 목소리가 많았다. 주변에서도 '왜 굳이 어렵게 투자 유치를 하려 하냐, 그냥 토큰을 발행하면 되지 않냐'는 권유가 쏟아졌다.

사실 지금도 많은 사람들이 토큰 발행을 고민한다. 스타트업 운영이 너무 어렵기 때문이다. 정상적인 방식으로 성장하려면 직접 제품을 만들고, 영업하고, 시장에서 인정받아야 투자금을 받을 수 있다. 하지만 시장 자금이 경색되고 투자자들의 지갑이 좀처럼 열리지 않는 상황에서는 그냥 토큰을 발행해 돈을 벌어볼까라는 유혹이 생기기 마련이다. 쉽고 빠른 길을 가고 싶은 욕망은 그때나 지금이나 여전히 존재한다.

자본 조달의 새로운 혁명, 패러다임이 깨지다

이와 같은 상황 속, 하나의 철퇴를 제대로 내려친 사건이 바로 '테라-루나 사태'다. 암호화폐 투자자라면 누구나 기억할 것이다. 권도형이라는 한국인 창업자가 만든 테라Terra 프로젝트, 이는 위메프 창업자였던 신현성과 공동으로 창업했던 프로젝트였다. 신현성은 이미 VC 업계에서 유명한 인물이었기에, 당시 아무도 권도형을 몰랐을지라도 신현성이 있다는 사실만으로도 테라 프로젝트는 엄청난 신뢰를 얻었다.

테라 프로젝트가 했던 일은 간단했다. UST라는 알고리즘 기반 스테이블코인을 만들고, 이를 통해 가치가 유지된다고 홍보한 것이다.(UST는 테라 블록체인의 알고리즘 스테이블코인으로, 1UST=1달러를 유지하도록 설계되었으나, 구조적 문제로 인해 2022년 5월 디페깅_{고정 가치 붕괴} 사태가 발생하며 폭락했다.)

문제는 '알고리즘'이라는 단어가 사람들을 현혹했다는 점이다. 기술 보국을 신념처럼 여기는 한국에서, '알고리즘'이란 단어는 신뢰를 주기에 충분했다. 하지만 한국 투자자들을 가장 강하게 끌어들인 요소는 따로 있었다. 바로 '앵커 프로토콜_{테라 블록체인 기반의 디파이 서비스로, UST 예치 시 연 20%의 고정 이자를 제공했던 프로토콜. 지속 불가능한 모델이었으며, 테라 생태계 붕괴와 함께 2022년 무너짐}'이다.

UST, 앵커 프로토콜, 그리고 20% 고정 이자

디파이는 원래 이자율이 가변적이다. 대출 시장의 유동성과 담보 규모에 따라 이자율이 계속 변동한다. 하지만 앵커 프로토콜은 20% 고정 이자를 약속했다. 당시, 전 세계적으로 제로 금리 시대였다. 그런데 연 20%의 고정 이자를 받을 수 있는 곳이 있다? 당연히 투자자들이 몰려들었다.

게다가 테라 프로젝트에는 우리 같은 리테일 투자자들뿐만 아니라, 벤처캐피털과 유명 투자자들도 대거 참여했다. 그들은 테라를 적극 옹호했다. 이때, 굉장히 인상 깊었던 사건이 하나 있다. 유명 유튜버 '슈카월드'가 UST의 구조적 문제를 지적했던 것이다. "20% 고정 이자가 어떻게 가능하냐? 구조 자체가 말이 안 된다." 하지만 당시 국내 유명 VC들은 오히려 슈카월드를 비판했다.

특히 국내 유명 코인 VC까지 나서서 UST를 옹호했다. 그뿐만 아니라, 국내에서 이름만 대면 알 만한 VC들이 테라 프로젝트를 지지하는 입장을 보였다.

나는 이 상황을 지켜보며 불안했다. 그래서 앵커 프로토콜에 큰 금액을 투자하지 않았다. 다만, 시스템이 어떻게 돌아가는지 직접 확인하기 위해 소액을 투자해봤다. 그런데 실제로 고정 이자가 20% 지급되는 걸 보고 신기했다. 하지만 나중에 밝혀진 사실은 충격적이었다. 이 모든 것은 루나 토큰 가격이 부양되면서 가능했던 구조였다. 즉, 루나 가격이 상승하는 동안은 20%의 이자를 지급할 수 있었지만, 이 가격 상승이 멈추는 순간 시스템은 무너질 수밖에 없었다.

당시 루나는 시가총액 기준 글로벌 9위까지 올라갔고, 권도형은 '아시아의 비탈릭 부테린'이라는 칭송을 받으며 팬덤을 형성했다. 하지만, 모든 것은 한순간에 무너졌다.

결국, 앵커 프로토콜과 UST 스테이블코인의 가격이 1달러에서 무너졌다. 이와 함께 루나 가격이 폭락했고, 가격이 99% 넘게 하락하면서 수많은 피해자가 양산되었다. 국내 피해자만 약 18만 명으로 추정되었다. 내 주변에서도 피해를 본 사람들이 많았다. 이 사건을 통해 나는 다시 한 번 알트코인은 결국 살아남기 어렵다는 사실을 실감했다.

그리고 그해 10~11월, 이번엔 FTX 거래소가 파산하기 시작했다. FTX 거래소는 전 세계 3위까지 갔던 대형 거래소였다. 그런데 앞서 말했듯, FTX는 'FTT'라는 토큰을 발행해 거래소 내 혜택을 제공했다. FTT 토큰을 사서 FTX에 예치하면 수수료 할인 등의 혜택을 받을 수 있었다. 하지만 알고 보니, 이 FT 토큰을 통해 들어온 자금이 모두 자체 트레이딩에 사용되었고, 결국 그 돈을 다 날려버린 것이었다. 결국 FTX 거래소와 알라메다리서치가 자매 관계였다는 사실이 밝혀졌다. 원래는 별도 법인이어야 했지만, 실질적으로 알라메다리서치는 트레이딩 회사, FTX는 거래소 역할을 하면서도 두 회사가 사실상 한 몸처럼 움직이고 있었다. 문제는, FTX에서 발행한 FTT 토큰에 사람들이 대거 투자한 상황에서, 거래소까지 파산하는 사태가 발생했다는 것이다.

자, 그러면 다음 타자는 누구일까? 앞서 말했던 셀시우스도 같은 방식으로 운영되었다. 셀시우스는 'CEL'이라는 토큰을 발행해 리테일 투자자로부터 엄청난 자금을 조달했다. 그 다음은 마찬가지였다. CEL 토큰이 폭락하자, 결국 대규모 인출 사태가 발생했다.

이 회사는 이미 CEL 토큰을 발행해 확보한 자금을 뒷단에서 운용하고 있었다. 결국 토큰을 통한 자금 조달의 불안정성이 여실히 드러난 셈이었다. 여기서 중요한 점이 있다. FTT 토큰, CEL 토큰, 그리고 앵커 프로토콜에 돈을 넣어놨던 사람들, 즉 루나 코인에 투자했던 많은 투자자들은 이를 '채권-채무 관계'처럼 인식했다. 예를 들면, '나는 너희를 믿고 코인을 샀는데, 거래소가 파산을 해? 돈 내놔!' 하는 식이었다. 하지만 법적으로 토큰 투자와 채권-채무 관계는 다르다. 이러한 인식 차이가 토큰 기반 자금 조달 모델의 근본적인 문제를 더욱 극명하게 보여준 사건이었다.

알트코인 망길 테크트리

이 3가지 케이스가 망하기 전까지 1가지 공통적인 특징이 있다. 바로 창업자들에 대한 우상화다.

카르다노 창립자 찰스 호스킨슨Charles Hoskinson, 리플 CEO 브래드 갈링하우스Brad Garlinghouse, 이더리움 창립자 비탈릭 부테린Vitalik Buterin에 대한 우상화는 지금도 진행형이다. 특히 셀시우스 창립자 알렉스 마신스키Alex Mashinsky도 MOIPMoney over Internet Protocol, 인터넷 프로토콜상 금융이 이동하는 서비스 암호화폐 기반 인터넷 은행을 의미 서비스를 개발해, '인터넷 은행을 창시한 사람'이라는 칭송을 받으며 엄청난 우상화가 이루어졌다.

FTX 창업자인 샘 뱅크먼 프리드Samuel Benjamin Bankman-Fried는 말할 것도 없다. 샘 뱅크먼 프리드는 'JP모건 같은 인물'이라는 칭송을 받았다. 1907년 미국 금융위기 때, JP모건이 직접 개입해 은행 산업을 구제했던 것처럼, 샘 뱅크먼 프리드도 2022년 암호화폐 시장의 긴 하락장에서 자신의 돈을 풀어 코인 가격을 부양하고, 미국 정가에 로비까지 하면서 암호화폐 규제 완화에 힘썼다. 그래서 '암호화폐 산업의 백기사'라는 별명까지 얻었다. 그런데 뒤에서는 전혀 다른 일들이 벌어지고 있었다는 사실이 나중에야 밝혀졌다.

일종의 테크트리는 항상 비슷한 방식으로 흘러간다. 일단 알트코인 시장에서 새로운 핫 트렌드 하나가 등장한다. 그리고 거래소들이 기존 방식으로는 더 이상 확장하기 어렵다고 판단하면서, 알트코인을 발행하기 시작한다. 갑자기 없던 알트코인을 발행해서 자본 조달을 한다. 그럼 투자자들이 혹한다. '이 거래소는 이미 잘 운영되고 있고, 망할 가능성이 낮으니까 이 코인도 투자하면 오르겠지.' 하지만 실제로는 이미 내부적으로 문제가 생긴 상태에서, 그걸 메우기 위해 토큰을 발행했을 가능성이 높다. FTX도 그랬고, 테라-루나도 그랬으며, 셀시우스도 그랬다. 이미 문제가 발생했으니, 이를 해결하기 위해 토큰을 발행한 케이스일 가능성이 크다. 그리고 사람들은 이 사실을 모른 채 투자에 뛰어든다.

더불어, 그 와중에 창업자에 대한 우상화가 진행된다. 이 기업들은 토큰을 발행해 엄청난 자본을 조달한 상태이기 때문에, 마케팅에도 막대한 비용을 쏟아부을 수 있다. 그래서 마케팅 에이전시를 활용해 키워드 노출을 적극적으로 진행하고, 창업자의 이미지를 신격화한다.

조금만 들여다보면, 사실 이상한 점들이 많았다. 권도형 같은 경우, 트위터에서 "UST의 20% 고정 이자는 어디서 나오는 거냐"는 질문을 받았을 때, "니 엄마 배 속에서 나온다"라는 조롱성 답글을 달았다. 알렉스 마신스키도 과거 금융 사기 전과가 있었다. 그런데도 언론에서는 이런 점을 제대로 보도하지 않았고, 오직 '셀시우스'라는 회사만 조명하면서 창업자를 우상화하기에 급급했다.

나는 여전히 믿지 않는다. 어떤 창업자가 괜찮은 서비스를 만들었다고 해도, 갑자기 알트코인을 발행한다? 그리고 그걸로 자본

조달을 하려고 한다? 그럼 일단 의심부터 한다. '이 회사에 뭔가 문제가 있구나.' 그 창업자가 갑자기 신문 1면에 오르고, 유튜브에 자주 나오기 시작한다? 그러면 더 의심한다.

그래서 나는 절대 알트코인을 발행하지 않는다. 이건 나의 신념이다. 지금도 내 레이더망에 걸려 있는, 비슷한 느낌이 드는 프로젝트들이 많다. 예를 들어 리플. 리플은 굉장히 의심스럽지만, 이 부분은 나중 챕터에서 다루겠다.

여러분도 이 책을 통해 함께 공부하면서, 앞 구르고 옆 구르고 뒤로 굴러서라도 '망할 테크트리'의 알트코인들을 잘 피해가는 투자자가 되었으면 좋겠다.

벼락부자를 꿈꾸면
안 되는 이유

우리는 항상 끝물을 마신다

알트코인에 투자하는 사람들에게 꼭 전하고 싶은 메시지가 있다. 알트코인에 투자하는 사람들은 단기간에 큰돈을 벌고 싶어 한다는 공통점이 있다. 일부 비트코인 투자자들 중에서도 같은 방식으로 접근하는 사람들이 있을 것이라고 생각한다. 그런데 이렇게 '단기간에 큰돈을 벌겠다'라는 목표를 세우는 경우, 대부분 제대로 이루어지지 않는다.

세아상역이라는 곳에서 근무할 때의 일이다. 당시 나는 아직 투자 전문가가 아니었다. 그때 나와 함께 투자하던 동료가 있었는데, 그 친구는 팔랑귀였다. 그 친구가 속한 팀의 과장님과 부장님도 주식 투자에 열심이었고, 동료는 그들을 지나치게 믿었다.

어느 날, 그들과 함께 담배를 피우던 중 동료는 알트코인을 추천받았다. "야, 나 이거 어제 샀거든? 근데 오늘만 5% 올랐어. 앞으로 꽤 많이 오를 것 같아. 이거 엄청 투자 잘하는 애한테 들은 거야. 너도 사봐." 과장은 그렇게 동료를 꼬드겼고, 동료는 망설임 없이 바로 그 코인에 투자했다.

다음 날, 담배를 피우던 부장님이 "야, 나 다 팔았다?"라고 말했던 순간 당황한 표정을 지었던 동료의 얼굴을 잊을 수 없다. 나는 속으로 얼마나 안심했는지 모른다. 하지만 동료는 이미 가격이 많이 떨어졌는데도 쉽게 팔지 못했고, 연일 하락하는 가격을 쳐다보다가 결국 크게 잃고 손절하고 말았다.

그 친구는 이런 생각을 했을 것이다. '우리 부장님 대단한 사람인데, 나한테 이런 종목을 추천해주셨다는 건 나를 엄청 아끼기 때문일 거야. 이 종목과 만난 건 하늘이 준 운명 같은 거야!' 하지만 엄청난 착각일 뿐. 대체로 우리는 어떠한 투자 정보든 나에게까지 정보가 흘러들어왔다면 이미 끝물일 가능성이 훨씬 크다는 사실을 자주 잊고 만다. 당시 나 역시 그 사실을 잊을 뻔했다. 그저 나의 다소 보수적인 성격이 본능적으로 그 위험을 피했을 뿐이었다. 이와 비슷한 경험을 한 번 더 하고 나서야, 완전히 확신을 갖게 되었다. 코인원에서 일할 때였다.

어느 날 나와 굉장히 가까운 친척 어르신의 전화를 받았다. "너 암호화폐 잘 알지? 내가 요즘 이런 코인을 추천받았는데, 이걸 추천해준 분이 내 은사님이야. 교회 장로님이시고, 내가 정말 믿고 따르는 분이거든. 이 코인 너무 좋은 것 같아. 어떻게 생각하니?"

해당 코인의 구조는 이랬다. 휴대폰에 특정 앱을 설치하면, 앱을 켜는 순간 광고가 자동으로 재생된다. 광고를 보기만 해도, 내 암호화폐 지갑에 해당 코인이 자동으로 쌓이는 시스템이었다. "그냥 보고만 있으면 되는 거야! 얼마나 좋아? 이렇게 쉽게 돈 벌 수 있는 코인이 어딨어? 너무 괜찮지 않아?"

친척 어르신은 굉장히 흥분한 목소리로 내 의견을 물어보셨다. 그때 나는 코인원에 입사한 지 얼마 안 된 초짜였다. 강하게 확신을 갖고 "어르신, 이거 안 됩니다"라고 말할 수 없었다. 역시나 시간이 지나고 보니, 전형적인 피라미드 스킴이었다. 심지어 우리나라 뉴스에도 보도된 사건이었다.

알고 보니, 은사님이라는 사람도 피라미드 구조의 최종 판매원 중 한 명이었다. 그리고 장로님이라는 분이 판매망의 끝단에 있었기 때문에, 정보가 친척까지 도달한 것이었다. 결국, 그 코인은 공중분해되었다. 그리고 이후에도 비슷한 일이 몇 번 더 반복되었다. 이제는 확실히 깨달았다. 정보에는 흐름이 있다. 그리고 '그 흐름에서 나는 항상 맨 마지막이다.' 이것이 바로 유일하게 변하지 않는 진리다.

미국인과 개발자가 아니라면 잠시 스톱

객관적으로 봤을 때 특히, 한국인은 정보 습득에서 가장 마지막에 위치할 가능성이 크다. 현재 전 세계적인 거시경제의 흐름과 부는 모두 미국으로 집중되고 있다. 지금이 절정에 다다르고 있지만, 사실 내가 직장에 다녔던 2016~2017년에도 마찬가지였다. 미국은 원래 전 세계의 슈퍼파워였고, 돈이 될 만한 이벤트나 사건, 아이디어 등은 주로 미국에서 시작되곤 했다.

결국, 기회는 미국에서 발생한다. 그렇다면 그 기회를 가장 먼저 취득하는 사람은 누구일까? 독자들 중 일부는 '나는 유튜브를 맨날 보고 뉴스도 챙겨 보니까 정보를 먼저 취득할 수 있다'라고 생각할 수도 있다. 하지만 절대 그렇지 않다. 그런 정보들을 먼저 취득하는 사람들은 월스트리트와 실리콘밸리에 있는 서구권 투자자들이다. 자본시장에서는 유대인들이, 기술이나 테크 분야에서는 실리콘밸리에 있는 인도계 혹은 백인들이 정보를 주도한다. 사실상 중요한 정보를 만들어내거나 가장 먼저 취득하는 것은 항상 그들이다.

아주 단적인 예로, 현재는 AI 시대다. 엔비디아 주가는 폭등했고, 전 세계 시가총액 1위 기업이 되는 등 AI 시장이 급성장하고 있다. 하지만 1년 전 혹은 1년 반 전에 AI 시대가 이렇게 도래할 거라고 예상한 사람이 우리나라에 있었을까? 그때 엔비디아에 투자한 사람들이 얼마나 될까? 만약 '나는 그때부터 AI 시대가 올 거라고 보고 투자했다'라고 말할 수 있다면, 그 사람은 정말 대단한 통찰력을 가진 사람이다. 그러나 대부분의 투자자는 그 당시 엔비디아를 게임 산업의 성장과 그래픽 카드 수요 증가 정도의 관점에서 바라봤을 뿐이었다.

국내에서 AI 산업에 적극적으로 투자했던 대표적인 인물로는 소프트뱅크의 손정의 회장이 있다. 그는 2018년부터 "소프트뱅크는 AI 산업에 집중 투자한다"라고 선언하며, 비전펀드 2개를 조성했다.

손정의 회장이 AI 산업 클러스터에 투자하며 첫 번째로 선택한 기업이 바로 위워크wework였다. 하지만 위워크는 결국 파산했다. <우린 폭망했다wecrashed>라는 미국 드라마가 있다. 위워크가 어떻게 몰락했는지를 보여주는 내용이니 만약 궁금한 분이 있다면 참고하길 바란다.

그렇다면 손정의 회장은 왜 위워크에 투자했을까? 당시 위워크는 'AI 기술을 접목해 사무실 렌탈의 효율을 극대화하겠다'는 비전을 내세웠다. 이를 믿은 손정의 회장이 위워크에 투자했지만, 결국 위워크는 AI와는 거리가 먼 기업이었다. 이후에도 그는 여러 차례 실패를 경험했다.

예를 들면, 4분 30초 안에 AI 로봇이 배달하는 '줌피자Zume Pizza', AI 기술로 단가를 낮춰 식품을 판매하겠다는 '브랜드리스Brandless', AI 기술을 활용해 아파트를 모듈형으로 건설하겠다는 '카테라Katerra' 등이 있었다. 손정의 회장은 이런 기업들에 투자했지만, 이들은 모두 폐업했다. 결국 AI를 일찍 외쳤음에도 불구하고 손정의 회장 역시 엔비디아나 오픈AI 같은 핵심 AI 기업에는 투자하지 못했다.

그 이유는 도대체 무엇일까? 간단하다. 손정의 회장이 개발자가 아니었기 때문이다. 이 점을 일론 머스크와 비교하면 쉽게 이해할 수 있다. 일론 머스크는 그 스스로가 기술자이자 엔지니어다. 직접 아이디어를 구체화할 능력이 있기 때문에, 올바른 방향으로 나아갈 수 있었다. 반면, 손정의 회장은 개발자가 아니라 투자자였다. AI의 가능성을 알아보았고, 훌륭한 창업자를 구별하는 능력도 있었지만, 결국 엉뚱한 방향으로 투자해버리고 말았다. 이제 문제의 본질이 무엇인지 알겠는가?

우리가 투자로 벼락부자가 되려면, 즉 어떤 정보를 먼저 습득해 돈을 벌려면 일단 미국인이어야 한다. 그것도 단순한 미국인이 아니라 실리콘밸리나 월가에서 활동하는 백인 투자자여야 한다는 것이 첫 번째 조건이다. 두 번째, 개발자여야 한다. 암호화폐도 결국 기술이기 때문이다. IT, 테크 분야에 대한 깊은 통찰력이 있어야만 엉뚱한 방향으로 흘러가지 않는다.

한국에서 미국인이자 개발자인 사람이라면 예외일 수도 있다. 하지만 한국에 있는 우리 대부분은 이 2가지 조건을 충족하지 못한다. 따라서 우리가 접하는 정보는 미국을 거쳐, 전 세계 유명한 투자자들을 거쳐, 마지막에 우리에게 도달하는 정보일 가능성이 높다. 알트코인 투자자들이 돈을 못 버는 이유가 바로 여기에 있다. 누군가 이 코인이 유망하다고 추천했을 때, 정작 그 정보는 끝물일 가능성이 크기 때문이다.

알트코인에는 테마(메타)가 있다. 불장이 올 때마다 특정 알트코인들이 주목받는다. 2020~2021년 불장에서는 디파이를 기반으로

NFT미술품, 부동산 등 자산이 가상 세계로 옮겨가는 개념, 메타버스경제 활동까지 가상 세계에서 가능하도록 설계된 시스템까지 이어지는 흐름이 유행했다.

당시 디센트럴랜드, 샌드박스 같은 메타버스 프로젝트들이 유행했지만, 대부분의 한국 투자자들은 이미 끝물에 투자했을 가능성이 크다. 미국과 월가에서 한 차례 돌고 난 뒤, 한국에서 히트를 치면서 대기업들이 뛰어든 것이다. 실제로 2021년 중반 이마트 같은 대기업들도 NFT를 발행했지만, 이미 끝물이었다. 디센트럴랜드나 샌드박스 같은 프로젝트가 미국에서 주목받았던 시점은 한참 전이었다. 하지만 한국에서는 이제 우리도 메타버스 사업을 해야 한다며 뒤늦게 반응했다.

이처럼 한국은 항상 정보 습득이 늦다. 인터넷이 빠르고 정보가 빠르게 이동한다고 해도, 우리가 고급 정보를 접할 때쯤이면 이미 거의 끝나갈 가능성이 높다. 따라서 누군가 알트코인을 추천해줄 때, 그것이 무엇인지도 모르고 덥석 투자한다면 떨어지는 칼을 잡는 것과 다를 바 없다. 포커 테이블에 '호구가 없다면 내가 호구일 가능성이 크다'라는 유명한 말이 있다. 바로 그 상황이다. 이 점을 항상 유념하고, 알트코인 투자를 신중하게 해야 한다.

리플, 결국 저문다

요즘 내가 걱정하는 알트코인 중 하나가 바로 리플XRP이다. 리플은 특히 한국인 투자자들이 많이 보유하고 있는 코인으로 유명하다. 하지만 나에게는 한국인들이 리플을 많이 떠안고 있다는 사실 자체가 리플이 굉장히 위험하다는 증거로 보인다. 왜 하필 한국인들이 이 코인을 많이 갖고 있을까? 앞서 이야기한 흐름과 일맥상통해보이지 않는가? 이미 미국에서는 주요 투자자들이 리플을 사고팔고 빠져나갔을 가능성이 높다. 미국에서 주요 투자자들이 리플을 사고팔고 빠져나갔을 확률이 높은 이유는, 국내 투자자들 대비 미국 투자자들이 리플에 대한 정보를 더 빠르게 얻어 매매 활동(매수와 매도, 수익실현)을 더 빠르게 했을 확률이 높기 때문이다. 그런데도 한국인 투자자들이 여전히 대량으로 보유하고 있다는 건, 우리가 미국 투자자들이 떠난 후 남은 물량을 떠안고 있을 확률이 높다는 뜻이다.

실제로 리플랩스는 아시아 지역을 중심으로 로컬 브랜치 헤드쿼터local branch head quarter, 지사를 세우고 있다. 이 과정에서 스타트업을 지원하기 위한 보조금을 제공하는데, 그 금액이 무려 20만 달러(한화 약 3억 원)에 달한다. 즉, 리플을 기반으로 한 서비스를 만들기만 하면 높은 확률로 3억 원을 받을 수 있다는 뜻이다. 게다가 지분 투자도 없이, 그저 지원금 형태로 제공된다. 이런 방식으로 리플랩스는 문어발식 확장을 시도하고 있다.

이 과정에서 언론 플레이를 통해 가격을 띄운다. 가격이 상승하면 가장 먼저 빠져나가는 사람들은 백인 투자자들일 가능성이 높다. 반면 아시아권, 특히 한국인 투자자들은 뒤늦게 진입할 확률이 높다. 높은 가격에 매수해 손실을 볼 가능성이 큰 이유다.

가격이 떨어졌을 때 나는 정말로 걱정된다. 한국인들이 특정 코인을 대량으로 보유하고 있다는 사실 자체가 위험 신호라고 보기 때문이다. 이에 대해 솔직하게 이야기하는 이유다. 리플 투자자들이 내 말에 반박할 수도 있다는 걸 알지만, 그렇다고 해서 이 문제를 지적하지 않을 수는 없다. 결국, 중요한 정보는 미국인 또는 개발자에게 가장 먼저 가닿고 우리에게는 가장 늦게 도달한다. 우리나라 투자자들은 언제나 이미 늦은 상태에서 정보를 접하는 것이다. 그런데도 특정 코인을 대량 보유하고 있다면, 끝물에 들어왔을 가능성이 크다. 어떤 투자자들보다 더욱더 조심해야 하는 이유다.

가장 밝은 별, 비트코인을
깨닫게 된 순간

삼권분립의 비트코인

나는 스매시파이에서 비트코인 중심의 서비스를 운영하고 있다. 그뿐만 아니라, 유튜브 채널 <백훈종의 전지적 비트코인 시점>을 통해 비트코인 중심의 콘텐츠를 다루고 있다. 이렇게 비트코인 맥시멀리스트Bitcoin maximalist의 삶을 살게 되는 데까지 약 7년의 시간이 걸렸다. 돌이켜 생각해보면 비트코인의 가치를 깨닫기까지 쉽지 않은 시간을 보냈다는 걸 다시 한 번 체감한다. 언제부터 비트코인에 투자했는지 질문을 받으면 나는 2021년부터라고 대답한다. 물론, 2016년부터 비트코인을 알기는 했다. 하지만 그냥 알고 있는 것과 진지하게 공부해 완벽히 투자하기 시작한 시점은 다르니 말이다.

2020년부터 1년 동안 나는 크게 성장했다. 1년 동안 열심히 공부한 후, 2021년부터 본격적으로 비트코인 투자에 나섰다. 본격적으로 비트코인 맥시멀리스트의 길로 들어서게 된 것이다. 특히 2020년과 2021년은 코로나19 팬데믹 시기였고, 이 시기가 나의 비트코인 투자 인생에서 가장 중요한 원년이었다고 생각한다.

그렇다면 나는 왜 2016년에 비트코인을 알았음에도 불구하고, 2021년에 가서야 본격적으로 집중 투자할 수 있었을까? 그 결정적인 계기는 바로, 비트코인 개발자이자 강연자인 '안드레아스 안토노풀로스Andreas Antonopoulos'의 저서 《돈의 인터넷The Internet of Money》을 읽고 나서부터였다. 이 책은 그가 전 세계를 다니며 했던 비트코인 강연을 정리한 모음집이다. 쉽게 말해 강연 스크립트를 엮어 만든 책이라고 보면 된다.

책의 제목을 처음 봤을 때, '인터넷의 돈'이라는 개념은 이해가 되었지만, '돈의 인터넷'이라는 표현은 낯설었다. 도대체 왜 '돈의 인터넷'이라고 부르는 걸까? 돈이 인터넷처럼 동작한다는 의미일까? 아니면 새로운 디지털 화폐를 뜻하는 것일까? 책을 읽고 나서야, '돈의 인터넷'이라는 표현이 곧 비트코인을 의미한다는 것을 깨달았다. 즉, 비트코인은 '돈'이라는 개념이 인터넷을 통해 자유롭게 이동할 수 있도록 만든 혁신적인 기술이라는 뜻이었다. 마치 우리가 인터넷을 통해 더 넓은 세상과 연결될 수 있는 것처럼, 비트코인은 돈을 전 세계적으로 자유롭게 흐르게 만드는 기술이라는 점에서 혁신적인 금융 시스템이었다.

이 책을 통해 비트코인의 기본적인 구조를 보다 정확하게 이해할 수 있었다. 비트코인 네트워크에는 노드node, 채굴자, 일반 사용자 이렇게 3가지 핵심 주체가 존재한다. 노드는 풀 노드, 채굴 노드 이렇게 2가지로 나뉜다. 풀 노드는 비트코인의 전체 블록체인 데이터를 저장하고 검증하는 역할을 한다. 채굴 노드는 비트코인 네트워크에서 작업증명PoW, Proof of Work 방식으로 블록을 생성하는 역할을 한다. 채굴 노드는 새로운 거래를 블록에 담아 블록체인에 올리는 역할을 하고, 풀 노드는 이 블록이 올바른 블록인지 검증하고 다른 노드에게 전파하며 전체 장부를 동기화하는 것이다. 그 다음은 채굴자다. 채굴자들은 새로운 블록을 만들고, 거래를 검증하고, 그 대가로 비트코인을 보상으로 받는다. 그리고 이들과 상관없이 그냥 비트코인에 투자하고 보유하는, 비트코인 생태계에 기여하는 일반 투자자들의 역할도 따로 있다. 결국 비트코인은 노드, 채굴자, 일반 투자자들이라는 3가지 주체가 견제와 균형을 이루며 운영되는 것이다. 이제 이 균형에 대해서 더 자세히 알아보자. 이 비트코인 채굴 노드들은 채굴하면 인센티브를 받는다. 비트코인을 채굴해서 이 비트코인을 팔면 돈을 벌 수 있는 경제적 인센티브다. 이 과정에서 일부 채굴자는 더 많은 보상을 받기 위해 비트코인 네트워크를 조작하려는 시도를 할 수도 있다. 이를 대표적으로 '51%공격'이라고 부른다. 만약 한 채굴자가 네트워크의 51% 이상의 연산력을 확보하게 되면, 다른 채굴자들보다 먼저 블록을 생성하고, 자신에게 유리한 방식으로 비트코인의 네트워크를 조작할 수 있는 힘을 가지게 되는 것이다.

그러나 비트코인은 이런 공격을 원천적으로 막을 수 있는 시스템을 갖추고 있다. 바로 풀 노드들의 검증 시스템이다. 만약 채굴자가 부정한 블록을 생성한다면, 풀 노드들은 이 블록이 부정 거래임을 인지하고 해당 블록을 거부한다. 채굴자는 블록을 만들기 위해 엄청난 전력과 비용을 투입했지만, 풀 노드가 해당 블록을 인정하지 않으면 보상을 받을 수 없다. 결국 비트코인 네트워크는 자연스럽게 부정한 채굴자를 배제하고, 정직한 채굴자들만 살아남도록 설계되어 있다.

이러한 구조를 보고 있으면, 우리나라의 삼권분립 체제가 떠오른다. 입법부, 사법부, 행정부가 서로를 견제하며 균형을 이루듯, 비트코인 네트워크에서도 노드, 채굴자, 일반 투자자들이 서로를 견제하며 균형을 유지한다. 한쪽이 과도한 권력을 가지지 않도록 탈중앙화된 네트워크의 구조를 유지하는 것이다.

보수적인 비트코인? 안정적인 비트코인!

특히, 일반 투자자들의 경우 아무리 많은 비트코인을 가지고 있어도 사실상 네트워크 운영에 미칠 수 있는 영향력은 극히 제한적이다. 한 주에 한 표를 얻는 현대의 주식회사 시스템과는 다르게, 내가 아무리 많은 비트코인을 가져도 비트코인 네트워크에 행사할 수 있는 표는 딱 한 표이기 때문이다.

그렇다면 비트코인을 개발하는 개발자는 어떨까? 비트코인이 오픈소스 프로토콜이므로, 개발자라면 누구나 마음대로 코드를 수정할 수 있을 것처럼 보인다. 그러나 실제로는 절대 그렇지 않다. 개발자들은 BIP_{Bitcoin Improvement Proposal}를 통해 개선 제안을 해야 하기 때문이다. BIP는 비트코인 프로토콜의 변화를 제안하는 공식 문서다. 하지만, 단순히 BIP를 제출했다고 해서 제안이 자동으로 적용되는 것은 아니다. 제안된 문서를 보고 채굴자들과 노드들이 투표를 통해서 개선을 할지 말지를 정하는 방식이다. 다수결 투표_{Supermajority Consensus}를 통해 결정하는데, 우리나라처럼 그냥 다수결 투표를 해서 대통령이나 국회의원이 선출되는 그런 구조가 아니다. 다수결 과반에서 과반 이상이 동의를 해야 해당 개선 제안이 통과되는 식으로, 압도적인 찬성 표를 얻어야만 제안이 통과되는 규칙이다.

지금까지도 수많은 개발자들이 다양한 비트코인의 코드 변경을 제안했지만, 실제로 코드가 변경된 건 3번 정도밖에 없었다. 어떤 이들은 이런 모습을 보고 비트코인 업그레이드가 왜 이렇게 보수적이냐며 비판하지만, 나는 이러한 보수적인 방식이 거대한 금융 시스템인 비트코인에서는 큰 강점이라고 생각한다.

비행기는 50~60년 전에 발명된 이후, 디자인이 거의 변하지 않았다. 그 이유는 현재의 비행기 디자인이 물리적으로 최적의 결과를 제공하기 때문이다. 심지어 비행기가 뜨는 원리에 대해 완벽하게 설명할 수 있는 과학자조차 없다. 그럼에도 불구하고, 현존하는 디자인이 최적의 안정성을 보장한다는 점에서 지금까지도 동일한 디자인이 유지되고 있다.

비트코인도 마찬가지다. 비트코인이라고 하는 하나의 완성된 기술에 조금이라도 변화가 가해지거나 업그레이드가 진행되면 엄청난 후폭풍이 생길 수 있다. 프로토콜 자체가 좋지 않은 방향으로 변질돼 피해자들이 양산될 수 있는 가능성이 있기 때문에 굉장히 보수적으로 업데이트를 하는 것이다.

이더리움 또한 굉장히 비슷한 정도까지 다다를 수 있었는데, 머지The Merge라고 하는 업데이트를 통해 프로토콜 체제를 POS채굴(PoW)과 달리, 네트워크 검증을 위해 보유한 코인의 양에 따라 블록 생성 권한을 부여하는 방식. PoS를 채택한 블록체인에서는 많은 코인을 가진 사람이 네트워크 보안에 기여하며, 이자 형태로 보상을 받음 기반으로 전환하면서 기존에 존재했던 채굴자들을 다 쫓아냈다. 이더리움은 마치 현대의 주식회사 같은 느낌으로 흘러갔다. 하지만 실제로는 주식회사보다도 더 낮은 수준의 투명성을 갖고 있다.

주식회사는 엄격한 법적 규제를 따르는 구조다. 기본적으로 국가의 상법을 준수해야 한다. 특히, 상장사는 철저한 정보 공개 의무를 갖는다. 대주주가 누구인지, 대주주가 주식을 매도했는지 매수했는지, 연봉 10억 원 이상을 받은 임직원이 누구인지 등의 정보는 모두 투명하게 공개된다. 이 모든 정보가 <자본시장법>에 의해 규정되어 있기 때문이다. 그러나 이더리움과 같은 알트코인은 이러한 규제가 전혀 없다. 단순히 한 명의 창업자가 네트워크를 독점적으로 운영하는 폐쇄적인 구조를 띤다. 그럼에도 아무런 정보 공개 의무가 없다. 이처럼 주식회사와 비교할 때 이더리움의 투명성은 매우 부족하다.

이더리움뿐만 아니라 대부분의 알트코인들도 창업자가 존재하며, 그 창업자들이 마음대로 의사 결정을 내리는 구조를 갖고 있다. 이는 자유시장경제와 자본주의의 근본적인 원칙과는 완전히 다른 방향이다.

나는 대학교 때부터 정치 체계와 국가의 흥망성쇠에 대해 관심이 많았다. 특히, 대한민국이 어떻게 성공할 수 있었는지에 대한 연구를 깊이 해왔다. 그 과정에서 민주주의, 자본주의, 그리고 투명한 시장경제의 중요성을 깨닫게 되었다. 이러한 원칙을 가장 잘 반영하고 있는 금융 시스템이 바로 비트코인이라는 사실도 알게 되었다.

비트코인은 연화가 아닌 '경화'다

비트코인에 빠져들게 된 두 번째 계기는, 사이페딘 아모스Saifedean Ammous가 쓴 《비트코인 스탠다드Bitcoin Standard》를 읽으면서였다. 이 책을 통해 비트코인에 대한 믿음이 더욱 확고해졌고, 무엇보다 '돈의 역사'에 대해 깊이 있게 이해할 수 있었다. 흔히 돈을 단순한 교환 수단으로 생각하기 쉽다. 그러나 이 책을 읽고 나서 돈에는 '경화硬貨'와 '연화軟貨'라는 개념이 존재한다는 사실을 깨달았다. 즉, 돈에도 '강한 돈'과 '약한 돈'이 존재한다는 것이다. 사이페딘 아모스는 비트코인을 공급을 늘리기 어려운 '강하고 단단한 돈경화'으로 정의했다.

우리가 살고 있는 이 세상에서는 중앙은행이 화폐를 발행하고, 유동성을 조절하며 경제를 관리하는 것이 너무나도 당연하게 여겨진다. 많은 사람이 국가가 통화 공급을 조절하지 않으면 경제가 붕괴할 뿐만 아니라 국가가 망할 것이라고 생각한다. 그런데 나는 이 생각이 틀렸다는 것을 알게 되었다.

과거 경제학에 깊이 심취해 프리드리히 하이에크Friedrich Hayek의 고전 경제학을 공부했던 적이 있다. 하이에크는 '국가가 화폐 발행을 독점하는 것은 틀렸다'고 주장했다. 그는 '돈도 시장에서 경쟁해야 한다'고 보았다. 즉, 국가가 원하는 대로 돈을 찍어내는 통화 팽창주의는 근본적으로 잘못되었으며, 자연스럽게 경쟁을 통해 '가장 강한 돈'이 선택되어야 한다는 것이다. 나는 비트코인이 바로 이러한 하이에크의 철학을 현실에서 실현한 사례라고 생각했다. 비트코인이 '국가 주도의 통화 팽창주의'에 대한 대체재로 등장했기 때문이다. 이것이야말로 현대 화폐 이론이 틀렸다는 것을 증명하는 사례가 아닐까? 그럼에도 여전히 대학에서는 현대 화폐 이론을 가르치고 있다. 현대 경제학은 '인플레이션이 발생하면 소비가 줄어든다' 또는 '소비가 줄어드는 것은 고물가 때문이다, 그러므로 물가를 잡아야 한다'와 같은 단순한 논리만 내세운다.

하지만 이러한 설명은 현실과 맞지 않는다. 오늘날 물가상승률은 높은데도 실업률은 낮고 소비는 여전히 활발하다. 이는 기존 경제학으로는 설명하기 어려운 현상이다. 이러한 모순을 보며 비트코인이 등장한 이유를 떠올렸다. 원래 돈이란 민간이 사용하는 화폐였다. 과거에는 금이 돈이었고, 일부 지역에서는 쌀, 소, 돼지, 닭과 같은 가축이 돈으로 사용되기도 했다. 심지어 구슬이나 조개껍데기를 화폐로 사용한 사례도 있었다.

현재도 남미의 일부 국가에서는 '금가루'를 화폐처럼 사용하고 있다. 이는 그 나라의 법정화폐 가치가 폭락했기 때문이다. 이런 사례를 보면, 비트코인의 가치가 더욱 명확해진다. 비트코인은 총량이 정해져 있어 마음대로 찍어낼 수 없는 강한 돈이며, 따라서 글로벌한 화폐로 자리 잡을 수밖에 없는 자산이다.

앞서 언급했던 《돈의 인터넷》에서 비트코인을 설명한 개념을 다시 떠올려보면, "인터넷은 모든 정보를 자유롭게 공유할 수 있는 공간이지만, '돈'만큼은 자유롭게 이동할 수 없는 구조"라는 사실을 깨닫게 된다. 우리는 인터넷에서 자유롭게 사진을 올리고, 영상도 보고, 문서를 주고받을 수 있다. 그러나 '돈'은 여전히 은행을 통해야만 이동할 수 있다. 즉, 인터넷이라는 공간에서조차 '돈'은 여전히 중앙화된 기관에 종속되어 있다.

이제 시대적 흐름은 '탈중앙화', '개인화', '맞춤화'로 향하고 있다. 우리는 점점 더 개인의 주권과 자유가 중요해지는 시대를 살고 있다. 그렇다면 인터넷의 탈중앙화 속에서, 강한 돈이 탄생하는 것은 필연적이다. 그것이 바로 비트코인이다. 비트코인은 국경의 제한을 받지 않으며, 인터넷이라는 공간에서 더욱 강력한 가치를 갖게 될 것이다.

Chapter 2

비트코인 vs 알트코인

암호화폐의 최종 목적지는
탈중앙화여야 한다

독재에 갇힐 것인가

    2023년 나의 첫 번째 책《웹 3.0 사용설명서》를 출간했을때, 책 홍보를 위해 여러 방송에 출연했었다. 그중 한 유명 강사가 진행하는 유튜브 채널에서 나눈 대화가 유독 기억이 난다. 한창 방송을 하던 중 진행자가 이런 질문을 던졌다. "그런데 정말 사람들이 웹 3.0을 원하기는 할까요? 살면서 신경 쓸 일도 많은데, 인터넷은 그냥 편하게 사용하면 안 되나요?" 나는 이렇게 대답했다. "인터넷을 편하게 사용한다는 이유로 개인정보와 행동 데이터를 빅테크에 넘긴다면, 결국 그들에게 종속될 수밖에 없습니다. 누군가에게 종속된 삶은 현대 자유인의 이상적인 모습이 아닙니다." 내 답변이 진행자에게 얼마나 와닿았을지는 모르겠다. 어쩌면 크게 공감되지 않았을 수도 있다.

  현대 자유인의 모습이란 대체 무엇을 의미하는 것일까? 우리는 현실에서 크든 작든 어딘가에 종속된 삶을 살아간다. 매일같이 사람들로 가득 찬 지하철에 몸을 싣고 출근하는 직장인이 스스로를 '월급 노예'라 칭하고, 일거리를 따내기 위해 피땀 흘리는 프리랜서와 자영업자가 스스로를 '자본주의의 노예'라고 자조하는 이유도 그 때문이다. 반복되는 삶의 굴레에서 무기력을 느낀 현대인은 집단에 속함으로써 탈출구를 찾는다. 공부에 지친 10대가 아이돌 가수에 빠져 팬클럽 활동을 하고, 직장 생활에 지친 30대가 특정 스포츠 팀을 응원하며 서포터즈에 가입하는 현상이 대표적이다.

  이처럼 인간이 자주적인 개인에서 벗어나 집단에 종속되려는 본성에 대해 심리학적 관점에서 설명한 학자가 있다. 바로 에리히 프롬Erich Seligmann Fromm이다. 그는 나치즘이 유럽 전역에서 절정에 달했던 1941년, 고전 명저 《자유로부터의 도피》를 통해 인간의 심리를 분석했다. 독일은 과거 슈베르트, 모차르트, 슈만을 배출할 만큼 문화적으로 성숙한 나라였고, 헤겔과 칸트로 대표되는 철학의 본고장답게 이성적이고 냉정한 국민성을 지닌 나라였다. 그런데 어떻게 히틀러라는 괴물을 만들어낼 수 있었을까? 에리히 프롬은 그 이유를 인간 본성의 한계에서 찾았다. 그는 인간이 자유를 원하면서도, 완전히 독립된 개인으로 서는 것에 대한 두려움을 동시에 가지고 있다고 보았다. 독일인들은 제1차 세계대전이 끝난 후, 비로소 전쟁으로부터 '자유'를 얻었다. 그러나 스스로 선택하고 책임지는 자유로운 삶은 버거운 것이었다. 결국, 그들은 자신보다 더 강한 존재에 굴종하려는 본능을 따랐고, 그 결과 히틀러라는 지도자를 받아들이게 되었다는 것이다. 그러나 프롬의 이론대로라면 냉전 이후 사회주의가 붕괴하고, 자본주의가 승리하며, 세계 경제가 급격히 성장한 현상은 어떻게 설명할 수 있을까?

여기 현대 문명이 개인주의를 기반으로 진화했다고 주장한 학자가 있다. 바로 프리드리히 하이에크다. 그는 저서 《노예의 길The Road to Serfdom》에서 이렇게 주장했다. "인간은 자신이 자유로울 수 있다는 것을 깨달을 때, 더욱 폭발적인 에너지를 발휘한다." 즉, 인간은 본질적으로 자유로부터 도피하려는 존재가 아니라, 자유를 깨닫고 이를 활용할 때 더 강해지는 존재라는 것이다.

유럽에서는 수백 년 동안 봉건주의와 종교에 대한 맹목적인 복종이 이어져왔다. 그러나 개인의 에너지가 이러한 굴레에서 해방되었을 때, 그 결과로 과학의 경이로운 성장이 나타났다. 무엇이 옳고 합당한지를 집단이 정하는 방식이 아니라 개인이 새로운 지식을 자유롭게 활용하고, 새로운 방식으로 실험할 수 있도록 길을 열어주었을 때, 비로소 과학은 획기적인 발전을 이루기 시작했다.

자유로부터 도피한 인터넷

이제 다시 인터넷이라는 원래 주제로 돌아가보자. 현재 우리가 사용하는 인터넷은 몇몇 거대 플랫폼 기업들에 권력이 집중된 형태를 띠고 있다. 이들이 강력한 권력을 가지게 된 이유는 데이터베이스를 운영하고 통제할 수 있기 때문이다. 예를 들어, 페이스북은 누가 그들의 데이터베이스를 읽고 쓸 수 있는지, 그리고 누가 어디까지 접근할 수 있는지를 결정할 수 있다. 오직 페이스북만이 이 데이터베이스를 수정할 수 있으며, 이것이 바로 페이스북이 가진 권력의 근원이다. 그리고 이들에게 데이터를 제공하는 주체는 다름 아닌 우리들이다. 우리는 아무런 거리낌 없이 기업들에게 데이터를 제공하고 있다. 페이스북은 사용자 프로필과 친구 상태 업데이트를 수집한다. 페이팔은 계좌 잔액 정보를 수집한다. 아마존은 재고 관리 단위, 결제 내역, 구매 내역을 수집한다. 구글은 웹페이지 데이터와 검색 쿼리 히스토리를 수집한다. 물론, 이 기업들의 성공에는 여러 가지 요소가 작용했겠지만, 그 핵심에는 데이터베이스의 통제권이 있다는 사실을 부정할 순 없다. 누가 데이터베이스를 읽고 쓸 수 있는지, 어느 정보까지 접근할 수 있는지는 오로지 해당 기업들만이 결정한다. 만약 웹상의 모든 데이터에 접근하기 위해 플랫폼 기업들의 허가가 필요하다면, 우리는 이들이 인터넷 세상에서 일어나는 모든 일을 통제하도록 놔둘 수밖에 없다. 그리고 이런 환경은 필연적으로 구속과 정보의 왜곡을 초래한다.

팀 버너스 리Timothy John Berners Lee가 처음 고안한 월드와이드웹World WideWeb은 모든 사람이 평등하게 정보에 접근할 수 있는 공간이었다. 그러나 웹 2.0 시대애플, 구글, 아마존, 페이스북, 넷플릭스 등 각자의 영역에서 전체 시장을 독점하는 기업들이 나타나 이들이 제공하는 서비스를 통해서만 인터넷에 접근할 수 있게 된 시대가 도래하면서, 개인 사용자는 몇몇 거대 기업이 만든 울타리 안에 갇

히는 형태가 되어버렸다.

암호화폐, 자유의 카운터 펀치

여기서 중요하게 기억해야 할 것은 2009년 《비트코인 백서》가 세상에 나오기 전까지, 우리는 플랫폼 기업들의 허가가 필요없는 인터넷을 어떻게 실현시킬지 아무것도 몰랐다는 사실이다. 과거에도 분산형 데이터베이스나 연합형 데이터베이스를 만들려는 시도는 있었다. 대표적인 것들이 ACH나 VISA 같은 금융 네트워크다. 그러나 이들 역시 소규모 단체가 데이터베이스를 통제한다는 점에서는 기존 시스템과 다를 바 없었다. 지금껏 우리가 갖지 못했던 것은 데이터베이스에 대한 합의 프로토콜이다. 데이터에 대한 접근, 사용 여부, 삭제에 대한 결정 권한 등에 대해 사용자들끼리 의논하고 합의할 수 있는 프로토콜을 말한다. 다른 말로 하면 바로 '무허가' 프로토콜이다.

만약 인간이 본래 주어진 환경에 굴종하는 본성을 지닌 존재라면, 그리고 지금의 인터넷이 충분히 편리하다면, 왜 비트코인과 같은 무허가 프로토콜이 등장했을까? 현재 비트코인 네트워크에 공개적으로 접속해 있는 노드만 해도 2만1천 개에 달한다. 암호화를 통해 접속 여부를 숨긴 노드까지 포함하면 약 6만2천 개의 노드가 실시간으로 비트코인 데이터를 동기화하고 있다. 그런데, 이 노드 운영자들은 금전적인 보상이 없음에도 불구하고 왜 굳이 이런 활동을 지속하는 것일까? 그 이유는 단 하나다. 자유를 갈망하는 것이 인간의 본성이기 때문이다. 21세기를 살아가는 현대인에게 자유는 더 이상 선택이 아니라 필수다. 우리는 자유민주주의와 과학 문명이 가져온 혜택을 충분히 경험했다. 따라서 이미 주어진 자유를 빼앗으려는 시도에 격렬하게 저항할 수밖에 없다. 비트코인의 등장과 그 이후 발전한 암호화폐, 블록체인 산업은 바로 이러한 현대인의 자유에 대한 갈망을 보여주는 대표적인 사례다.

인터넷이 거대 플랫폼 기업들에 의해 과도하게 통제되자, 마치 풍선의 한쪽을 누르면 반대쪽이 부풀어 오르듯 이를 탈중앙화하려는 움직임이 자연스럽게 나타난 것이다. 모든 암호화폐의 최종 목적지는 탈중앙화여야 한다. 블록체인 기술과 토큰 경제를 활용해 겉으로만 탈중앙화처럼 보이는 암호화폐는 결국 웹 3.0의 가면을 쓴 또 다른 플랫폼 기업일 뿐이다. 따라서 암호화폐에 투자할 때는 그 프로젝트가 기존의 중앙집권적이고 획일화된 시스템을 진정으로 탈중앙화하고, 분산화하고, 개인화할 가능성이 있는지 따져봐야 한다.

앞으로도 사회 곳곳에서 기존 시스템을 더욱 강하게 유지하려는 움직임이 거세질수록, 반대로 이를 탈중앙화하려는 시도도 더욱 강해질 것이다. 그리고 결국, 이들이 충돌하는 순간, 웹 3.0의 시대가 본격적으로 열리게 될 것이다.

확장성: 사용성 개선을 위해 비트코인과 알트코인이 택한 완전히 다른 길

비트코인과 알트코인, 같은 암호화폐인가?

비트코인과 알트코인의 차이점에 대해 이야기해보겠다. 우리는 보통 비트코인과 알트코인을 같은 '암호화폐크립토커런시, cryptocurrency'라는 카테고리로 묶어 부른다. 하지만 나는 이 방식이 잘못되었다고 생각한다. 비트코인은 비트코인이고, 나머지 코인들은 알트코인이다. 두 개념을 하나로 뭉뚱그려 부르는 것은 적절하지 않다. 이 차이를 제대로 설명하기 위해 확장성, 보안성, 유동성, 희소성이라는 4가지 요소를 기준으로 살펴보려고 한다. 우선 확장성에 대한 이야기부터 시작해보겠다.

암호화폐는 기본적으로 블록체인 기술을 기반으로 작동한다. 그렇다면 블록체인 네트워크는 어떤 차이점을 가지며, 확장성 문제는 왜 발생하는 걸까? 여기서 중요한 개념이 이더리움 창시자인 비탈릭 부테린이 정의한 '블록체인 트릴레마Blockchain Trilemma'라는 개념이다.

기본적으로 트릴레마란, 3가지 요소 중 2가지를 선택하면 나머지 하나를 포기해야 하는 상황을 의미한다. 블록체인의 경우, 이는 '확장성', '보안성', '탈중앙화' 이 3가지를 동시에 완벽하게 충족시키기 어렵다는 것이다. 이 개념들 중 2개를 취하면 나머지 1개를 버려야 한다는 원칙으로 정의하고 싶다. 만약 탈중앙성과 보안성을 유지하면, 확장성을 희생해야 한다. 이제 이 확장성 문제를 해결하는 방식이 비트코인과 알트코인에서 어떻게 다른지 살펴보겠다.

블록체인의 데이터 처리 방식

블록체인은 중앙화된 서버 없이 데이터를 기록하고 관리할 수 있는 기술이다. 하지만 이 방식에는 근본적인 한계가 있다. 일반적으로 우리가 사용하는 모든 스마트폰 애플리케이션은 기업이 운영하는 중앙화된 서버를 이용한다. 예를 들어 카카오톡, 네이버, 쿠팡 같은 서비스들은 회사 서버에서 데이터를 저장, 송출, 업로드한다. 이때 기업이 중간에서 모든 데이터를 관리하기 때문에 사용자는 서버 관리에 신경 쓸 필요가 없다.

그러나 블록체인은 중앙화된 주체가 없어야 한다는 원칙을 가진다. 따라서 데이터를 기록하는 사람, 데이터를 읽는 사람, 데이터를 보내는 사람 모두 탈중앙화되어야 한다. 이 원칙을 지키려다 보니, 결국 트릴레마의 한계에 부딪히게 된다. 즉 확장성, 보안성, 탈중앙화 중에서 하나를 포기해야 하는 상황이 발생한다.

확장성이란 무엇인가?

블록체인은 기본적으로 데이터를 처리하는 방식이다. 따라서 네트워크에 많은 데이터가 몰리면, 이를 처리해야 한다. 기업들은 보통 슈퍼컴퓨터와 대형 데이터센터를 구축해 트래픽 문제를 해결한다. 서버 용량을 늘리고, 데이터 전송 속도를 높이고, 최대한 많은 요청을 빠르게 처리할 수 있도록 시스템을 확장한다.

이 방식은 명절 때 경부고속도로가 밀리는 문제를 해결하는 것과 비슷하다. 과거에는 경부고속도로 하나뿐이라 교통 체증이 심했지만 지금은 KTX, 비행기 등 여러 노선을 이용할 수 있어 문제가 완화되었다. 이와 마찬가지로, 확장성이란 '데이터를 빠르고 원활하게 처리할 수 있도록 길을 넓히는 것'이다. 그리고 여기서 주의할 점은 비트코인과 알트코인이 확장성을 해결하는 방식이 다르다는 것이다.

비트코인은 초기 설계 그대로 네트워크를 유지하는 방식을 택했다. 즉, 기존의 경부고속도로 같은 네트워크를 그대로 둔 상태로 운영하는 것이다. 그러다 보니, 사용자가 많아질수록 트랜잭션$_{transaction}$ 처리 속도가 느려지고, 수수료가 상승한다. 수수료 경쟁이 치열해지면서, 더 높은 비용을 지불하는 거래가 먼저 처리되는 구조가 된다.

이를 해결하기 위해 비트코인은 '레이어 2' 솔루션을 도입했다. 쉽게 설명하면, 레이어 1은 기존 블록체인으로 비트코인의 메인 네트워크다. 레이어 2는 기존 블록체인 위에 별도의 고속도로를 추가하는 방식이 되는 것이다. 레이어 2는 기존 네트워크의 병목 현상을 해소하기 위해 추가적인 처리 공간을 제공한다. 즉, 서울에서 부산까지 가는 고가도로를 새롭게 건설하는 개념이다. 여기서 온체인과 오프체인이라는 개념이 등장한다. 온체인은 기존 블록체인 위에서 직접 트랜잭션을 처리하는 방식, 오프체인은 블록체인을 떠나 별도의 공간에서 트랜잭션을 처리하는 방식이다. 기존 비트코인은 온체인에서만 트랜잭션을 처리했기 때문에 속도가 느려졌다. 이를 보완하기 위해 오프체인 방식레이어 2이 도입된 것이다.

왜 오프체인 방식이 도입된 것일까? 사용자가 트랜잭션을 요청했을 때, 기존 온체인에서 긴 대기열을 기다려야 하는 문제가 있었다. 하지만 레이어 2오프체인를 활용하면, 트랜잭션을 기존 블록체인을 떠나 별도의 공간에서 우선 처리한 후, 나중에 기록하는 방식을 사용할 수 있는 것이다.

예를 들어, 내가 홍길동이라는 사람에게 비트코인을 보냈다고 가정해보자. 온체인에서 이를 처리하려면 수만 명의 다른 사용자가 내 앞에서 대기하고 있다. 이는 마치 인기 아이돌의 콘서트 티켓을 예매할 때, 수만 명의 대기자가 내 앞에 있는 것과 같은 상황이다. 만약 여기서 오프체인 방식을 활용하면 상황은 이렇게 달라진다. 오프체인에서는 내 트랜잭션을 우선적으로 처리한 후 나중에 온체인에 최종 결괏값만 기록하면 된다. 이 방식 덕분에 대기열을 건너뛸 수 있는 것이다. 기록 자체는 오프체인에서 먼저 처리되므로, 온체인에서는 단순히 업데이트하는 작업만 수행하면 된다.

비트코인과 알트코인은 확장성 문제를 어떻게 해결하는가?

이러한 오프체인 방식이 적용된 대표적인 기술이 바로 라이트닝 네트워크Lightning Network다. 이 방식 덕분에 비트코인의 확장성과 속도가 획기적으로 개선되었다. 실제로 TPSTransactions Per Second, 초당 트랜잭션 처리 속도를 비교해보면, 라이트닝 네트워크의 TPS는 현재 존재하는 대부분의 알트코인보다 빠르다. 심지어 비자나 마스터카드의 트랜잭션 처리 속도보다도 더 빠르다. 즉, 라이트닝 네트워크는 비트코인이 사용자 증가로 인해 느려지고 수수료가 높아지는 문제를 해결하는 기술이다. 비트코인은 확장성 문제를 레이어 2 방식으로 해결하고 있다.

반면, 알트코인은 레이어 1 자체를 지속적으로 업그레이드해 확장성을 해결하려고 한다. 이를 위해 하드포크Hard Fork라는 블록체인을 업그레이드하는 방식을 사용한다. 블록체인은 블록이 순차적으로 연결되어 하나의 네트워크를 형성하는 구조다. 그러나 기존의 블록체인을 더 이상 사용할 수 없을 때, 기존의 블록체인을 버리고 새로운 기술을 적용해 업그레이드된 블록체인을 새롭게 시작하는 과정이 필요하다. 이것이 바로 하드포크다. 쉽게 말해, 소프트웨어 업데이트와 유사한 개념이다. 이는 스마트폰의 애플리케이션 업데이트와 비슷한 것이다. 개발사가 요구하는 대로 주기적으로 애플리케이션을 업데이트하지 않으면, 사용자는 더 이상 제대로 된 서비스를 이용할 수 없게 된다. 카카오톡을 예로 들어보자. 개발자들이 새로운 기능을 추가한 후 배포하면, 사용자는 업데이트를 적용해야 최신 기능을 이용할 수 있다. 이와 마찬가지로, 블록체인도 지속적인 업그레이드를 위해 하드포크를 수행한다.

    이더리움은 이렇게 성능과 확장성을 키우기 위해 평균 6개월마다 1번씩 하드포크를 진행한다. 2022년에는 '머지'라는 업그레이드를 수행했다. 그러나 이더리움의 업그레이드는 예상보다 진행 속도가 느리다. 예를 들어, 머지는 원래 2019년에 완료될 예정이었다. 그러나 3년이 지연된 후, 2022년 9월에서야 완료되었다. 이는 블록체인 시스템의 업그레이드가 매우 어렵기 때문이다. 업그레이드할 때 기술적인 난제가 발생하고, 이에 따라 복잡한 테스트와 검증 절차가 필요해지며, 보안성과 네트워크 안정성을 유지해야 하는 부담이 크다. 이더리움 업그레이드가 예정된 일정보다 크게 지연되는 경우가 많은 이유다. 마치 비행기가 하늘을 나는 도중에 엔진을 교체하는 것과 같은 과정이다.

    정리하면, 비트코인은 기존 네트워크를 유지하면서 레이어 2 솔루션을 추가해 확장성을 해결한다. 이더리움은 레이어 1 자체를 지속적으로 업그레이드해 확장성을 해결한다. 이 차이는 마치 경부고속도로를 운영하는 방식과 같다. 비트코인은 기존의 4차선 도로레이어 1를 유지하면서, 새로운 고가도로레이어 2를 건설하는 방식이다. 반면, 이더리움은 기존 도로 자체를 재건축하고 확장하는 방식을 사용한다. 문제는 기존 도로가 계속 바뀌면 새로운 고가도로를 짓기가 어려워진다는 것이다. 이것이 이더리움이 가진 근본적인 한계다.

이더리움뿐만 아니라 모든 알트코인들이 동일한 방식으로 확장성을 해결하려고 한다. 즉, 레이어 1 블록체인을 직접 확장하는 방식이다. 하지만 이 방법 자체가 문제다. 일부 알트코인은 레이어 2 솔루션을 도입한다고 하지만, 사실상 이들 역시 신뢰하기 어려운 프로젝트들이다. 대표적인 예가 이더리움의 레이어 2 프로젝트 중 하나인 '폴리곤 네트워크Polygon Network'다. 폴리곤 네트워크는 'MATIC'이라는 자체 토큰을 보유한 프로젝트다. 최근에는 MATIC에서 '폴리곤'으로 이름을 변경했다. 그러나 이름이 중요한 것이 아니다. 본질적인 문제가 있다.

먼저 돈을 벌고 나중에 기술을 개발한다

알트코인의 가장 큰 문제는 기술 개발보다 코인을 먼저 발행한다는 점이다. 나는 이 점을 항상 강조한다. 일반적인 스타트업은 서비스를 먼저 개발하고, 효용을 입증한 후 투자와 수익을 창출한다. 하지만 알트코인은 먼저 코인을 발행하고, 돈을 확보한 후 기술 개발을 진행한다. 이 방식이 위험한 이유는 돈이 먼저 확보되면 굳이 제대로 된 기술을 만들 필요가 없어진다는 데 있다. 즉, 개발보다 코인 가격 상승에 집중하는 구조가 만들어진다. 토큰을 구매한 사람들은 기술이 아니라 가격 상승만을 기대한다. 결국, 프로젝트 개발자들은 사용자를 위한 서비스보다는 희망적인 로드맵 발표에 집중하게 된다. 실제 서비스 개발보다 토큰 가격을 부양하는 데 초점이 맞춰지는 것이다. 이것이 바로 코인을 먼저 발행한 프로젝트들이 쉽게 나쁜 길로 빠지는 이유다.

자, 그러면 앞서 말한 폴리곤 네트워크가 정확히 무엇인지 알아보자. 폴리곤 네트워크는 '시퀀서 Sequencer'라는 기술을 사용한다. 이는 라이트닝 네트워크와 유사한 방식으로, 이더리움 레이어 1에서 트랜잭션이 대기하는 것을 방지하고, 트랜잭션을 먼저 폴리곤 네트워크에서 처리한 후, 결괏값을 이더리움 블록체인에 기록하는 방식이다. 이론적으로는 비트코인의 라이트닝 네트워크와 유사하지만, 문제는 시퀀서 자체에 결함이 있었다는 점이다. 실제로 2024년 3월, 시퀀서의 결함으로 인해 폴리곤 네트워크가 12시간 동안 완전히 마비되는 사태가 발생했다. 은행 시스템을 예로 들어보자. 만약 모든 은행 서비스(모바일 뱅킹, ATM, 지점 거래 등)가 평일 12시간 동안 중단된다면 어떤 일이 벌어질까? 사람들은 돈을 인출할 수도, 계좌이체를 할 수도 없다. 금융 시스템이 12시간 동안 멈춘다면, 사회적 혼란은 불 보듯 뻔하다.

이처럼 금융 네트워크의 안정성은 절대적으로 중요한 요소다. 하지만 폴리곤 네트워크는 시퀀서의 결함으로 인해 이러한 금융 네트워크의 기본적인 신뢰성을 스스로 무너뜨렸다. 그리고 이 문제는 단순한 기술적 실수 때문이 아니다. 애초에 코인을 먼저 발행한 프로젝트들의 구조적인 한계에서 비롯된 것이다. 나는 과거에 폴리곤 네트워크의 아시아 마케팅 담당자를 직접 만난 적이 있다. 이후에도 여러 차례 사석과 공석에서 그들을 다시 마주쳤다. 이 경험을 통해 알게 된 것은, 폴리곤 네트워크가 기술 개발보다 마케팅에 더 집중하고 있다는 사실이다. 폴리곤 네트워크는 개발자보다 마케팅 담당자와 영업 인력에 더 많은 자원을 투자한다. 이들은 기업과 정부기관을 찾아가 폴리곤 네트워크를 사용해달라고 설득한다. 이들은 코인을 팔기 위해 열중한다. 즉, 기술 개발보다 코인을 팔고 투자자를 유치하는 것이 더 중요한 목표가 되어버린 것이다. 이러한 구조에서는 기술적 완성도가 떨어지는 것은 당연한 일이다. 실제로 시퀀서 결함으로 인해 12시간 동안 네트워크가 중단된 사례가 이를 증명한다.

폴리곤 네트워크뿐만 아니라 솔라나SOL, 아발란체AVAX 등도 속도를 강조하며 이더리움의 대항마를 자처했다. 이들이 속도를 높이는 방식은 간단하다. 더 중앙화하면 된다. 이더리움도 확장성을 높이기 위해 트랜잭션을 처리하는 노드의 수를 대폭 줄였다. 이 덕분에 더 빠르고 효율적으로 데이터를 처리할 수 있게 되었다. 하지만 솔라나와 아발란체는 이보다 더 중앙화를 강화했다. 블록체인의 탈중앙화 개념을 생각해보자. 더 많은 노드가 참여할수록 데이터 처리 속도는 느려진다. 반면, 중앙화된 구조로 운영하면 속도를 높일 수 있다.

이를 쉽게 설명하면 다음과 같다. 카카오톡 같은 중앙화된 회사가 자체 데이터센터를 구축하고 서버를 운영하면 가장 효율적으로 5천만 명의 사용자 데이터를 처리할 수 있다. 그러나 일부 데이터를 네이버, 일부 데이터를 쿠팡에 위임하면, 각각의 데이터 간 통신 비용과 비효율이 발생한다.

솔라나, 아발란체 등은 속도를 높이기 위해 노드 수를 줄이고 더 중앙화된 방식으로 운영하는 것이다. 이 방식은 속도는 빠르지만, 중앙화된 주체 없이 운영되는 것이 전제인, 즉 데이터를 처리하는 주체가 다수 존재해야 한다는 것이 기본 메커니즘인 블록체인의 근본적인 철학과는 어긋난다.

결국, 이러한 알트코인들은 탈중앙화를 포기하고, 기존의 중앙화된 금융 시스템과 비슷한 방식으로 운영되고 있다. 그러면 다른 알트코인과 비트코인이 어떻게 다른 것일까?

앞에서 말한 데이터를 처리하는 주체의 숫자가 탈중앙화의 핵심 요소다. 비트코인은 전 세계적으로 2~6만 개 이상의 노드가 분산되어 있다. 이더리움은 수백 개 수준으로, 많아야 100~200개다. 반면, 솔라나는 100개 미만이며, 아발란체 같은 네트워크는 소수의 기업이 노드를 운영한다. 이런 수치에서 볼 수 있듯, 노드의 개수가 적으면 결국 특정 집단이 네트워크를 통제할 가능성이 높아진다.

솔라나의 탈중앙화 문제와 네트워크 다운 사태

솔라나의 경우, 속도를 강조하며 트랜잭션을 빠르게 처리하는 것이 강점이라고 홍보한다. 하지만 이러한 속도는 탈중앙화를 희생한 결과다. 솔라나 네트워크는 소수의 노드가 트랜잭션을 처리하는 구조다. 결국, 과부하가 발생할 경우 네트워크 전체가 중단되는 문제가 반복적으로 발생한다. 대표적인 사례가 2025년 1월, 트럼프 밈코인 사건이다. 트럼프 밈코인이 솔라나 네트워크에서 발행되면서 거래량이 폭증했다. 솔라나 네트워크가 갑자기 과부하가 걸려 5시간 동안 완전히 중단되었다. 이는 솔라나 네트워크에서 거래하려면 솔라나 코인이 필요하기 때문이었다.

이처럼 솔라나 네트워크의 다운 사태는 비일비재하게 발생하고 있다. 심지어, 솔라나의 네트워크 상태를 실시간으로 모니터링하는 웹사이트까지 생길 정도다. 과거에도 12시간 동안 네트워크가 다운된 적이 있었고, 하루 종일 네트워크가 중단된 사례도 있었다. 이런 일이 반복되는 이유는 단순하다. 네트워크를 근본적으로 확장할 기술적 돌파구 없이, 단순히 중앙화된 노드 구조로 빠르게 처리하려 했기 때문이다. 결국, 기술적 혁신 없이 속도만 강조하는 알트코인은 이와 같은 한계를 피할 수 없다.

결국, 확장성을 높이려다 보안성과 탈중앙화를 희생하는 것이 알트코인들의 공통된 문제다. 그렇다면 이제 이러한 블록체인을 사용해야 하는 이유가 무엇인지 의문이 생긴다. 블록체인의 본질은 탈중앙화에 있다. 그런데 탈중앙화를 버린다면? 굳이 블록체인을 사용할 이유가 없어지는 것이다.

비트코인의 보수적인 접근 방식

반면, 비트코인은 레이어 1을 근본적으로 바꾸지 않는 보수적인 접근법을 취한다. 비트코인은 레이어 1을 거의 변경하지 않을 뿐만 아니라, 대규모 하드포크를 한 적이 없다. 그동안 소프트포크만 3번 진행했을 뿐이다. 이것이 가능한 이유는 비트코인을 구성하는 커뮤니티의 합의 과정이 매우 엄격하기 때문이다.

비트코인의 네트워크는 개발자, 채굴자, 노드 운영자, 일반 사용자투자자 모두가 합의해야 한다. 그리고 네트워크 변경이 쉽게 이루어지면 안 된다는 원칙이 강하게 유지된다. 비트코인은 '쉽게 바뀌지 않는 안정적인 기술'이라는 점에서 하나의 '디지털 땅'과 같은 개념으로 자리 잡았다. 즉, 안정성과 신뢰성을 최우선으로 두는 접근 방식이 비트코인의 강점이다.

비트코인의 보수적인 네트워크 운영 방식이 신뢰를 얻은 대표적인 사건이 있다. '블록 사이즈 전쟁'이다. 비트코인의 블록 사이즈는 1MB인데, 사이즈가 작아 트랜잭션을 한 번에 2천~3천 개밖에 담을 수 없다. 이는 확장성 문제를 일으키게 되는데, 2015~2017년 바이낸스, 코인베이스와 같은 대형 거래소와 기업들이 블록 사이즈를 8MB, 10MB로 늘리자고 제안했다. 비트코인의 확장성을 높이기 위해 블록 사이즈를 키우는 것이 필요하다는 이유였다. 하지만 비트코인 커뮤니티는 강하게 반대했다. 그들은 블록의 사이즈를 키우게 된다면 중앙화가 가속화될 것이라고 우려했고 기존의 1MB를 유지했다. 이 사건은 비트코인이 진정한 탈중앙화를 유지할 수 있음을 증명한 역사적인 사례다.

알트코인은 흔들리는 땅과 같다

반면, 알트코인은 지속적으로 하드포크를 진행하며 탈중앙화를 희생하고 있다. 계속해서 네트워크의 기본 구조가 변경되기 때문에, 그 위에서 안정적인 기술을 만들기가 어렵다. 에이바랩스의 CEO 에민 귄 시러는 레이어 2와 관련해 "쓰레기 같은 레이어 2 프로젝트들은 단순한 트릭이다. 사람들은 레이어 2가 좋다고 맹목적으로 믿으며, 창시자들은 비탈릭 부테린과 사진 찍을 목적으로 이런 프로젝트를 만든다"라고 비판했다.

이는 업계 내부에서도 레이어 2 프로젝트들이 마케팅적인 요소가 강하다는 것을 인정하는 발언이다. 레이어 2 솔루션이 진정으로 가치 있는 기술이 되려면, 기본적으로 레이어 1이 안정적이어야 한다. 그러나 알트코인들은 지속적인 하드포크와 네트워크 변경으로 인해, 레이어 2마저 신뢰할 수 없는 상태가 되어가고 있다.

블록체인이 장기적으로 신뢰할 수 있는 시스템이 되려면, 결국 레이어 구조가 필요하다. 비트코인은 이를 정확히 따르고 있다. 블록체인이 지속적으로 발전할 수 있는 가장 이상적인 방식은 기본적인 네트워크를 그대로 유지하고, 그 위에 레이어 2를 추가해 속도를 높이는 것이다. 만약 레이어 3을 올린다면, 여기서는 레이어

2에서 불가능했던 복잡한 트랜잭션을 처리하는 것이다. 이를 통해 스마트 컨트랙트smart contract와 탈중앙화된 금융 시스템이 가능해지는 방식이다.

사실 우리가 현재 사용하고 있는 인터넷도 같은 방식으로 발전했다. 인터넷의 구조를 보면, 4단계의 레이어 모델로 구성되어 있다. 1층에는 우리가 인터넷을 쓸 수 있게 해준 물리적 네트워크가 있다. 예를 들어 해저 광케이블, 스타링크 등의 인프라다. 이 위에는 데이터 전송 방식에 대한 합의와 약속이 올라간다. 레이어 3는 우리가 흔히 아는 HTTP 등의 표준화가 진행된 웹사이트다. 마지막으로 우리가 사용하는 웹사이트, 애플리케이션 등의 운영이다. 만약 이런 구성이 아니었다면, 인터넷도 지역적으로 흩어져 있을 것이고, 회사별 인터넷 구축망이 전부 달랐을 것이다. 하지만 다행스럽게도, 인터넷은 TCP/IP라는 표준 프로토콜이 만들어져 모든 인터넷이 모일 수 있었던 것이다.

그렇게 인터넷이 안정적인 레이어 1의 위에서 발전했듯이, 비트코인 역시 튼튼한 레이어 1을 기반으로 지속적으로 확장되고 있다. 이렇게 기본 네트워크를 쉽게 변경하지 않는 보수적인 접근 방식을 유지하고 있기 때문에, 장기적으로 신뢰할 수 있는 기술이라는 것을 증명하는 것이다. 결국 비트코인의 확장성은 지속 가능하며, 오랫동안 번영할 수 있는 기술로 자리 잡을 것이라고 생각한다.

보안성: 철통 보안 비트코인 vs 맨날 해킹사고 터지는 알트코인

비트코인의 보안성: 작업 증명 방식

확장성 다음으로 알아볼 내용은 보안성이다. 블록체인의 보안성은 그 무엇보다 중요하다. 비트코인 네트워크에 내 자산을 저장한다는 것은, 해당 블록체인이 절대 뚫리지 않아야 한다는 것을 의미한다. 이는 우리가 은행을 신뢰하는 원리와 동일하다. 은행에 돈을 맡길 때, 그 은행이 해킹당하지 않을 것이라는 신뢰가 전제되어야 한다. 현금 또한 쉽게 찢어지거나 변형되지 않아야 안전한 자산으로 기능할 수 있다. 블록체인도 마찬가지다. 네트워크 자체가 튼튼하고, 누구도 임의로 데이터를 조작할 수 없어야만 안전한 금융 시스템이 될 수 있다.

비트코인을 지갑에 담는다는 것은 무슨 이야기일까? 지갑 자체는 사실 비트코인을 담아둔 블록체인 네트워크의 열쇠, 즉 장치다. 이 열쇠를 인터넷과 분리된 공간에 보관할 수 있게끔 해주는 따로 떨어진 기계라고 볼 수 있다.

비트코인의 블록체인은 비트코인이 들어 있는 일종의 구름이다. 이 구름의 여러 방 중에서, 잠금 장치를 만들어 나만의 비트코인을 담아두고 열쇠로 문을 싹 잠궈두는 것이다. 여기서 이 구름은 너무나 크고 원대해서 내 지갑이 어디 있는지 그 누구도 모르고, 오직 나만 열쇠를 가지고 있다. 이런 것이 바로 블록체인 시스템이다. 즉, 블록체인 구름은 정말 튼튼해야 한다.

현재 나와 있는 비트코인과 많은 알트코인 등 블록체인을 활용한 기술에게는 보안성이 가장 중요하기 때문에, 이 문제를 해결하기 위해 집중하고 있다. 그러면 비트코인은 어떻게 보안성을 확보했을까?

비트코인은 작업 증명Proof of Work, PoW이라는 방식을 선택했다. 이를 쉽게 설명하면, 전 세계에서 가장 어려운 퍼즐을 수천 명이 동시에 푸는 경쟁 시스템이다. 자, 거대한 운동장에 퍼즐이 펼쳐져 있다고 가정해보자. 여기서 수천 명의 사람이 퍼즐을 먼저 푸는 사람이 보상을 받는 구조로 경쟁하는 것이다. 먼저 퍼즐을 푼 사람이 정답을 공개하고, 이를 블록체인 장부에 기록한다. 이 과정이 10분마다 반복된다. 이 경쟁 시스템 덕분에, 누구도 특정한 방식으로 네트워크를 조작하거나 해킹할 수 없다. 경쟁이 자유롭게 이루어진다는 점이 핵심이다. 자본주의 사회에서도 자유 경쟁이 기술 혁신과 부의 창출을 이끌어왔듯이, 비트코인도 자유로운 채굴 경쟁을 통해 네트워크 보안을 유지한다. 연산력을 높이기 위해 자연스럽게 더 큰 비용을 들여 더 많은 채굴기를 투입해 경쟁에 참여하기도 한다. 그러면 여기서 질문이 하나 따라온다. 한 개체가 네트워크의 51% 이상의 연산력을 장악하면 어떻게 될까?

이론적으로는 가능하지만, 실제로는 거의 불가능하다. 우선, 비트코인을 채굴하기 위해서는 막대한 전력이 소모되기 때문이다. 비트코인 네트워크는 엄청난 양의 전기를 사용한다. 현재 비트코인의 연산력은 800~900엑사해시 수준이다. 이는 1제타해시까지 근접한 수치다.

이 단위가 얼마나 큰지 이해하기 쉽게 설명하면, 네덜란드 같은 선진국이 1년 동안 사용하는 전력량이 500엑사해시 미만이다. 즉, 비트코인 네트워크를 공격하려면 한 국가가 1년 동안 쓰는 전기의 60~70%를 한 번에 투입해야 한다. 이런 규모의 전기를 단기간에 확보하는 것은 현실적으로 불가능하다. 만약 이 같은 액션이 가능하다 하더라도, 비트코인은 51%의 공격을 막는 또 다른 안전장치를 갖추고 있다. 블록체인은 연속된 블록들이 연결된 형태인데, 새로운 블록은 기존 블록체인 위에 추가되거나 가장 긴 블록체인을 따라가야 한다. 만약 누군가가 조작된 블록체인을 만들려고 해도 기존 블록체인의 길이를 따라잡아야 한다.

현재까지 비트코인은 약 80만 개 이상의 블록이 쌓여 있다. 공격자가 이를 조작하려면 1번 블록부터 시작해 현재 블록까지 빠르게 따라잡아야 한다. 이 과정에서 엄청난 전력과 자원이 필요하다.

결론적으로 비트코인은 단순한 두뇌 싸움이 아니라 막대한 자본과 에너지가 필요한 구조다. 채굴 경쟁에서 살아남으려면, 최신 반도체 기반 채굴기를 계속 업그레이드해야 하고, 더 많은 전기를 사용해야 한다. 설령 공격자가 운이 좋게 따라잡았다 해도, 비트코인 네트워크는 계속 새로운 블록을 추가한다. 결국 공격자가 지속적으로 더 많은 전력을 투입해야 하기 때문에 현실적으로 따라잡기 불가능해지는 것이다.

비트코인의 보안성에 대한 오해

최근 노벨 경제학상을 수상한 유진 파마Eugene Fama, JP모건의 CEO 제이미 다이먼Jamie Dimon 같은 금융 전문가들은 여전히 비트코인의 51% 공격 가능성을 걱정한다. 하지만 이 문제는 이미 과거에 이론적으로도, 현실적으로도 불가능하다는 것이 증명되었다. 비트코인은 전 세계에서 가장 높은 보안성을 가진 블록체인 네트워크다. 이를 가장 극적으로 보여준 사례가 바로 '마라톤디지털홀딩스 사건'이다.

미국에 본사를 둔 마라톤디지털홀딩스Marathon Digital Holdings, Inc는 비트코인 채굴 기업 중 가장 큰 회사다. 미국에서 채굴되는 비트코인의 약 40%를 담당하고 있으며, 주식 시장에도 상장되어 있다. 이처럼 거대한 채굴 기업이 존재한다면, '비트코인 네트워크가 특정 기업의 영향력을 받을 수 있지 않을까?'라는 의문이 들 수 있다.

그러던 중 2021년, 비트코인 트랜잭션 중 하나가 자금 세탁과 연루된 것으로 의심되었다. 미국 FBI는 마라톤디지털홀딩스에 해당 트랜잭션을 채굴하지 말 것을 요구했고, 마라톤디지털홀딩스는 정부의 요구를 받아들여 검열을 시도했다. 하지만 비트코인 네트워크가 여기서 거부했다. 노드들은 검열된 블록을 받아들이지 않았고, 마라톤디지털홀딩스는 보상을 받을 수 없었다. 결국 24시간 만에 마라톤디지털홀딩스는 검열을 철회하게 되었다. 이뿐만 아니라 이후에도 비트코인 네트워크는 단 한 번도 검열된 트랜잭션을 승인한 적이 없고, 15년 동안 단 한 번도 해킹되지 않았다. 이 사건은 비트코인의 탈중앙화와 검열 저항성이 얼마나 강력한지 보여준 대표적인 사례다.

반면, 알트코인은 중앙화된 검열 구조를 가지고 있다. 이더리움의 경우 미국 정부가 AWS, 인퓨라 단 2개의 회사에만 연락해도 네트워크를 통제할 수 있다. 이 두 기업은 미국 정부의 규제를 피할 방법이 없다. 이더리움의 특정 트랜잭션을 차단하라고 요구하면, 이더리움 네트워크는 이를 거부할 수 없는 것이다. 이미 미국 국무부 산하 OFAC는 이더리움 블록의 53%를 검열하고 있다. 이 말은, 이더리움에서 생성되는 블록의 절반 이상이 정부의 통제를 받고 있는 상황이라는 것이다.

최근 해킹 사건: 바이비트 2조 원 해킹

진정한 탈중앙화를 이루지 못한 블록체인은 여러 가지 문제를 일으키는데, 이더리움은 2024년 바이비트 거래소에서 2조 원 규모를 해킹당했다. 이 해킹은 단순한 거래소 보안 문제가 아니었다. 스마트 컨트랙트 시스템 자체가 원인이었다.

그렇다면, 해킹이 어떻게 발생했을까? 바이비트 거래소는 고객들의 이더리움을 콜드월렛에 보관했다. 그런데 출금을 위해 콜드월렛을 인터넷에 연결하는 순간, 스마트 컨트랙트 코드에 악성 코드가 심어진 것이다. 이 악성 코드는 거래소 담당자가 출금 승인을 하는 순간, 지갑의 소유권을 해커에게 넘겨버렸다. 결과적으로 2조 원 규모의 이더리움과 ERC-20 기반 코인들이 모두 탈취되었다. 이는 이더리움의 스마트 컨트랙트 구조가 해킹에 취약할 수밖에 없음을 보여주는 사건이다.

디파이 해킹: 플래시론 공격, 크로스체인 브리지 공격

이더리움을 기반으로 하는 디파이 프로토콜들은 수많은 해킹 사건을 겪었다. 그중 대표적인 것이 바로 '플래시론flash loan 공격'이다. 여기서 플래시론이란 초단기 대출을 의미한다. 즉, 일반적인 대출과 달리 담보 없이 즉시 대출이 가능한 것이다. 만약 트랜잭션이 블록체인에 기록되기 전까지 상환이 이루어지면 문제없이 거래가 완료된다. 반면 만약 상환이 이루어지지 않으면 대출 자체가 무효화되는 시스템이다.

그럼 해커들은 어떻게 플래시론을 악용했을까? 이해하기 쉽게 풀어 설명해보겠다. 우선 디파이 플랫폼에서 대량의 코인을 무담보로 대출받는다. 그 다음, 대출받은 코인을 이용해 특정 거래소에서 가격을 조작한다. 이때가 되면 가격이 상승한 상태인데 여기서 추가 차익을 실현하는 것이다. 그리고 다른 거래소에서 가격을 하락시켜 대출 원금을 갚을 때의 부담을 낮춘다. 마지막으로 차익을 챙긴 후 대출금을 반환하고 나머지 자금을 챙긴다. 이런 방식으로 디파이 프로토콜들은 지속적으로 해킹의 대상이 되어왔다.

사례가 더 없었으면 좋겠지만, 슬프게도 해커들은 우리의 예상보다 더 똑똑하다. 디파이 해킹의 또 다른 대표적인 사례는 '크로스체인 브리지Cross-Chain Bridge 공격'이다. 이 방식은 특히 '락앤민트lock and mint' 방식을 사용하는 디파이 프로토콜에서 자주 발생한다. 사용자가 디파이 플랫폼에 이더리움을 예치하고, 이를 기반으로 동일한 가치의 유동성 토큰을 발행받는다. 이 토큰을 활용하면 다른 디파이 프로토콜에서 금융활동을 할 수 있다. 이것이 락앤민트 방식이다. 자 그럼 해커들은 어떻게 우리의 돈을 탈취했을까? 우선 해커는 특정 사용자의 유동성 토큰을 확인했다. 그리고 해당 유동성 토큰이 보관된 스마트 컨트랙트 지갑을 목표로 삼았다. 스마트 컨트랙트의 취약점을 악용해 해당 지갑을 해킹하고, 예치된 원래의 이더리움을 탈취한 것이 그들의 방식이었다. 실제로 국내 디파이 프로젝트인 오르빗 체인Orbit Chain은 이 방식으로 해킹당해 대량의 이더리움을 탈취당했다. 이들은 결국 명맥을 유지하다가 파산하는 결과로 이어졌다.

콜드월렛도 안전하지 않다: 레저 해킹 사례

이렇게 해킹 사태가 계속 터지게 된다. 웹3 기반의 서비스와 연결되는 순간, 해킹의 대상이 되는 것이다. 해커들의 손은 결국 콜드월렛에도 닿고 말았다. 콜드월렛은 인터넷과 분리된 환경에서 자산을 보관하는 방식이다. 즉, 물리적으로 해킹이 불가능한 지갑이지만 웹3 기반 서비스와 연결된다.

대표적인 사례가 레저 해킹 사건이다. 레저는 웹3 기반의 소프트웨어 월렛(ex: 메타마스크 등)과 연결할 수 있도록 기능을 추가했다. 그런데 여기서 사용자가 콜드월렛을 웹3 서비스에 연결하는 순간, 악성 코드가 침투했다. 이 악성 코드는 사용자의 콜드월렛 소유권을 변경했고, 이렇게 자산이 탈취당했다. 이처럼 이더리움 및 알트코인의 스마트 컨트랙트 취약점은 콜드월렛까지도 안전하지 않게 만든다. 복잡한 스마트 컨트랙트의 코드 때문에 안 터져도 될 해킹 사태가 계속해서 터지는 것이다.

이쯤 되면 비트코인의 보안 철학에 감탄할 수밖에 없다. 비트코인의 핵심 원칙은 '코드는 간결해야 한다', '빠른 속도보다 보안이 우선이다', '불필요한 기능은 최소화해야 한다'로 요약할 수 있다. 이러한 철학 덕분에 비트코인은 지난 15년 동안 단 한 번도 해킹을 당한 적이 없다.

사람들이 비트코인에 몰리는 이유

사람들은 누구나 가장 안전한 곳에 정착하고 싶어 한다. 유럽에

중동 난민들이 몰려드는 이유도 결국 자신들이 살고 있는 나라가 정치적·종교적으로 불안정할 뿐만 아니라 경제적으로도 하이퍼 인플레이션이 발생하는 등 불확실성이 크기 때문이다. 마찬가지로 미국 역시 주변 국가에서 몰려드는 이들의 불법 이민 문제로 몸살을 앓고 있다. 멕시코 국경을 넘어 수많은 남미 출신 이민자들이 도보로 미국으로 들어오는 이유 역시 경제적·정치적 안정성 때문이다. 이러한 현상은 트럼프 대통령의 당선 원인 중 하나가 되었다.

이와 같은 원리는 비트코인에도 적용된다. 비트코인은 불필요한 스마트 컨트랙트 등 불확실성을 높이는 요소가 없기 때문에 안전하다는 인식을 주고 있다. 그렇기 때문에 많은 사람들이 비트코인을 신뢰하고 있을 뿐만 아니라 이에 정착하고 있다. 여기서 '정착한다'는 의미는 자산을 오랫동안 안전하게 보관할 수 있다는 것을 뜻한다. 실제로 10년 이상 1번도 움직이지 않은 비트코인 지갑 주소가 수없이 많으며, 15년 만에 처음 움직인 주소도 존재한다. 5년 이상 움직이지 않은 비트코인 주소가 전체 비트코인 발행량의 50% 이상을 차지하는 경우도 있었다. 이는 결국 많은 사람이 비트코인을 안전한 자산 저장소로 인식하고 있기 때문이다. 코드 변경이 거의 없다는 점 또한 보안성을 높이는 중요한 역할을 한다.

비트코인은 코드 변경이 거의 불가능할 정도로 보수적인 시스템을 가지고 있다. 이 시스템이 오랫동안 유지될 것이라는 믿음이 있기 때문에 신뢰를 얻을 수 있는 것이다. 실제로 비트코인은 한 번도 급격한 코드 변경을 한 적이 없다. 하드포크는 단 한 번도 발생하지 않았으며, 소프트포크만 세 차례 있었다. 더불어 2,100만 개 발행 제한, 4년마다 1번씩 반감기가 찾아온다는 원칙은 절대 변하지 않는다. 이러한 불변의 원칙 덕분에 비트코인은 가장 신뢰할 수 있는 블록체인 네트워크가 되었다.

비트코인은 중앙화된 주체가 존재하지 않는다. 의사결정의 주체가 없고 커뮤니티가 분산되어 있다. 따라서 중요한 결정이 필요할 때마다 커뮤니티 내에서 논의와 토론을 거쳐야 하며, 매우 보수적인 절차를 거쳐야만 변화가 이루어진다. 새로운 제안이 올라오더라도 보통 2~3년간 긴 논의를 거쳐야 하며 표결에서 부결되는 경우도 많다. 지금까지 통과된 코드 변경은 단 세 차례뿐이다. 이처럼 비트코인은 운영 방식이 극도로 보수적이며, 이를 통해 무신뢰 기반 네트워크로서의 역할을 굳건히 하고 있다.

희소성: 모든 알트코인의 발행량은 사실상 무한대다

왜 2,100만 개인가?

지금까지 블록체인의 가치를 결정하는 보안성과 확장성에 대해 알아봤다. 이제 희소성에 대해서 자세히 들여다볼 차례다. 많은 사람이 비트코인은 희소한 자산이라는 말을 들어봤을 것이다. 이번에는 그 희소성이 정확히 무엇을 의미하는지, 비트코인의 공급 구조가 어떻게 설계되었는지 깊이 살펴보고자 한다.

비트코인의 총 공급량은 2,100만 개로 제한되어 있다. 그런데 왜 하필 2,100만 개일까? 믿기지 않겠지만, 이에 대한 명확한 이유는 밝혀진 바가 없다. 사토시 나카모토가 2,100만 개를 하드캡_{최대 발행량}으로 설정한 이유는 미스터리로 남아 있다.

그러나 기술적으로 설명해보면 어느 정도 이해가 된다. 비트코인의 블록 타임은 평균적으로 10분이다. 즉, 10분마다 하나의 블록이 생성된다. 이 블록을 생성하는 과정에서 채굴자가 문제를 풀고 블록을 추가하면 보상을 받는 구조다. 블록 생성 시간이 10분인 이유 역시 정해진 것이 아니라, 네트워크 내에서 여러 요소들이 맞물려 나온 결과일 뿐이다. 블록당 지급되는 신규 비트코인 보상은 4년마다 반감기를 거치며 절반으로 줄어든다. 초기에는 50BTC였지만, 이후 25BTC, 12.5BTC, 6.25BTC, 그리고 2024년 3.125BTC로 줄어들었다. 이 패턴이 지속되면 결국 0에 가까워지며 새로운 비트코인은 발행되지 않게 된다.

하지만 비트코인은 소수점 8자리(0.00000001BTC)까지 표기된다. 만약 발행량이 0.00000001BTC보다 더 작아져야 한다면 현 시스템에서는 더 이상 발행이 불가능하다. 이 점 때문에 비트코인의 총량이 2,100만 개로 제한된 것처럼 보이는 것이다.

하드캡이 신뢰받는 이유

사람들은 단순히 비트코인 개수가 '2,100만 개로 정해졌다'는 말만으로는 신뢰하지 않는다. 만약 어떤 국가의 국왕이 '우리나라 법정화폐는 2,100만 개까지만 발행할 거야'라고 선언한다고 가정해 보자. 누가 이를 믿겠는가? 왕이 죽거나 정책이 바뀌면 2,100만 개가 4,200만 개, 혹은 그 이상으로 늘어날 수도 있다는 불신이 생길 수밖에 없다.

하지만 비트코인은 다르다. 사토시 나카모토는 2,100만 개라는 제한을 코드로 박아두고 떠나버렸다. 누구도 이 코드를 바꿀 수 없다. 비트코인의 탈중앙화된 네트워크가 이를 보장하기 때문이다. 이 투명성이야말로 비트코인의 희소성을 더욱 강력하게 만드는 요소다.

그런데 우리가 시중에서 사용하는 달러, 원화 등의 법정화폐는 비트코인과 구조 자체가 다르다. 비트코인은 P2P 디지털 캐시로 설계되었다. 즉, 인터넷에서 제3자의 개입 없이 자유롭게 송금할 수 있는 화폐를 목표로 한다. 그러나 법정화폐는 시간이 흐를수록 공급량이 계속 증가한다. 심지어 증가 속도도 점점 더 빨라지고 있다. 1980년대와 2020년대의 달러 공급 증가 속도를 비교해보면, 현재의 속도가 그때에 비해 기하급수적으로 증가하고 있음을 알 수 있다.

달러뿐만 아니라 전 세계 모든 법정화폐가 지속적으로 공급량을 늘리고 있으며, 이에 따라 인플레이션이 발생한다. 더불어 화폐의 가치는 점점 하락한다. 반면 비트코인은 공급량이 점점 줄어들고 있으며 이를 통해 가치가 상대적으로 상승하는 구조다. 즉 법정화폐는 시간이 갈수록 가치가 하락하고, 반대로 비트코인은 가치가 상승할 가능성이 높다.

디지털 금

비트코인은 종종 '디지털 금'이라고 불린다. 디지털 은, 디지털 구리, 디지털 팔라듐이 아니라 디지털 금인 이유는 무엇일까? 이는 금과 비트코인의 공급 구조가 매우 유사하기 때문이다. 금은 매년 세계 유통량의 약 1~2% 정도만 신규 채굴된다. 금 채굴이 매우 어려워 비용이 많이 드는 작업이기 때문이다. 따라서 금의 공급량은 아주 일정한 수준을 유지하며, 이는 금의 가치를 장기적으로 안정적으로 유지하는 역할을 한다.

반면, 은이나 구리 같은 금속은 상대적으로 더 쉽게 채굴할 수 있다. 즉, 수요가 증가하면 공급을 늘리는 것이 가능하다. 이 때문에 이들 금속은 가격 변동성이 크고 장기적으로 가치가 하락할 가능성이 높다.

비트코인 역시 금과 마찬가지로 신규 공급량이 정확하게 조절되며, 법정화폐처럼 무분별하게 발행되지 않는다. 따라서 비트코인은 장기적으로 안정적인 가치 저장 수단이 될 수 있는 것이다.

이 외에도 비트코인의 희소성이 중요한 이유는 발행 스케줄의 투명성 때문이다. 아이러니하게도 비트코인은 금보다 더 투명한 공급 구조를 가지고 있다. 금은 채굴이 어렵고 유통량이 일정하게 유지되지만, 완전히 고정된 것은 아니다. 만약 금의 가치가 급격히 상승하면, 더 많은 사람들이 금을 채굴하려 들 것이다. 금광에 투자하거나 직접 채굴에 뛰어드는 부자들이 늘어나면, 신규 공급량이 단 0.X%라도 증가할 가능성이 생긴다. 즉, 금은 기본적으로 희소하지만 시장 상황에 따라 어느 정도 공급량이 변동할 수 있는 자산인 것이다.

하지만 비트코인은 아예 그럴 수 없다. 비트코인은 4년마다 발행량이 절반으로 줄어드는 반감기가 하드코딩되어 있다. 이것은 절대 변하지 않는 규칙이다. 설령 채굴자들이 더 많은 채굴기를 사들이고 더 많은 전력을 투입하더라도, 그들이 원하는 만큼의 비트코인을 더 많이 채굴할 수는 없다.

이유가 무엇일까? 바로 비트코인이 난이도 조절 메커니즘을 가지고 있기 때문이다. 비트코인의 네트워크는 약 2주마다 1번씩 자동으로 조정되는데, 만약 채굴 경쟁이 치열해져 블록 생성 속도가 빨라지면 난이도가 상승한다. 쉽게 말하면, '너무 많은 해시 파워가 몰리면 퍼즐을 더 어렵게 만들어 더 많은 전력을 소모하도록 만드는 시스템'인 것이다. 예를 들어, 어떤 채굴자가 엄청난 자본을 투입해 채굴기를 대량 구매하고, 전력을 쏟아부어도 비트코인 네트워크는 이를 감지하고 난이도를 조정한다. 퍼즐이 점점 더 어려워지면 결국 그는 더 많은 자원을 소비해야 하고, 그 과정에서 경제적 한계에 부딪힐 수밖에 없다. 우스갯소리로 스타크래프트 게임에서 '쇼미더머니' 치트 코드처럼 무한한 자원을 가질 수 있는 사람이 아니라면, 어떤 채굴자도 독점적으로 비트코인을 무한정 채굴할 수 없는 구조인 것이다.

비트코인과 대조되는 알트코인의 무한한 발행량

비트코인이 희소성을 유지하는 것과 달리 알트코인의 발행량은 사실상 무제한이다. 이더리움을 보면 이 점이 더욱 분명해진다.(이더리움이 대표적인 알트코인이라 예시로 들지만, 개인적인 유감은 없음을 여기서 짚고 넘어간다.)

　이더리움은 비트코인과 달리 발행 한도가 존재하지 않는다. 공급 제한이 없기 때문에, 기본적으로 무한대로 발행될 수 있는 구조를 가지고 있다. 그런데도 이더리움 측은 '울트라 사운드 머니'라는 마케팅 표어를 내세우며, 자신들이 강한 경화를 지닌 자산이라고 홍보했다. 이더리움이 울트라 사운드 머니라고 주장한 이유는 2021년에 이루어진 런던 하드포크 때문이다. 이때 수수료 소각 기능이 도입되었고, 이를 통해 트랜잭션이 발생할 때마다 일정량의 이더리움이 소각되었다. 덕분에 2021년부터 2024년까지 이더리움의 신규 공급량은 점차 감소하는 듯 보였다. 그러나 2024년, 상황이 완전히 바뀌었다. 이더리움 가격이 비트코인과 달리 크게 상승하지 않으면서 거래량이 줄어들었다. 투자자들은 매매보다는 스테이킹을 통해 수익을 얻으려 했고, 결과적으로 이더리움 네트워크의 트랜잭션이 감소했다. 그 결과, 소각량이 줄어들면서 공급량이 다시 증가하기 시작했다.

　믿기지 않겠지만, 2025년 3월 기준 이더리움의 공급량은 2021년 런던 하드포크 이전 수준으로 회귀했다. 결국, 희소성을 강조하기 위해 도입한 수수료 소각 시스템이 3년 만에 무너지고 만 것이다. 이 사례는 비트코인처럼 투명하고 예측 가능한 공급 스케줄을 유지하는 것이 얼마나 어려운지를 여실히 보여준다. 이더리움 개발자들은 이제 공급량을 통제할 수 있다고 자신했지만, 3년 만에 그 예측이 완전히 틀려버렸다.

이더리움뿐만 아니라 솔라나, 아발란체, 폴카닷DOT 같은 메이저 알트코인들도 공급량이 계속해서 증가하고 있다. 물론, 일부 알트코인은 공급량을 제한할 것이라고 주장하지만, 그 약속은 언제든지 뒤집힐 수 있는 구조임을 부인할 수 없다. 대부분의 알트코인은 특정 기업이나 개발팀이 직접 발행 및 관리하기 때문에, 개발자의 의지만으로도 공급량을 늘릴 수 있다. 그렇다면, 실제로 알트코인의 공급량은 얼마나 빠르게 증가하고 있을까? 믿기 어렵겠지만, 솔라나 기반의 밈코인이 현재 수백만 개에 달한다.

2021년까지만 해도, 존재하는 모든 알트코인을 다 합쳐도 4만 개를 넘지 않았지만 지금은 수백만 개의 알트코인이 존재하고 있는 것이다. 솔라나 블록체인 위에서 계속해서 새로운 코인들이 발행되고 있기 때문이다.

알트코인은 왜 폭발적으로 증가할까?

2021년까지 4만 개였던 코인이 어떻게 지금은 수백만 개가 넘는 걸까? 솔라나에서의 밈코인 열풍을 시작으로 솔라나 기반의 코인을 쉽게 만들 수 있는 플랫폼이 등장하면서, 코딩 지식이 없는 사람들도 클릭 몇 번만으로 새로운 코인을 발행할 수 있게 되었기 때문이다. 대표적인 예가 '펌프펀pump.fun'이라는 웹사이트다. 이 플랫폼을 이용하면, 단 몇 초 만에 새로운 알트코인을 만들 수 있다. 이 웹사이트에 접속하면, 실시간으로 새로운 밈코인들이 생성되는 장면을 볼 수 있다. 마치 폭죽이 터지듯이 초당 수십 개의 새로운 코인들이 생겨나는 것을 확인할 수 있다.

무엇을 의미하는 것일까? 솔라나 위에서 이렇게 많은 코인들이 생겨나고 거래될수록 솔라나 자체의 희소성이 점점 희석된다는 것을 의미한다. 이 알트코인들을 거래하기 위해서는 솔라나 코인이 필요하기 때문이다. 솔라나를 기축통화처럼 사용하면서 엄청난 양의 솔라나가 빠르게 유통된다. 결국, 비트코인이 유지하는 투명한 공급 스케줄과 달리, 알트코인은 사실상 무제한으로 공급이 증가하는 구조를 가지고 있는 것이다.

알트코인의 거버넌스와 내부자의 권력 독점

단순히 코인의 특징만을 가지고 이야기하는 것이 아니다. 알트코인은 발행량이 무한히 증가할 뿐만 아니라 거버넌스라는 개념 역시 허울뿐인 경우가 많다. 대표적인 사례가 2022년에 파산한 테라-루나와 FTX 거래소다.

루나는 자신들의 커뮤니티를 '루나틱'이라고 부르며, 거버넌스 투표를 통해 프로젝트의 방향을 결정할 수 있다고 주장했다. 마찬가지로 FTX 거래소도 자체 코인인 FTT 토큰을 통해 의사결정을 민주적으로 진행한다고 홍보했다. 그러나 이 모든 것이 거짓말이었다. 실제로 거버넌스를 구성하는 핵심 주체들은 일반 투자자가 아니라 내부자들이었다. 창업자, 초기 투자자, 벤처캐피털, 팀 멤버들이 대부분의 코인을 미리 배정받았고 이들이 투표에서 절대적인 권력을 행사했다. 이것이 어떻게 작동했는지는 테라-루나의 사례에서 명확히 드러난다.

루나가 폭락한 후, 일부 투자자들은 새로운 루나를 하드포크해야 한다는 의견을 냈고, 이를 거버넌스 투표에 부쳤다. 그러나 초기 투표에서는 부결되었다. 그럼에도 불구하고 권도형은 이건 꼭 해야 한다며 다음 날 다시 재투표를 진행했다. 그리고 놀랍게도, 이번에는 90%의 찬성으로 통과되었다. 이는 결국 거버넌스가 허울뿐이었다는 것을 의미한다. 초기 투표에서 반대했던 투자자들의 의견은 무시되었고, 내부자들이 원하는 대로 프로젝트가 진행되었다. 마찬가지로, FTX 거래소의 FTT 토큰 거버넌스도 내부자들이 좌지우지한 것으로 밝혀졌다.

이것이 바로 알트코인의 근본적인 문제다. 민주적인 거버넌스 시스템을 갖춘 것처럼 보이지만, 실제로는 더 많은 코인을 보유한 사람이 모든 의사결정을 좌지우지하는 구조다. 그리고 내부자들은 자신들의 이익을 위해 언제든지 코인을 더 발행할 수 있다.

한계효용 이론: 희소성의 가치

코인이 희소성을 갖는 것이 얼마나 중요한지를 설명하기 위해 경제학에서 자주 언급되는 한계효용 이론을 살펴보겠다. 예를 들어, 여러분이 사막 한가운데서 탈진할 정도로 목이 마른 상태라고 가정해보자. 이때, 요술램프의 지니가 나타나 물 한 병과 다이아몬드 한 개 중 하나를 선택하라고 한다면? 당신은 당연히 물을 선택할 것이다. 평소라면 귀중한 보석인 다이아몬드가 훨씬 높은 가치를 갖겠지만, 이와 같은 상황에서는 물이 훨씬 더 절실하기 때문이다. 이것이 바로 한계효용 개념이다.

이제, 현재 우리가 살고 있는 세상을 이 이론에 대입해보자. 우리는 사막에 있지는 않지만, 법정화폐가 무한히 증가하는 세상에 살고 있다. 그리고 많은 나라들이 엄청난 빚더미 위에 앉아 있다. 한국은 가계 부채 문제가 심각하다. 부동산 갭투자, 주식담보대출, 신용대출 등을 통해 많은 사람들이 과도한 빚을 떠안고 있다. 중국 역시 기업 부채 문제가 심각하다. 대표적으로 헝다 같은 대형 부동산 개발업체들이 파산 위기에 몰렸다. 미국, 유럽, 일본 같은 선진국들은 정부 부채 문제로 골머리를 앓고 있다. GDP 대비 정부 부채 비율이 120~140%를 넘어서는데, 이걸 어떻게 해결할지에 대한 명확한 대책조차 없는 상태다.

이 모든 문제는 결국 법정화폐 시스템의 붕괴와 관련이 있다. 법정화폐는 원래 통화량을 적절히 조절하여 경제를 지속 성장시키는 역할을 해야 한다. 이를 위해 중앙은행이 존재하지만 슬프게도 중앙은행들은 이미 그 역할을 제대로 수행하지 못한 지 오래다. 1980년대 이후 주요 선진국들은 계속해서 금리를 낮추고, 양적 완화 정책을 남발해왔다. 2008년 금융위기 이후에는 양적 완화가 아예 고착화되었다. 연준과 각국 중앙은행들은 경제가 조금이라도 위태로워 보이면 즉각적으로 돈을 더 찍어내면서 문제를 덮어왔다. 이와 같은 대책 없는 행위에 대한 책임은 우리가 지고 있다. 법정화폐는 점점 가치가 희석되었고 부채 문제는 더 심각해지고 있다. 경제가 빚더미 위에 올라가 있는 상태에서, 더 이상 돈을 풀지 않으면 경기 침체가 발생할 수밖에 없는 구조가 되었다.

이제 한 가지 질문을 던져보자. 이런 상황에서, 과연 어떤 자산이 안전할까?

안전한 자산을 찾아서

우리가 금융위기나 경제 불확실성이 커질 때 찾는 것이 바로 안전자산이다. 대표적인 것이 금과 비트코인이다. 비트코인은 2,100만 개라는 절대적인 공급 한도를 가진 자산이며, 4년마다 발행량이 절반으로 줄어드는 반감기 시스템이 적용되어 있다. 반면, 법정화폐는 끝없이 증가한다. 정부가 원하면 언제든지 더 찍어낼 수 있다. 이 차이점이 결국 한정된 자산의 가치를 지속적으로 상승시키는 원동력이 된다. 이제 우리에게 사막에서 다이아몬드와 물 중 물을 선택하는 것처럼, 무제한으로 발행될 수 있는 법정화폐보다 한정된 공급량을 가진 자산을 선택해야 할 때가 온 것이다.

과거에는 금이 궁극의 안전자산이었다. 경제 위기가 닥치면 사람들은 금을 사들이면서 자산을 보호하려 했다. 하지만 지금의 상황은 다르다. 만약 미국이 감당할 수 없을 정도로 부채가 증가하고, 경기 침체가 심화되어 결국 채무불이행을 선언한다면 어떤 일이 벌어질까? 미국 주식 시장이 폭락하고, 미국 국채 가격이 폭락할 것이다. 그렇다면 달러 역시 신뢰를 잃고 무너질 가능성이 크다.

그럴 경우, 사람들이 어디로 피난할지 생각해봐야 한다.

전통적으로는 금이었다. 하지만 금은 은행이 문을 닫으면 구매할 수도 없고, 채굴도 어렵다. 직접 금을 보유하고 있다면 다행이지만, 그러지 않다면 안전자산으로 금을 확보하는 것이 쉽지 않다.

하지만 비트코인은 다르다. 24시간, 365일 언제 어디서든 거래가 가능하다. 인터넷만 있으면 누구나 채굴에 직접 참여할 수 있다. 국경을 초월해 이동이 가능하다. 비트코인이 개인들에게 최적의 탈출구라고 강조하는 이유다. 전 세계 법정화폐 시스템이 망가지고 있고, 부채는 계속해서 늘어나고 있으며, 경제적 불확실성이 증가하는 상황에서 비트코인이 등장한 것은 필연적인 결과라고 볼 수 있다.

2010년, 비트코인은 첫 번째 블록이 채굴되면서 세상에 등장했다. 이는 단순한 기술 혁신이 아니라, 망가진 법정화폐 시스템이 낳은 '풍선 효과'라고 볼 수 있다. 풍선의 한쪽을 누르면 다른 쪽이 부풀어 오르듯, 법정화폐 시스템이 계속해서 망가지면서 비트코인이 자연스럽게 대체자산으로 부상한 것이다.

이제 비트코인은 단순한 디지털 자산이 아니라, 법정화폐 시스템의 대체재이자 필수적인 가치 저장 수단으로 자리 잡고 있다.

수익성: 전고점을 못 넘기는 알트코인들

블록체인 트릴레마

앞서 비트코인의 보안성, 확장성, 희소성에 대해서 알아보았다. 유동성에 대해 다루기 전, 트릴레마로 다시 돌아와 중요한 포인트를 확인하고자 한다. 다시 한 번 트릴레마를 가볍게 설명하자면 '확장성', '보안성', '탈중앙화' 이 3가지 특성을 블록체인이 모두 갖기 힘들기에, 반드시 1개 또는 2개만 선택해야 한다는 개념이다. 트릴레마가 중요한 이유는 어떤 것을 선택하느냐에 따라 블록체인의 성격이 완전히 바뀐다는 데 있다.

그렇다면, 비트코인은 어디에 치중되어 있을까? 정답은 바로 '탈중앙화'와 '보안성'이다. 일단 비트코인은 탈중앙화을 가장 중요시함과 동시에 보안성을 강조한다.

비트코인은 탈중앙화가 극대화 된 블록체인이며, 보안성 또한 매우 뛰어나다. 하지만 확장성 측면에서는 상황이 다르다. 여기서 '확장성'이란, 사용자가 많아지더라도 거래를 빠르고 저렴하게 처리할 수 있는 능력을 말하며, 단순히 다른 사람과 코인을 주고받는 것 외에 더 다양한 기능이나 서비스가 블록체인 위에서 원활히 작동할 수 있는지를 포함하는 개념이다. 비트코인은 이러한 확장성 측면에서 여러 알트코인과 비교해 상대적으로 부족하다는 평가를 받는다. 즉, 비트코인은 탈중앙화와 보안을 최우선으로 설계된 반면, 그 대가로 확장성을 일부 포기한 블록체인이다. 이것이 바로 비트코인의 설계 철학이며, 그 이후 등장한 대부분의 알트코인 또한 '블록체인 트릴레마(탈중앙화, 보안성, 확장성)' 가운데 3가지를 모두 만족시키기보다는, 이 중 한두 가지 요소에 집중해 설계되었다고 볼 수 있다. 그리고 그들 대부분은 확장성에 더 큰 비중을 두었다.

그런데 여기서 한 가지 짚고 넘어가야 할 점이 있다. 비트코인이 곧 블록체인은 아니라는 것이다. 많은 사람들이 비트코인을 블록체인 자체로 오해하는 경우가 있는데, 비트코인은 블록체인 기술을 기반으로 한 네트워크일 뿐이며, 블록체인은 그 데이터를 처리하는 기술이다. 즉, 비트코인이라는 개별 네트워크가 존재하고, 이를 운영하는 방식으로 블록체인이 활용되는 것이다. 비트코인이 블록체인의 대표적인 사례인 것은 맞지만, 곧바로 블록체인 자체라고 단정하는 것은 잘못된 이해다.

알트코인들의 블록체인 트릴레마에 대한 도전

비트코인은 확장성을 희생했지만, 이더리움과 여러 알트코인들은 '블록체인 트릴레마'를 기술적으로 해결할 수 있다고 믿는다. 이들은 탈중앙화, 보안성, 확장성을 모두 잡을 수 있다고 주장한다. 즉, 비트코인 수준의 탈중앙화, 비트코인 수준의 보안성, 그리고 추가적으로 확장성까지 극복했다고 홍보하고 있다. 솔라나, 아발란체 같은 네트워크들도 마찬가지다. 이들은 기술적 혁신을 통해 블록체인의 모든 문제를 해결했다고 주장하지만, 현실은 그렇지 않다. 알트코인들의 한계를 보여주는 대표적인 사례가 바로 비트코인 캐시다.(비트코인 포크 프로젝트로 비트코인이 아니다)

비트코인 캐시는 블록 사이즈를 2~4배로 키워 확장성을 대폭 개선했다. 즉, 더 많은 트랜잭션을 처리할 수 있도록 설계된 것이다. 그러나 그 대가로 탈중앙성과 보안성이 약화되는 결과를 초래하고 말았다.

블록 크기가 커지면서 개별 노드가 저장해야 할 데이터가 증가했고, 결과적으로 네트워크 참여자가 줄어들어 탈중앙성이 약화되었다. 채굴자들이 더 많은 하드웨어와 컴퓨팅 파워를 요구받게 되면서, 소수의 대형 기업이나 특정 기관인 대형 채굴자들의 영향력이 커졌다. 결국, 보안성도 낮아져 비트코인보다 공격에 취약한 구조가 되었다.

즉, 확장성을 극복하려 했지만 블록체인의 원래 목적이었던 탈중앙화와 정면으로 배치되어 트릴레마의 법칙을 피할 수 없었던 것이다. 결론적으로, 비트코인 캐시는 현재 비트코인만큼의 신뢰를 얻지 못하고 있다.

비트코인이 위대한 기술이라고 불리는 이유는 단순히 가격이 오르기 때문이 아니다. 한번 생각해보자. 암호화폐는 왜 존재해야 하는가? 어떤 사업이든 존재하려면 해결해야 할 문제가 있어야 한다. 즉, 이 암호화폐가 도대체 어떤 문제를 해결하려고 하는지 그 존재 이유가 명확해야 한다.

기업이 가치 있는 이유는 특정 문제를 해결할 뿐만 아니라, 남들보다 더 잘 해결하기 때문이다. 그렇다면, 암호화폐의 근본적인 목적은 무엇인가? 슬프게도, 많은 알트코인은 존재 이유가 불분명하다. 적어도 암호화폐라면 그 존재 목적이 '탈중앙화'를 이루기 위해서여야 한다. 하지만 대다수의 알트코인은 이 본질적인 목표를 망각한 채, 그저 거래 속도를 높이거나 확장성을 강조하는 것에 집중하고 있다.

그런데 생각해보자. 우리가 암호화폐를 통해 '빠른 거래'를 할 필요가 있을까? 이미 기존 금융 시스템에는 계좌이체, 신용카드, 간편 결제 서비스 등 빠르게 돈을 주고받을 수 있는 강력한 인프라가 구축되어 있다. 그렇다면, 굳이 알트코인이 '빠른 결제' 문제를 해결해야 할 이유가 무엇인가?

만약 블록체인 기술을 사용해 암호화폐를 만든다면, 그것이 결제 수단이든 투자 자산이든 '탈중앙화'라는 가치를 유지해야만 존재 의미가 있다. 제3자의 개입 없이, 오직 블록체인 네트워크만으로 개인 대 개인 간 자유롭게 자산을 주고받을 수 있어야 한다. 이 것이 암호화폐의 핵심 가치이며, 암호화폐가 존재하는 유일한 이 유다. 따라서 탈중앙화와 보안성은 절대 타협할 수 없는 요소다. 그런데, 이 핵심 가치를 희생하면서까지 확장성을 우선하겠다고? 그 순간, 해당 암호화폐는 존재 가치가 사라지는 것이다. 나는 확장성을 위해 탈중앙성을 희생하는 암호화폐는 암호화폐라고 부를 수도 없다고 생각한다.

기업화 된 노드

비트코인의 전체 블록체인 사이즈는 612GB밖에 되지 않는다. 즉, 1TB짜리 외장하드 하나만 있어도 비트코인 블록체인을 통째로 다운로드받고도 400GB가 남는다. 이렇게 블록체인 크기가 작다는 것은 비트코인의 탈중앙성을 유지하는 데 매우 중요한 요소다. 개인이 직접 노드를 운영할 수 있는 환경이 조성되기 때문이다.

비트코인의 노드는 블록체인 장부의 전체 데이터를 다운로드하고, 이를 10분마다 한 번씩 업데이트하는 역할을 한다. 이 일을 하는 노드는 전 세계에 약 6만 개가 존재하며, 모두 동일한 원장을 가지고 동기화된다. 즉, 비트코인은 중앙 주체 없는 지불정산 시스템을 이렇게 유지한다.

이해를 돕기 위해 작은 마을을 예로 들어보겠다. 한 마을에 영철이라는 사람이 살고 있고, 이 마을에는 총 50명의 주민이 있다. 어느 날, 영철이 영숙이에게 1만 원을 빌려줬다. 이 거래가 마을회관의 공동 장부에 기록되었다고 가정해보자. 그러나 이 장부는 중앙에서 관리되기 때문에 조작될 가능성이 있다. 예를 들어, 마을회관을 관리하는 사람이 뇌물을 받고 기록을 조작할 수도 있다. 그렇게 되면 영철이 영숙에게 돈을 빌려준 사실이 없던 일이 되어버릴 수도 있다. 그래서 이 마을에서는 다른 방법을 선택했다. 이제부터 50명의 마을 사람들이 모두 장부를 가지고, 돈 거래가 일어날 때마다 똑같이 기록하는 방식이다. 이것이 바로 비트코인의 노드 시스템과 동일한 원리이다. 모든 노드가 같은 기록을 가지고 있으면, 특정 개인이 정보를 조작하는 것이 사실상 불가능하다. 비트코인의 블록체인 크기가 612GB밖에 되지 않는 것도 이러한 시스템을 유지하기 위한 중요한 요소다. 즉, 누구나 쉽게 노드를 운영할 수 있어야 하며 그에 맞는 적정한 크기를 유지해야 한다.

이제 이더리움과 솔라나의 블록체인 크기를 살펴보자. 이더리움 블록체인 사이즈는 1.15TB로 비트코인의 약 2배 수준이다. 문제는 이 1.15TB라는 수치가 이더리움 블록체인에 저장되는 트랜잭션 데이터만 포함한다는 점이다. 즉, 이더리움이 실제로 저장해야 하는 전체 데이터 클라우드에 저장되는 데이터 등를 고려하면, 이 크기는 훨씬 더 커진다. 이렇게 블록체인의 크기가 커지면 개인이 노드를 운영하기 어려워지고, 결국 노드 운영이 기업 중심으로 돌아갈 수밖에 없다. 즉, 탈중앙성이 약화되는 것이다.

그렇다면 솔라나는 어떨까? 솔라나의 블록체인 크기는 무려 300TB에 달한다. 솔라나는 이더리움의 대항마로 불리며, 빠르고 저렴한 트랜잭션 수수료를 장점으로 내세운다. 하지만 이 모든 것은 탈중앙화를 포기하는 대가로 얻어진 것이다. 솔라나는 거대한 블록체인 크기로 인해 개인이 노드를 운영하기 어려워지고, 결국 기업화된 노드가 대부분을 차지하게 된다. 즉, 확장성을 강조한 솔라나는 필연적으로 중앙화된 네트워크가 될 수밖에 없는 구조인 것이다.

결국 전고점을 못 넘기는 알트코인들

한때 이더리움은 '비트코인의 시가총액을 역전할 수도 있다'는 기대를 받으며 상승세를 보였지만, 결과는 완전히 기대 이하였다. 오히려 비트코인과의 격차는 점점 더 벌어지고 있으며, 이더리움이 비트코인을 뛰어넘는 것은 점점 더 요원한 일이 되고 있다.

솔라나는 어떨까? 솔라나 역시 한때 비트코인 대비 급격한 상승을 보였지만, 결국 거품이 꺼지고 말았다. 최근 들어 다시 반등하는 모습을 보이고는 있지만 전고점을 넘기는 것은 여전히 어려운 상황이다. 과연 솔라나가 전고점을 돌파할 수 있을까? 나는 불가능할 것이라 본다. 만약 솔라나가 전고점을 돌파한다면, 그건 기술적 혁신 때문이 아니라, 단순한 거품이 끼었음을 의미할 뿐이다. 솔라나가 비트코인을 뛰어넘는 혁신적인 탈중앙성을 갖추었는가? 절대 아니다. 이더리움과 솔라나는 탈중앙성을 혁신적으로 개선했기 때문에 가격이 오르는 것이 아니다. 이들은 단지 '비트코인의 대체 투자처'로 활용될 뿐이며, 솔라나 위에서 발행되는 수많은 밈코인들의 급격한 가격 상승 때문에 주목받고 있을 뿐이다.

비트코인은 탈중앙성을 거의 완벽하게 이루어낸 네트워크다. 이 상황에서 다른 알트코인들이 비교할 만한 요소가 있는가? 아직까지는 없다. 어쩌면 알트코인들은 영원히 비트코인의 탈중앙성을 따라잡지 못할 수도 있다.

하지만 만약, 블록체인 트릴레마를 완벽하게 해결하는, 3가지 요소확장성, 보안성, 탈중앙성를 모두 충족하는 '사기 캐릭터' 같은 코인이 등장한다면 어떻게 될까? 나는 그래도 비트코인의 가치를 뛰어넘을 수는 없을 것이라고 조심스레 예상해본다. 비트코인에게는 '원죄 없는 잉태'라는 독보적인 역사가 있기 때문이다. '원죄 없는 잉태'란, 비트코인을 만든 사토시 나카모토가 엄청난 경제적 이익을 얻을 수 있었음에도 불구하고 홀연히 사라진 현상을 뜻한다. 즉, 비트코인은 어떤 개인이나 조직의 이익을 위해 창조된 것이 아니라는 점에서 완벽한 탈중앙성을 가진다. 이것이 비트코인을 독보적으로 만드는 유일무이한 가치이며, 알트코인이 절대 따라잡을 수 없는 본질적인 차이다. 설령 블록체인 트릴레마를 해결하는 혁신적인 새로운 코인이 등장한다 해도, 비트코인의 역사적 가치를 넘어서는 것은 불가능할 것이다.

우리가 지금 투자하고 있는 알트코인들의 실체를 보라. 처음에는 '완벽한 탈중앙성을 목표로 한다'고 외치지만, 결국 시간이 지나면서 중앙화된 거버넌스, 내부자들의 지분 독점, 네트워크 운영 문제 등으로 본래의 이상을 잃어버리고 만다. 이 모든 것은 위선과 욕심 때문이다. 모든 인간은 자기 이익을 우선시하는 존재이기 때문에, 사토시 나카모토처럼 완벽한 중립성을 유지하기 어렵다. 결국 비트코인만이 유일하게 그 이상을 실현할 수 있었던 것이다.

유동성: 비트코인과 알트코인은 매수 주체가 다르다

유동성이란 무엇인가?

앞서 트릴레마와 함께 보안성, 확장성, 희소성을 살펴봤다. 비트코인과 알트코인의 매수 주체에 대해서 다루기 전, 유동성에 대해 알아볼 필요가 있다.

유동성이란 얼마나 많은 자금이 특정 자산(비트코인, 이더리움, 리플 등)에 몰려 있는지를 나타내는 개념이다. 하지만 누가 어떤 목적으로 돈을 넣고 있는지는 비트코인과 알트코인이 완전히 다르다. 이 차이가 자산의 장기적인 성장 가능성을 결정하는 핵심 요소 중 하나다.

어떤 자산이 장기적으로 가격이 우상향하려면, 유동성의 주체를 제대로 파악해야 한다. 만약 유동성의 주체가 장기적인 관점을 가지고 보유할 목적으로 자금을 투입했다면, 해당 자산은 시간이 지나면서 자연스럽게 성장할 가능성이 크다. 반면, 유동성의 주체가 단기 차익 거래나 투기 목적으로 움직인다면, 해당 자산은 결국 거품이 꺼지고 사라질 가능성이 높다. 이런 관점에서 보면, 비트코인과 알트코인이 걸어가는 길은 완전히 다르다.

글로벌 자산으로 자리 잡은 비트코인

비트코인의 유동성은 글로벌 자산으로 자리 잡고 있으며, 온체인 데이터를 통해 장기 보유자의 비중이 높다는 것이 명확하게 드러난다. 비트코인에는 'UTXO 미사용 트랜잭션 출력, Unspent Transaction Output'라는 개념이 있다. 이는 쉽게 말해, 비트코인이 마지막으로 이동된 이후부터 사용되지 않고 남아 있는 상태를 의미한다. UTXO는 하나하나의 비트코인이 언제 마지막으로 움직였는지를 추적할 수 있게 해주며, 이 데이터를 통해 우리는 특정 비트코인이 얼마나 오래 '잠자고 있는지', 즉 보유자의 '손안에 그대로 있는 상태인지'를 알 수 있다. 예를 들어, 어떤 지갑에 들어 있는 비트코인이 오랜 기간 동안 전혀 이동하지 않았다면, 이는 해당 보유자가 비트코인을 팔거나 소비할 생각이 없다는 신호로 해석될 수 있다. 놀랍게도, 이렇게 장기 보유되고 있는 비트코인의 비율은 시간이 지날수록 점점 증가하고 있다. 이는 비트코인이 단순한 단기 투기 수단이 아니라, 금처럼 장기적인 가치 저장 수단으로 자리 잡고 있다는 강력한 증거다.

비트코인의 장기 보유율이 높다는 것은 무엇을 의미할까? 먼저, 한 번 들어온 자금이 쉽게 빠져나가지 않는다는 것이다. 즉, 시장이 급락하더라도 비트코인의 기본적인 가격 방어력이 강하다는 뜻이다. 그뿐만이 아니다. 비트코인은 시간이 지나면서 점점 더 희소해진다. 비트코인은 수량이 정해져 있기 때문에 장기 보유자들이 늘어날수록, 시장에서 유통되는 비트코인의 양은 줄어든다. 이로 인해 비트코인은 지속적으로 가치가 상승할 가능성이 높은 것이다.

기관 투자자들의 유입: 비트코인의 전략적 가치를 증명하다

최근 들어 기관 투자자들의 비트코인 보유량이 꾸준히 증가하고 있다. 특히, 2024년 4분기에 발표된 미국 증권거래위원회의 <13F 보고서>를 보면, 비트코인 현물 ETF가 승인된 이후 다수의 기관 투자자들이 비트코인을 장기적으로 보유하기 시작했다. 이 기관들은 헤지펀드 같은 단기 차익 거래 세력이 아니라, 장기적인 관점을 가지고 자산을 운용하는 사모펀드들이다. 즉, 비트코인을 단기적인 투기 자산이 아니라 장기적인 투자 자산으로 보고 있는 것이다. 더불어, 국가 단위에서도 비트코인을 도입하는 사례가 증가하고 있다. 엘살바도르는 비트코인을 법정화폐로 채택했을 뿐만 아니라, 지열 발전을 이용한 비트코인 채굴 산업까지 육성하고 있다.

자, 그러면 여기서 한 가지 의문이 생긴다. 국가 단위에서 비트코인을 축적한다는 것은 과연 무엇을 의미하는 걸까? 이는 단순히 외화 대신 비트코인을 보유한다는 차원이 아니다. 국가가 스스로의 미래 경제 안정을 위해 비트코인을 '전략적 자산'으로 인식하고 있음을 보여주는 행위다. 즉, 비트코인이 점차 단순한 암호화폐를 넘어, 달러나 금과 같은 글로벌 가치 저장 수단으로 인정받고 있다는 의미다. 특히 재정이 불안정하거나 자국 통화가 약한 국가일수록, 비트코인을 축적하는 것은 외부 충격에 대비한 새로운 방식의 '디지털 금 보유 전략'으로 해석될 수 있다. 이처럼 국가 단위의 축적은 비트코인의 장기적인 전망이 긍정적이라는 강력한 신호일 뿐만 아니라, 향후 글로벌 통화 질서 변화의 단초가 될 수도 있다.

이뿐만이 아니다. 비트코인은 단순한 개인 투자자뿐만 아니라, 테슬라, 스페이스X, 스트래티지를 포함해 대기업과 상장사들도 적극적으로 보유하고 있다. 특히, 스트래티지는 비트코인을 대량으로 매입한 이후, 주가가 폭등하며 나스닥 100 지수에까지 편입되었다. 이는 비트코인이 기업의 자산으로서도 강력한 가치를 가질 수 있음을 증명하는 사례다. 이러한 기업들이 비트코인을 보유하는 이유는 단순하다. 비트코인은 시간이 지나면서 가치가 상승할 가능성이 높기 때문이다.

알트코인의 유동성 구조

그러면 알트코인은 어떨까? 알트코인은 외부의 유입보다는 내부의 순환 비중이 더 높다. 비트코인은 장기적으로 '보유하려는'

투자자가 많지만, 알트코인은 외부 자금의 유입이 거의 없어 시장이 하락할 때 급격한 가격 하락을 피할 수 없다. 알트코인은 기본적으로 벤처캐피털vc 및 초기 투자자들이 주도하는 자산이다. 이들은 프로젝트가 시작되기 전, 발행된 토큰의 대부분을 선점하고 이후 시장에 풀리는 물량을 조절하는 방식으로 게임을 운영한다. 코인마켓캡 기준 시가총액 상위 20위권에 있는 메이저 알트코인들의 역사를 살펴보면, 대부분 초기 투자자 및 VC에게 대규모 물량이 먼저 배분된 후, 남은 물량이 일반 투자자들에게 상장된다. 이더리움은 최소 36% 이상, 솔라나는 약 50%, 트론은 최소 30~70%를 내부자들이 보유한다. 문제는 이러한 배분 과정이 투명하지 않다는 점이다. IPO처럼 명확한 감사를 받는 것도 아니고, 그저 코인 발행 재단이 주장하는 대로 믿을 수밖에 없는 구조다.

즉, 실제로 내부자들에게 할당된 물량이 정확히 얼마인지 우리는 알 수 없다. 이러한 구조가 만들어지는 이유는 단순하다. 코인 재단과 내부자들이 스스로 정한 규칙대로 토큰을 배분하기 때문이다.

전통적인 주식시장에서는 벤처캐피털이 투자한 주식에 일정 기간 매도할 수 없는 '락업lock-up 기간'이 존재한다. 이는 기관 투자자들이 상장 직후 대규모 매도를 하지 못하도록 막아, 시장의 급격한 변동성을 방지하는 일종의 안정장치다. 하지만 알트코인 시장에서는 이와 같은 베스팅vesting 규칙조차 프로젝트 내부에서 자율적으로 설정된다. 즉, VC나 내부자들이 자신들에게 유리한 일정에 따라 매도 타이밍을 조절할 수 있다는 뜻이다. 이러한 구조는 종종 일반 투자자들에게 정보 비대칭과 불리한 투자 환경을 초래하기도 한다.

이해가 쉽도록 예를 들어보겠다. 토큰이 상장된 후 일정 기간이 지나면, 내부자들이 보유한 물량이 시장에 풀린다. 이 시기를 '토큰 언락Token Unlock'이라고 하며, 일반적으로 1~3년 주기로 대규모 물량이 시장에 던져진다. VC들이 가장 높은 가격에서 매도하기 위해 기다렸다가, 적절한 타이밍에 시장에 덤핑을 시작하는 것이다. 이러한 구조 때문에 알트코인 투자자들은 매년 반복되는 대규모 매도 물량을 견뎌야 한다.

그렇다면 알트코인의 개인 투자자들은 어떻게 반응할까? 내부자들이 대량 매도를 시작해 하락장이 오기 전에 최대한 빨리 탈출하려고 한다. 단기 목적으로 수익을 내려고만 하니, 장기적인 투자 전략이 성립하기 어려운 구조가 만들어진다. 이 때문에 알트코인의 차트는 항상 '고점에서 산 개인 투자자가 손실을 보는 형태'로 마무리된다. 결국 알트코인은 단타 중심의 투기적 시장이 될 수밖에 없는 것이다.

이게 다가 아니다. 알트코인이 거래소에 상장될 때, '상장 빔'이라는 현상이 발생하는 경우가 많다. 이는 거래소와 마켓메이커MM가 가격을 의도적으로 끌어올리는 방식이다. 이 상장 빔에 대해 이해하려면, 알트코인이 어떻게 상장되는지를 알아야 한다.

우선 알트코인 발행 재단과 거래소, 마켓메이커가 계약을 맺는다. 다음 신규 코인이 상장되면, 마켓메이커가 매수 주문을 넣어 가격을 부양한다. 이 과정에서 개인 투자자들이 훅 올라가는 코인에 관심을 갖고 매수에 뛰어든다. 충분히 가격이 상승한 시점에서 내부자들은 자신들의 물량을 던지고, 결국 개인 투자자들만 높은 가격에서 물려버리면서 가격이 폭락하는 것이다. 이런 구조가 반복되면서 결국 알트코인은 '단타 게임'이 되는 것이다.

이렇게 말만 들으면 잘 와닿지 않을지도 모른다. 대표적인 사례로 트럼프 밈코인 사건을 살펴보겠다. 트럼프 밈코인은 단 이틀 만에 72달러까지 상승했지만, 곧바로 10달러 수준으로 폭락했다. 그렇게 70달러, 60달러, 50달러 등 높은 가격에서 매수한 투자자들은 큰 손실을 입게 되었다. 이런 구조는 비단 트럼프 밈코인뿐만 아니라 대부분의 알트코인에서 반복적으로 나타나는 현상이다.

코인의 발행 주체가 없는 코인만이 살아남는다

결국 비트코인과 알트코인의 가장 큰 차이는 발행 주체가 있느냐 없느냐로 귀결된다. 비트코인은 어떤 주체도 공짜로 가질 수 없는 코인이다. 벤처캐피털, 기관, 심지어 국가라 하더라도 비트코인을 내부 배분 방식으로 공짜로 받아 시장에 푸는 일은 불가능하다. 물론, 비트코인이 막 시작되었을 무렵에는 사토시 나카모토와 초기 채굴자들이 블록당 50BTC씩 채굴하며 많은 비트코인을 확보한 것은 사실이다. 하지만 여기에는 중요한 차이점이 있다. 이들은 누구에게도 배정받은 것이 아니다. 아무도 주목하지 않던 시절에 스스로 채굴 프로그램을 실행하고 전기를 써가며 자발적으로 참여한 결과였다. 그 당시엔 비트코인의 미래가 불투명했고, 채굴해봤자 쓸모없을지도 모른다는 불확실성을 감수해야 했다. 초기 가격이 매우 낮을 때 대량 매수한 사람들 역시 마찬가지다. 누구보다 먼저 리스크를 감수한 개인들의 자율적인 판단이었을 뿐이다. 무엇보다도, 비트코인의 창시자인 사토시 나카모토는 100만 개가 넘는 비트코인을 자신의 지갑에 그대로 남겨둔 채 사라졌다. 이는 단순한 상징을 넘어, 비트코인이 어떤 내부자도 특혜를 누릴 수 없는 구조라는 것을 보여주는 가장 강력한 증거다. 비트코인에는 VC나 팀원, 창업자가 미리 받은 '초기 물량'이라는 개념 자체가 존재하지 않는다. 따라서 특정 내부자가 특정 시점에 대량 매도를 통해 시장을 붕괴시키는 구조도 애초에 만들어질 수 없다. 이것이 비트코인이 알트코인과 근본적으로 다른 점이며, 오늘날까지도 시장의 신뢰를 받는 이유다.

사토시 나카모토가 지금 와서 비트코인을 매도할 수 있을까? 만약 혹시라도 그가 이제 와서 보유한 비트코인을 시장에 내놓는다면, 그는 스스로 만든 비트코인의 철학—'원죄 없는 잉태'—을 배신하는 셈이 된다. 나는 이것이 일종의 게임 이론이라고 생각한다. 시간이 지날수록 사토시는 오히려 비트코인을 더 팔기 어려운 상황에 놓이게 된다. 점점 더 많은 사람들이 그의 지갑을 주시하게 되고, 그의 행동 하나하나가 시장에 막대한 영향을 미치게 되기 때문이다. 만약 그가 지갑에서 비트코인을 단 몇 개라도 옮긴다면,

시장은 즉각 반응할 것이다. 비트코인의 가격은 크게 흔들릴 것이고, 결국 사토시 본인도 제대로 팔지 못한 채 혼란만 초래하고 말 것이다. 이러한 이유로, 사토시 나카모토가 다시 나타날 가능성은 극히 낮다고 볼 수 있다. 무엇보다도 이미 비트코인 네트워크는 사토시 나카모토 개인의 영향력에서 벗어나 자생적인 생태계를 구축했다. 따라서 사토시 때문에 가격이 떨어지더라도 이 기회를 통해 비트코인을 싸게 사려는 사람들이 줄을 설 것이다. 만약 정말 사토시가 돌아와 비트코인을 내던진다면, 나부터 나서서 바이더딥Buy the dip을 하겠다.

알트코인은 언제나 초기 물량을 VC 및 내부자가 가져가 특정 시점에 대량 매도를 하며 수익을 실현한다. 이러한 구조가 지속되는 한, 알트코인은 결코 비트코인을 따라잡을 수 없다. 완전한 탈중앙화를 이루지 못한 채, 항상 발행 주체의 이해관계에 따라 움직이기 때문이다.

알트코인은 문제 해결을 하지 못하는 '해결책 없는 해결책'

성공한 사업들은 모두 명확한 문제 해결을 기반으로 한다. 스타트업을 운영하는 사람이라면, 반드시 '내가 해결하려는 문제가 무엇인가?'를 고민해야 한다. 알트코인들은 과연 어떤 문제를 해결하고 있을까? 놀랍게도, 대부분의 알트코인들은 해결해야 할 문제가 없다. 단순히 '블록체인을 사용해야 한다'는 전제하에 만들어진 코인들이 대부분이다. 이더리움을 실제로 사용하고 있는가? 트론이나 리플을 이용하는 유용한 서비스가 있는가? 정작 일상에서 직접적으로 쓰이는 알트코인은 거의 없다. 알트코인의 목적은 그저 가격을 올리는 것뿐이며, 이를 위한 실질적인 사용성은 존재하지 않는다.

유일하게 실용성을 가진 것으로 평가받는 것은 USDT 같은 스테이블코인 정도다. 하지만, 스테이블코인은 가격 상승이 목적이 아니므로 투자 자산으로 적절하지 않다. 즉, 사용성 없는 알트코인은 장기적으로 생존할 수 없다. 그렇다면, 살아남을 수 있는 코인의 조건은 무엇일까?

결국 살아남을 코인의 특성을 3가지로 정리하고 싶다. 이 3가지 중 최소한 1가지는 충족해야 한다. 먼저, 무신뢰 기반 네트워크여야 하는 것이다. 누구도 임의로 발행하거나 조작할 수 없어야 하며, 중앙화된 주체가 개입하지 않는 구조여야 한다. 만약 이것이 불가능하다면, '원죄 없는 잉태'를 가져야 한다. 창시자가 초기 물량을 독점하지 않고, 특정 개인이나 단체가 코인을 대량 보유한 채 시장을 흔드는 일이 없어야 한다. 만약 이 2가지가 전부 해당되지 않는다면, 적어도 실질적인 사용성은 있어야 한다. 단순히 '블록체인을 사용해야 한다'는 이유만으로 존재하는 것이 아니라, 사람들이 실제로 필요로 하고 유용하게 사용할 수 있는 기술이나 서비스를 제공해야 한다. 하지만 슬프게도, 대부분의 알트코인은 이 3가지 조건 중 어느 것도 충족하지 않는다. 실생활에서는 그 어디에서도 쓰이지 않으며, 가격이 올라가는 것 자체가 존재의 목적이 되어

버린 프로젝트들이 비일비재하다.

반면, 비트코인은 확실한 사용성을 가지고 있다. 디지털 금이라는 가치를 인정받으며, 장기적으로 자산을 저장하려는 사람들에게 매력적인 선택지가 되고 있다. 이 때문에 비트코인에 유입되는 자금은 장기적으로 시장을 성장시키고, 지속적인 상승을 가능하게 한다. 그러나 알트코인은 다르다. 내부적인 기대감과 투기 심리에 의해 형성된 유동성이 순환될 뿐이며, 새로운 자금이 외부에서 적극적으로 유입되지 않는다. 결국, 지금까지 그래왔듯이 성공과 실패를 반복하면서 생겨나고 사라지는 패턴이 계속될 수밖에 없다.

이제까지 비트코인과 알트코인의 유동성 차이를 알아보았다. 이러한 구조를 이해한다면, 장기적으로 어떤 자산을 선택해야 할지 더욱 분명해질 것이다.

도미넌스: 비트코인 도미넌스에 대한 오해

비트코인 도미넌스가 알트코인 비교 지표가 될 수 있을까?

 '비트코인 도미넌스'는 전체 암호화폐 시장에서 비트코인이 차지하는 시가총액의 비율을 의미한다. 쉽게 말해, 비트코인의 시가총액을 모든 알트코인의 시가총액과 비교하여 비트코인이 시장에서 얼마나 강력한 위치를 차지하고 있는지를 나타내는 지표다. 보통 비트코인 도미넌스가 상승하면, 비트코인의 영향력이 커지고 비트코인 가격이 다른 암호화폐보다 더 강하게 상승하고 있다고 해석한다. 반대로 비트코인 도미넌스가 하락하면, 알트코인의 시세가 상대적으로 더 많이 오르면서 '알트코인 불장'이 왔다고 판단하는 경향이 있다.

 그러나 이 지표를 투자 판단의 기준으로 삼는 것은 위험하다고 생각한다. 비트코인 도미넌스는 노이즈가 많아 신뢰도가 낮은 지표이기 때문이다.

비트코인 도미넌스의 함정

비트코인 도미넌스를 신뢰할 수 없는 이유 중 하나로 알트코인의 개수가 이론적으로 무한히 증가할 수 있다는 점을 들 수 있다. 현재 코인마켓캡과 같은 대표적인 암호화폐 데이터 사이트에서 트래킹하는 알트코인의 수는 2025년 4월 11일 기준 1,324만 개다. 그러나 이 숫자는 공식적으로 집계된 것만 포함된 것이며, 실제 시장에서 유통되는 알트코인은 이보다 훨씬 많을 가능성이 크다. 왜냐하면 요즘은 알트코인을 발행하는 일이 너무 쉽기 때문이다. 예를 들어, 누군가가 '백훈종 코인'을 만든다고 가정해보자. 솔라나 블록체인 위에서 100만 개의 코인을 발행하고, 그중 일부를 개당 100원에 P2P 방식으로 거래했다고 하자. 그러면 이 코인의 시가총액은 단숨에 1억 원이 된다. 거래소에 상장된 것도 아니고, 실제로 거래량이 있는 것도 아니지만 시가총액이 형성된 것처럼 보이는 것이다. 이러한 방식으로 계속해서 새로운 알트코인들이 생겨나면, 전체 알트코인의 시가총액은 허구적으로 증가하게 된다. 그러면 비트코인의 도미넌스는 아무런 실질적인 변화 없이도 낮아질 수밖에 없다.

2020~2021년 불장 당시, 코인마켓캡에서 트래킹하는 알트코인의 개수는 6~7천 개 수준이었다. 그런데 2024~2025년을 지나면

서 알트코인의 개수가 약 1,324만 개다. 이렇게 빠르게 증가하는 상황에서 비트코인 도미넌스를 의미 있는 지표로 해석할 수 있을까? 아니라고 본다. 비트코인은 단 하나의 고유한 자산이지만, 알트코인은 무한정으로 생성될 수 있다. 그렇다면 전체 암호화폐 시가총액이 단순히 늘어나는 것이 비트코인의 시장 지배력이 줄어든다는 것을 의미한다고 볼 수 있을까? 결코 그렇지 않다.

보통 비트코인 도미넌스가 50%를 넘으면 비트코인의 시장 영향력이 강해졌다고 판단하고, 비트코인 도미넌스가 40% 이하로 내려가면 알트코인이 강세를 보이고 있다고 해석한다. 그러나 여기에도 치명적인 함정이 있다.

많은 투자자들은 비트코인 도미넌스가 떨어지면 알트코인의 불장이 온다고 판단하고, 반대로 비트코인 도미넌스가 오르면 알트코인 시장이 침체된다고 판단한다. 그런데 문제는 비트코인 도미넌스가 낮아지는 원인이 단순히 주요 알트코인의 가격 상승 때문이 아닐 수도 있다는 점이다. 1가지만 보면 안 된다. 예를 들어, 상위 20위권 메이저 알트코인의 가격이 오르지 않았는데도 비트코인 도미넌스가 하락하는 경우가 있다. 이것은 새로운 알트코인이 계속해서 시장에 등장하면서, 전체 알트코인의 시가총액이 증가하기 때문이다. 또한, 특정 알트코인의 가격이 인위적으로 조종되면서 시가총액이 부풀려지는 경우도 많다. 앞서 말한 것처럼, P2P 거래로 가격이 조작될 가능성이 있는 것이다. 즉, 비트코인 도미넌스의 하락이 반드시 알트코인 불장의 신호라고 단정할 수 없다. 그냥 '새로운 알트코인이 대량으로 등장했다'는 뜻일 수도 있는 것이다.

따라서 비트코인 도미넌스를 투자 판단의 기준으로 삼는 것은 위험하다. 그보다는 비트코인과 실질적인 경쟁력을 갖춘 알트코인을 비교하는 것이 더욱 의미가 있다. 예를 들어, 상위 20위권 내에 있는 알트코인들만 따로 분류해 비트코인과 비교하는 방식이 좀 더 현실적인 접근법이 될 수 있다. 또한 UDST, USDC 등과 같은 스테이블코인은 본질적으로 투자 대상으로 보기 어렵기 때문에, 스테이블코인을 제외한 알트코인들과 비교하는 것이 더 적절하다.

왕의 자리를 빼앗기지 않는 비트코인

유명 암호화폐 리서치 기업 메사리Messari에서 발표한 리포트 <2022년 암호화폐 대전망Crypto Theses For 2022>의 36페이지에 있는 내용에 따르면, 이더리움이 비트코인의 시가총액을 추월할 가능성은 약 20%에 불과하다고 전망되었다. 20%라는 수치는 극히 낮은 확률을 의미한다. 메사리는 이 수치를 제시한 이유로 비트코인을 '본원통화M0', 그리고 이더리움을 '구글'에 비유하며 설명했다.

비트코인이 암호화폐 중 가장 강력한 형태의 돈이라면, 이더리움은 가장 발달한 가상 컴퓨팅 플랫폼이라는 것이다. 현재 미국의 전체 본원통화는 약 6조 달러, 구글의 모회사인 알파벳의 시가총액은 약 2조3,800억 달러다.

이를 고려하면, 현존하는 돈의 양보다 한 회사(이더리움)의 시가총액이 더 커지는 것은 현실적으로 쉽지 않다. 물론 완전히 불가능한 것은 아니다. NFT 원숭이 그림이 100억 원에 팔리는 세상이니, 상상할 수 없는 일이 벌어질 가능성도 있기는 하다.

그러나 문제는 이더리움이 이미 다른 레이어 1 스마트 컨트랙트 플랫폼들의 도전을 받고 있는 상황이라는 것이다. 불과 2년 전까지만 해도 시가총액 10위권 밖에 머물던 BNB, 솔라나, 트론, 카르다노 같은 프로젝트들이 무섭게 성장하며, 2025년 3월 기준 각각 5위, 6위, 9위, 그리고 10위에 자리 잡고 있다. 이로 인해 이더리움의 시장 점유율은 2023년 52.4%에서 2024년 36%로 하락했다. 즉, 이더리움이 스마트 컨트랙트 시장의 절대 강자가 아닐 수도 있다는 신호가 점점 현실화되고 있다.

반면, 비트코인은 완벽한 탈중앙화를 통해 가장 강력한 '돈'이 되려는 목표를 유지하고 있으며, 사실상 경쟁자가 존재하지 않는다. 일부 암호화폐들이 비트코인처럼 '탈중앙화된 돈'이라는 콘셉트를 내세우고 등장했지만, 실제로 비트코인의 지위를 위협할 정도의 영향력을 가진 프로젝트는 없다. 이러한 현상은 희소성을 기반으로 하는 다른 자산들에서도 동일하게 나타난다. 예를 들어, 구글에서 '모나리자'를 검색하면 수만 개의 이미지가 나오지만, 가장 큰 가치를 인정받는 것은 여전히 레오나르도 다빈치가 직접 그린 원작이다. 복제품이나 비슷하게 그린 아류작들은 태생적으로 원작의 가치를 뛰어넘기가 어렵다.

앞으로 비트코인의 도미넌스는 하락할 가능성이 있다. 그 이유는 암호화폐 시장 전체의 성장 속도가 비트코인 가격 상승 속도보다 빠를 경우 비트코인의 상대적인 비중이 낮아질 수 있기 때문이다. 하지만 비트코인이 시가총액 1위에서 내려올 가능성은 극히 낮다. 비트멕스의 창업자 아서 헤이스Arthur Hayes는 비트코인의 시장 지배력에 대해 다음과 같이 정리했다. "어떤 암호화폐도 최고의 화폐와 최고의 컴퓨팅 플랫폼이 동시에 될 수는 없다. 그리고 크립토 세상에서 가장 큰 화폐는 앞으로도 쭉 크립토 세상에서 가장 큰 기술 기업보다 규모가 클 것이다."

나 역시 이 의견에 완전히 동의한다. 비트코인은 '화폐'로서의 역할에 집중하고, 이더리움을 포함한 모든 알트코인은 '컴퓨팅 플랫폼'으로서의 역할에 집중할 것이다. 즉, 이더리움이 아무리 성장해도 비트코인을 뛰어넘는 것은 구조적으로 어려운 일이다.

Chapter 3

비트코인의 가치는 어디에서 오는가

비트코인 가격이 오르는 원인, '네트워크 효과'

비트코인에 대한 정의

지금부터 비트코인을 어떻게 생각하는지, 어떻게 정의하는지 설명하고자 한다. 이제껏 다른 비트코인 관련 유튜브에서 들었던 진부한 설명이 아니라, 오직 나만의 방식으로 설명할 테니 흥미롭게 읽어주길 바란다.

우선, 비트코인은 '네트워크'로 정의한다. 보통 P2P화폐, 디지털화폐, 디지털 골드라고 정의하는 경우가 많지만, 나는 그보다 먼저 비트코인을 '네트워크'라고 생각한다. 우리 주변에서 가장 기본적인 네트워크는 무엇일까? 바로 인터넷Internet이다. 인터넷은 우리 모두를 하나의 점으로 연결하는 거대한 조직과 같다. 이 조직들은 긴밀한 선들로 연결되어 있으며, 그 안에서 수많은 정보가 생성되고 공유되면서 가치가 점점 커진다.

이해를 돕기 위해 최근의 경험을 하나 공유해보겠다. 얼마 전 홍콩으로 출장을 갔을 때의 일이다. 그곳에서 처음 보는 사람과 대화를 하던 중, 놀랍게도 상대방이 나를 기억하고 있다는 사실을 알게 되었다. 그는 한국 유튜브 채널을 보던 중, 비트코인 관련 콘텐츠를 찾다가 나를 알게 되었다고 했다. 그 사람은 그 영상을 한국에 있는 자신의 친구에게 추천했고, 그 친구 역시 영상을 통해 나를 알고 있었다.

더 흥미로운 점은, 그 홍콩인이 나를 한국에 있는 친구에게 다시 소개해주었고, 내가 한국에 돌아와 그 지인과 직접 만나 커피도 마셨을 뿐만 아니라, 비즈니스 파트너십까지 맺게 되었다는 것이다. 이것이 바로 네트워크의 힘이다. 네트워크는 점과 점이 연결될수록, 더 많은 점들이 더 빠르게 연결되는 특성을 지닌다. 하나의 연결이 또 다른 연결을 낳고, 그렇게 관계는 기하급수적으로 확장된다.

내가 경험한 네트워크를 도식화해보면 삼각형 모양이 된다. 홍콩에서 만난 사람, 그가 소개해준 한국의 친구, 그리고 나. 이렇게 3개의 점이 연결된 형태다. 그런데 한국에 있는 지인이 또 다른 사람을 소개해주었다고 가정해보자. 이제 이 네트워크는 삼각형에서 사각형으로 바뀐다. 이때 연결된 선의 개수를 따져보면 4개가 아니라 6개다. 한 명이 추가되었을 뿐인데, 연결된 선의 수는 기하급수적으로 증가한다. 이것이 바로 네트워크의 힘이며, 이를 또 다른 말로 '메트칼프의 법칙Metcalfe's Law'이라고 한다. 메트칼프의 법칙은 간단하다. 네트워크에 사람이 한 명씩 늘어날수록, 서로 연결될 수 있는 관계의 수는 훨씬 더 빠르게 늘어난다. 참여자의 수보다 연결의 수가 더 빠르게 증가하기 때문에 네트워크의 영향력과 가치도 함께 커지게 된다.

비트코인과 네트워크의 법칙

지금 우리가 알고 있는 S&P500이나 나스닥에 상장된 유명한 기업들의 주가가 급등하는 이유를 떠올려보자. 이 기업들은 모두 인터넷을 활용해 네트워크를 구축했고, 그 네트워크를 기반으로 거대한 제국을 형성했다. 대표적으로 알파벳Alphabet, 아마존Amazon, 메타Meta 같은 기업들이 있다. 이들은 글로벌 네트워크를 활용해 업계 1위를 차지했고, 한 번 1등이 되자 쉽게 밀려나지 않고 있다.

이는 가장 큰 네트워크가 후발주자보다 훨씬 쉽게 성장하는 '승자독식' 현상 때문이다. 쉽게 떠올릴 수 있는 사례가 바로 카카오톡KakaoTalk이다. 사람들이 아침에 눈을 뜨자마자 가장 먼저 확인하는 것이 카카오톡 메시지다. 간밤에 온 메시지가 있는지 확인하고, 단톡방에서 무슨 이야기가 오갔는지도 본다. 그런데 갑자기 모든 카카오톡 대화를 텔레그램이나 다른 메신저로 옮기라고 한다면 어떨까? 너무 번거롭고 귀찮아서 그렇게 하지 않을 가능성이 높다. 이것이 바로 네트워크 효과다. 네트워크는 한 번 구축되면 웬만한 문제가 발생하지 않는 이상 쉽게 바뀌지 않는다.

이제 다시 비트코인으로 돌아와보자. 비트코인은 단순한 디지털화폐가 아니다. 비트코인은 '가치'를 전달하는 네트워크다. 인터넷이 정보를 자유롭게 공유하는 네트워크라면, 비트코인은 '가치'를 자유롭게 공유하는 네트워크다. 그렇다면 왜 '가치 전달'이 반드시 비트코인 네트워크를 통해 이루어져야 할까? 이 질문을 한번 깊이 생각해볼 필요가 있다.

돈도 네트워크다

우리가 지금 주머니에서 꺼내 쓰는 돈도 결국 하나의 네트워크다. 중앙은행에서 발행된 돈은 시중은행을 거쳐 개인에게 유통된다. 또한 대출, 거래, 저축 등의 과정을 통해 끊임없이 순환한다. 이것이 바로 돈의 네트워크다.

전 세계적으로 보면, 한국 돈의 네트워크는 한국은행이 장악하고 있고, 미국 달러는 연준Federal Reserve, FED이, 유럽 유로는 유럽중앙은행European Central Bank, ECB이 장악하고 있다.

그런데 이 네트워크들이 심각한 문제를 일으키고 있다. 심지어 언젠가는 붕괴할 수도 있는 상황으로 가고 있다고 해도 과언이 아니다. 지금 우리가 처한 경제 상황은 긴박하게 흘러가고 있으며, 점점 더 큰 위기가 다가오고 있다.

운전을 한 지 10년이 넘었다. 운전을 하면서 사고가 날 것이 뻔히 보이는 지점으로 차를 몰아야 하는 상황을 겪어본 적이 있다. 마치 눈앞에 커다란 벽이 있는데, 브레이크를 밟아도 차가 멈추지 않는 상황과 같다. 현재의 경제 시스템도 그렇다. 전 세계 중앙은행들이 장악한 돈의 네트워크는 필연적으로 사고가 날 수밖에 없다. 문제는 이거다. 사고가 났을 때 우리가 살아남을 수 있을까?

내가 몰고 있는 차에 안전벨트가 매여 있고 에어백이 있다면 생존 가능성이 높아진다. 하지만 없다면 어떨까? 비트코인은 바로 경제 시스템에서 우리가 살아남을 수 있는 '안전장치'와 같다.

비트코인의 가격은 15년 동안 크게 상승했다가 크게 하락하는 사이클을 반복하면서도, 계속해서 우상향해왔다. 과거에도 많은 사람들이 비트코인은 끝났다, 0원이 될 것이다라고 외쳤지만, 비트코인의 가격은 단 한 번도 이전 사이클의 저점을 깨지 않았다. 저점이 점점 높아지면서 동시에 고점도 계속해서 높아졌다. 이는 현재 우리가 살고 있는 경제 시스템이 곧 '막다른 골목'에 다다를 것이라는 증거다.

우리가 살고 있는 현재의 경제 시스템은 지속 불가능한 부채에 의존해 움직이는 구조다. 정부와 중앙은행은 경기 침체가 올 때마다 더 많은 돈을 찍어내고, 더 많은 부채를 떠안기는 방식으로 문제를 덮어왔다. 표면적으로는 잠시 안정을 찾는 듯 보일 수 있지만, 그 과정에서 자산 가격은 왜곡되고, 부의 불균형은 더욱 심화되며, 실물 경제는 점점 더 취약해지고 있다. 결국 이 시스템은 돈을 더 찍지 않으면 유지되지 않는 방향으로 고장 난 채 달리고 있는 자동차와 같다. 언젠가는 브레이크가 완전히 말을 듣지 않게 되고, 부채와 통화가치 하락이라는 정면 충돌을 피할 수 없게 될 것이다. 그리고 그 충격은, 준비되지 않은 사람들에게 가장 큰 피해를 안기게 될 것이다.

돈의 가치는 이미 하락 중이다

최근 커피 사는 카페를 바꿨다. 원래는 집 근처 카페에서 라떼를 사 마셨지만, 가격이 올라 더 이상 가지 않게 되었다. 그 대신 프랜차이즈 카페에서 1,500원짜리 아메리카노를 마시고 있다. 결국 사람들은 주머니 사정이 팍팍해질수록 소비를 줄이거나 더 저렴한 대체재를 찾게 된다.

짜장면 가격도 마찬가지다. 내가 어릴 때만 해도 짜장면 한 그릇에 1,500원이었다. 지금은 지역에 따라 6,000원에서 8,000원까지 오른 곳도 있다. 배달도 2인분 이상을 시켜야 해준다. 이는 물건의 가치가 비싸지는 것이 아니라, 우리가 가진 '돈의 가치'가 계속해서 하락하고 있다는 것을 의미한다. 즉, 같은 돈으로 살 수 있는 물건의 양이 줄어들고 있다는 뜻이며, 이는 곧 우리의 구매력이 지속적으로 떨어지고 있다는 신호다. 비트코인의 가격이 오르는 것처럼 보이는 현상도 사실은, 통화 가치가 점점 약해지고 있음을 반영하는 결과일 뿐이다. 결국 이것은 현재 법정화폐를 중심으로 한 돈의 네트워크가 점차 붕괴하고 있다는 명백한 증거다. 이런 상황에서 손 놓고 가만히 있을 수 없었다. 비트코인을 제대로 공부해 이 하락하는 경제 시스템에서 벗어날 방법을 찾아내야 했다.

비트코인은 중앙은행이 관리하는 돈이 아니다. 완전히 '탈중앙화된' 돈의 네트워크다. 비트코인 개발자인 사토시 나카모토는 이 네트워크를 그냥 우리에게 주고 떠났다. 다시 말해, 비트코인 네트워크에는 '주인'이 없다. 현재 이 네트워크에 참여하고 있는 사람들은 2억 명이 넘는다. 이는 비트코인 지갑의 개수를 기반으로 추산한 수치다. 지갑 개수가 2억 개라고 해서 반드시 2억 명이라는 보장은 없지만, 그만큼 거대한 네트워크로 성장했다는 사실은 분명하다. 현재 전 세계 인구는 약 80억 명이다. 그중 비트코인을 사용하는 사람은 2억 명. 즉, 2.5% 정도만이 비트코인 네트워크에 참여하고 있다. 만약 80억 명 중 50% 이상이 참여하게 된다면 어떻게 될까? 지금 우리가 보고 있는 비트코인의 가격은 아직 시작도 안 한 것이나 다름없을 것이다.

현재 많은 사람이 비트코인 가격이 너무 비싸다고 생각한다. 하지만 비트코인의 글로벌 채택률을 보면, 우리는 아직 초기 단계에 있다. 만약 지금 비트코인을 보유하고 있다면, 전 세계 2.5% 안에 들어가는 것이다. 그리고 비트코인이 5%, 10%, 50%로 확장될 때, 그 기회를 미리 선점한 사람들은 엄청난 가치를 얻게 될 것이다. 아직 늦지 않았다.

비트코인은 무정부주의를
추구하지 않는다

비트코인의 탄생 배경과 사이퍼펑크 운동

비트코인은 무정부주의가 아니다. 탈중앙화된 자본주의이자 삼권분립 체제에 가깝다. 보통 비트코인은 국경이 없고 중앙 주체가 없는 암호화폐이기 때문에, 이를 법정화폐로 사용하거나 전 세계적인 결제 수단으로 도입하게 되면 무정부주의적인 시스템이 형성되는 것이 아니냐는 우려를 하는 사람들이 있다. 정부나 연준 같은 중앙은행의 통제 없이 운영되는 화폐 시스템이 탄생하는 것이 무정부주의와 연결되는 것이 아니냐는 질문이다. 이는 큰 오해다. 비트코인의 본질은 다르다.

비트코인을 만든 사람들은 암호학자라고 불리며, 사이퍼펑크Cypherpunk라는 집단과 연관이 깊다. 그래서 비트코인이 무정부주의와 연결된다고 생각하는 경우가 많다. 사이퍼펑크의 사이퍼Cypher는 디지털 공간을 의미하고, 펑크Punk는 저항을 뜻한다. 즉, 인터넷을 통해 국가의 검열과 통제로부터 자유롭게 저항하자는 이념을 가진 사람들이 바로 사이퍼펑크다. 이런 운동들은 단순히 디지털 세상에서만 존재한 것이 아니다. 예전부터 다양한 형태로 자유주의적인 사상과 연결되며 발전해왔다. 사이퍼펑크 운동도 그 연장선에 있다고 보면 된다. 이들은 암호학적 기술과 연대를 바탕으로 국가의 검열과 통제 없이 돈을 결제하고, 인터넷에서 자유롭게 물물교환을 할 수 있는 방법을 찾자는 목표를 가지고 있었다. 그 결과로 나온 것이 바로 암호화폐이고, 그중에서도 가장 완성도 높은 것이 비트코인이다.

비트코인은 단순한 무정부주의가 아니다

비트코인은 이와 같이 사이퍼펑크의 영향을 받았지만, 단순한 무정부주의 시스템이 아니다. 오히려 인터넷의 본질적인 특성과 더 가까운 형태라고 보는 것이 맞다. 인터넷에는 원래부터 국경이 없었다. 정보를 공유하는 네트워크를 만들었을 때, 특정 주체나 중앙 기관이 개입하면 필연적으로 마찰과 검열이 발생할 수밖에 없다. 예를 들어 과거에는 인터넷이 지금처럼 자유롭게 연결된 것이 아니라, 여러 개의 인트라넷Intranet이 존재했다. 2000년대 초반을 떠올려보면, 야후Yahoo, AOL, MSN 같은 기업들이 자체 인터넷 생태계를 구축하고자 했었다. 즉, 모든 사용자를 자기들만의 인트라넷 안으로 가두려는 경쟁이었던 것이다. 요즘도 일부 회사에서는 자체적으로 인트라넷을 사용하는 곳이 있다. 해당 회사의 내부망에서만 인터넷을 사용할 수 있고, 외부 인터넷과는 연결되지 않는 형태다. 당시 인터넷은 지금과 달리 완전히 분리된 섬과 같은 환경이었다. 예를 들어 MSN을 쓰는 사람은 야후를 쓰는 사람에게 이메일을 보낼 수 없었다. 마찬가지로, PC통신 시절에도 천리안을 쓰던 사람과 하이텔을 쓰던 사람, 나우누리를 쓰던 사람들이 서로 데이터를 주고받을 수 없었다.

인터넷처럼 개방된 네트워크, 비트코인

초기의 인터넷이 여러 기업이 운영하는 폐쇄적인 인트라넷으로 나뉘어 있었던 것처럼, 금융 시스템 역시 정부기관과 은행들이 돈의 발행과 유통을 독점하는 폐쇄적 네트워크로 발전해왔다. 그리고 오늘날 인터넷이 결국 폐쇄된 인트라넷을 대체했듯이, 사이퍼펑크들은 금융 시스템 역시 중앙기관의 통제에서 벗어나야 한다고 믿었다. 하지만 이를 실현하기 위해서는, 탈중앙화된 네트워크 참가자들이 서로를 신뢰하지 않아도 합의를 이룰 수 있는 방법, 즉 '비잔틴 장군 문제'를 해결해야만 했다. 비잔틴 장군 문제란, 옛 로마 시대에 등장하는 전략적 난제를 기반으로 한 개념이다. 예를 들어, 왕이 장군들에게 '몇 월 며칠, 몇 시에 적진을 공격하라'라는 명령을 내렸다고 가정해보자. 장군들은 이 명령을 서로 전달하면서 모두 같은 시간에 일제히 공격을 해야 한다. 그래야만 승리를 거둘 수 있다. 하지만 여기서 문제가 발생한다. 장군들 중 배신자가 존재할 가능성이 있기 때문이다. 한 장군이 왕의 명령을 전달받았지만, 배신자라면 어떻게 될까? 그는 일부러 나머지 장군들에게 다른 메시지를 전달할 수도 있다. 이 경우 일부 장군들은 엉뚱한 시간이나 잘못된 장소를 공격하게 되고, 왕과 남은 소수의 장군들만 전장에 남아 처참하게 패배할 것이다. 심지어 배신자는 이를 기회로 삼아 쿠데타를 일으킬 수도 있다. 이런 상황이 바로 비잔틴 장군 문제다. 즉, 신뢰할 수 없는 환경에서 어떻게 일관된 명령을 전달하고, 오류 없이 동기화된 행동을 유지할 수 있는가? 하는 문제를 일컫는 말이다.

자, 그렇다면 사이퍼펑크들은 이를 어떻게 해결했을까? 예를 들어 여러분에게 1,000원을 보낸다고 가정해보자. 현재 시스템에서는 은행이 중간에서 그 거래를 보증해준다. 내가 1,000원을 보내면 은행이 이를 확인하고, 상대방에게 1,000원을 전달해주는 것이다.

앞선 챕터에서 잠깐 다루긴 했지만, 비트코인은 P2P$_{\text{Peer-to-Peer}}$ 네트워크를 기반으로 분산 원장을 운영하는 방식을 도입했다. 은행이 보증하는 것이 아니라, 네트워크의 모든 참가자가 거래 기록을 공유하고 검증하는 방식이다.

그렇다면 왜 은행이 중간에서 보증하는 방식이 아닌 분산원장 시스템이 필요한가? 은행의 권력이 지나치게 비대해져 지대추구가 만연하고, 더 이상 양질의 서비스를 제공하지 못하고 있기 때문이다. 예를 들어, 석연치 않은 이유로 계좌 개설이나 카드 발급이 거절되는 디뱅킹debanking 사례가 잇따르고 있다. 또한 수만 명의 직원을 고용하고 있음에도, 대형 은행들의 웹사이트나 모바일 앱의 사용성은 여전히 불편하고 느린 경우가 많다. 무엇보다 가장 큰 문제는, 은행이 화폐의 발권과 유통을 독점하면서 필요 이상으로 화폐를 풀거나 반대로 지나치게 조이는 과정을 반복한다는 점이다. 그 결과 경기는 과열과 침체를 오가는 불안정한 사이클에 시달리게 된다. 실물 경기가 침체됐는데도 금리가 지나치게 높게 유지되거나 시장에 거품이 심각한데도 금리를 제로 수준으로 묶어두는 사례가 대표적이다. 이처럼 주관적이고 비상식적인 통화 시스템에서 벗어나기 위해 분산원장 시스템이 필요한 것이다. 비트코인은 단순히 국가나 기존 체제를 부정하기 위해 만들어진 것이 아니라, 비합리적인 금융 시스템을 대체하기 위해 등장한 대안이다.

비트코인과 화폐의 본질: 민간 경쟁이 필요한가?

비트코인이 등장하면서 자연스럽게 '화폐란 무엇인가?' 그리고 '화폐는 국가가 독점적으로 발행해야 하는가?'와 같은 질문이 떠오른다. 현대 사회에서는 국가가 화폐 발행을 독점하고 있다. 우리는 국가가 화폐를 관리해야 한다는 전제를 당연하게 받아들이고 있다. 하지만 모든 경제학자가 이에 동의하는 것은 아니다. 대표적인 인물이 바로 오스트리아의 경제학자 프리드리히 하이에크Friedrich Hayek다. 경제학자 루트비히 폰 미제스Ludwig von Mises와 프리드리히 하이에크는 자유주의 경제 사상을 극도로 발전시킨 인물들이다. 하이에크는 기존 경제 체제에 대해 도전적인 주장을 펼쳤다. "화폐는 국가의 독점이 아니라, 민간에서 발행하고 경쟁하게 해야 한다." 하이에크의 주장이다. 즉, 정부가 독점적으로 화폐를 발행하는 시스템은 필연적으로 부패하고 타락할 수밖에 없다는 뜻이다.

그렇다면 어떻게 해야 하는가? 하이에크는 다음과 같이 말했다. "화폐를 중앙은행이 독점하지 않고, 기업과 민간에서 발행하도록 하면, 서로 경쟁을 통해 가장 신뢰받는 화폐가 자연스럽게 선택될 것이다."

이는 기업들이나 민간이 자체적으로 화폐를 발행하고 경쟁할 수 있도록 하면, 정부가 무분별하게 돈을 찍어내는 문제를 해결할 수 있다는 뜻이다. 나 역시 화폐도 경쟁해야 한다는 의견에 동의한다.

지금은 화폐 간의 경쟁이 존재하지 않는다. 우리나라에서는 무조건 원화, 중국에서는 무조건 위안화를 사용해야 한다. 원화와 위안화의 경쟁은 국가 간의 경쟁이지 화폐 간의 경쟁이라고 보기는 어렵다. 단지 환율의 변동으로 그 차이가 드러날 뿐이다.

우리나라에서도 민간에서 발행한 화폐들이 공존하며 경쟁한다면 어떨까? 이렇게 되면 자연스럽게 화폐의 경쟁력이 높아질 가능성이 있다고 생각한다. 가장 높은 가치를 제공하는 화폐만 살아남는 것이다.

결국, 기존의 화폐가 타락하면 새로운 경쟁자가 등장하는 구조가 만들어질 것이다. 나는 화폐도 자유 경쟁을 통해 더 강해질 수 있는 시장이 나타나야 한다고 생각한다.

다음으로 인터넷과 AI에 대해 이야기해보겠다. 인터넷은 처음부터 탈중앙화된 형태로 발전해야만 했다. 그렇기에 우리는 인터넷을 가장 편리하게 사용할 수 있게 되었다. 그렇다면 요즘 가장 뜨거운 이슈인 AI를 생각해보자. AI 기술도 2000년대 초반의 인트라넷처럼 만약 기업들이 분리된 형태로 발전시키려고 한다면 어떨까? 얼마나 불편할까? 예를 들어, 내가 사용하는 AI 비서와 여러분이 사용하는 AI 비서의 통신 규약이 맞지 않아 소통할 수 없다면? 이는 엄청난 손실이다. 그래서 나는 AI도 인터넷과 마찬가지로 단일 프로토콜로 통합될 가능성이 크다고 본다. 현재는 사람들 대부분이 챗GPT(ChatGPT)를 사용하고 있다. 하지만 그 밖에 구글 제네시스(Google Genesis)를 사용하는 사람도 있고, 우리나라 AI 스타트업들이 만든 AI 모델을 활용하는 사람도 있다. 이들 간에는 상호 통신이 불가능하다. 내가 사용하는 챗GPT가 여러분이 사용하는 구글 제네시스로 직접 송금할 수 없다. 메시지를 전달하는 것도 어렵다. 즉, AI 기술이 서로 연결되지 않은 환경에서는 많은 마찰이 발생하게 된다.

하지만 시간이 지나면서 모든 AI가 하나의 통신 프로토콜을 따르는 방향으로 발전할 것이다. AI들이 서로 결제하고, 보험료를 납부하며, 학비와 통신비까지 자동으로 처리하는 시대가 올 수도 있다.

이때 중요한 것은 AI들이 사용할 단일 결제 프로토콜이다. 국가마다 법정화폐가 존재할 순 있겠지만, 인터넷 위에서 AI들끼리 결제하는 화폐는 단일 프로토콜로 합쳐져야 한다. 만약 국가별 화폐가 서로 다른 규약으로 디지털화 되어 서로 다른 통신 프로토콜 위에 발행된다면, AI끼리 돈거래를 하거나 결제를 할때 마찰과 불편함이 증가할 것이다. 그렇기 때문에 비트코인이 AI 간 결제 프로토콜로 활용될 가능성이 크다고 생각한다. 비트코인은 가장 탈중앙화된 네트워크를 가지고 있으며, 국경이 없고, 중앙 주체가 없으며, 범지구적으로 사용될 수 있는 화폐이기 때문이다.

결국, 비트코인은 무정부주의적인 화폐가 아니라, 탈중앙 기술과 탈중앙화된 화폐일 뿐이다. 국가 간 경쟁하는 시스템은 유지될 것이다. 그러나 인터넷 기반 경제가 활성화되고, AI들이 결제와 송금을 주도하는 시대가 오면, AI 간 거래를 위한 단일 프로토콜이 필수적이 될 것이다.

비트코인을 사면 디지털 세상의 맨해튼 주인이 된다

부동산 시장과 공간의 가치

모두 알다시피 미국의 맨해튼은 뉴욕시에 있는 번화가다. 하지만 번화가라고 하기에는 너무 큰 공간이다. 맨해튼은 뉴욕시에서도 가장 핵심적인 지역으로, 바다를 끼고 있는 섬이다. 우리나라로 치면 여의도와 비슷한 역할을 하지만 면적은 훨씬 크다. 맨해튼에는 모든 상업지구가 집중되어 있다. 금융 중심지가 있으며, 너무나도 유명한 센트럴파크도 있다. 또한, 아이비리그에 속하는 컬럼비아대학교가 자리하고 있다. 즉, 우리가 알 만한 뉴욕시의 주요 명소들이 대부분 맨해튼 안에 있다고 보면 된다. 뉴욕 하면 맨해튼, 맨해튼 하면 전 세계 금융과 상업의 중심지다. 그래서 뉴욕은 많은 사람이 미국을 방문할 때 한 번쯤은 꼭 가보고 싶어 하는 곳이다.

맨해튼의 땅을 소유한 사람들은 얼마나 좋을까? 대부분의 사람들은 맨해튼에 땅을 사고 싶어 하고, 건물을 짓고 싶어 한다. 우리 같은 일반인의 경우, 맨해튼에 집 한 채 소유하는 것은 그야말로 꿈에 가까울 수 있다.

평소 나는 유현준 교수님의 유튜브를 자주 본다. 유현준 교수는 공간의 중요성을 힘 주어 강조한다. 그는 실제로 뉴욕 맨해튼에 방문해 유명한 센트럴파크타워 Central Park Tower 앞에서 뉴욕시의 '공중권 Air Rights' 제도에 대해 설명한 적이 있다. 뉴욕시는 건물마다 지을 수 있는 최대 높이가 정해져 있다. 예를 들어, 어떤 땅에서 100층짜리 건물을 지을 수 있는 권리가 있는데, 그곳에 4층짜리 건물만 지어졌다면? 이 건물은 아직 사용하지 않은 96층의 '공중권'을 보유하고 있는 것이다. 이 공중권은 다른 건물주나 땅 소유자에게 판매할 수 있다. 뉴욕시는 이러한 공중권 매매를 합법적으로 허용하는 법을 만들었고, 그 결과 센트럴파크타워와 같은 초고층 건물이 탄생할 수 있었다. 이 초고층 건물들은 대부분 공중권을 매입해 지어진 건물들이다. 원래는 100층까지만 지을 수 있는 땅이지만, 다른 건물들의 공중권을 사들여 더 높은 빌딩을 세울 수 있게 된 것이다.

넷플릭스에서 뉴욕 부동산의 리얼리티 쇼를 본 적이 있다. 이 쇼의 첫 화에 센트럴파크타워의 맨 꼭대기에 있는 펜트하우스가 등장한다. 이 펜트하우스의 가격은 무려 900억 원이다. (현재는 가격이 다소 내려가 850억 원 정도라고 한다.) 맨해튼이라는 도시는 전 세계에서 유능한 인재들과 부자들을 끌어들이는 엄청난 매력을 지니고 있다. 여기에 혁신적인 제도와 건축 기술까지 결합되면서, 기존에는 없었던 새로운 형태의 빌딩들이 등장하고 있다.

비슷한 사례는 우리나라에서도 나타나고 있다. 서울 강남 3구의 아파트 가격은 다른 지역에 비해 꾸준히 오름세를 보이고 있다. 정부는 투기 과열을 억제하기 위해 대출 규제 등 다양한 부동산 정책을 내놓지만, 서울과 특히 강남 3구에 쏠린 수요를 끊어내기에는 역부족이다. 예를 들어, 반포 '레미안 원베일리'의 국평(전용 84㎡) 전세가는 약 20억 원 수준이지만, 매매가는 50억 원대에 형성돼 있다. 즉, 부동산 시장이 판단하는 이 아파트의 실거주 가치는 20억 원이지만, 가치 저장 수단으로서의 프리미엄이 무려 30억 원이나 더해져 매매가가 50억 원에 이르는 것이다.

1990년대 부동산 시장 붕괴를 겪은 일본도 마찬가지다. 일본인들은 우리나라 사람들에 비해 부동산 가격이 반드시 우상향할 것이라는 믿음이 상대적으로 약하다. 그 이유는 1986년부터 시작된 부동산·주식의 과열 거품이 1991년 붕괴되었고, 이로 인해 장기적인 경제 침체—일명 '잃어버린 10년(이후 20년, 30년으로 확장된)'을 경험했기 때문이다. 그럼에도 불구하고 도쿄에서는 초고급 레지던스에 대한 수요가 여전하다. 예를 들어, 아자부다이 힐스Azabudai Hills 프로젝트 내 고급 펜트하우스가 약 20억 엔(한화 약 200억 원대)이 넘는 금액으로 실제 거래된 사례도 있다. 심지어 일부 호실은 최고 약 30억 엔(약 300억 원대)에 달한다는 보도도 있다.

뉴욕 맨해튼과 서울 강남 3구는 공통점이 있다. 바로, 사람들이 끊임없이 몰린다는 것이다. 맨해튼은 전 세계 금융과 경제의 중심지이며, 서울 강남 3구는 대한민국에서 가장 높은 생활 수준과 경제력을 보유한 지역이다. 연예인들만 봐도 대부분 강남이나 압구정의 오래된 아파트에 살고 있다. 이 아파트들은 지하 주차장도 없을 뿐만 아니라 2중, 3중 주차를 해야 하는 불편함이 있는데도 불구하고, 그들은 강남을 떠나지 않는다. 그 이유는 바로 공간의 미래 가치 때문이다. 사람들은 단순히 집값 상승을 기대하는 것이 아니라, 그 공간에서 누릴 수 있는 사회적 가치, 인프라, 네트워크 효과 등을 고려한다. 강남 아파트에 거주하는 사람들은 대체로 인생을 낙관적으로 바라보는 성향을 가진다. 그래서 이웃 주민들과의 분위기도 다르다. 엘리베이터에서 만나면 밝은 표정으로 자연스럽게 인사하며, 대화도 나눈다.

이 두 부촌과 비트코인은 무언가 비슷한 특성을 띤다. 강남 3구의 가치는 단순한 부동산 가격 상승 때문이 아니라, 그곳에 거주하는 사람들의 태도와 라이프스타일에서 나온다. 비트코인 투자자들도 마찬가지다. 투기성 자산이 아닌 장기적인 상승세를 그리고 있는 비트코인 특성상, 투자자들은 미래를 낙관적으로 바라보며 장기적인 성장을 기대하는 경향이 있다. 비트코인 투자자들은 한탕을 노리지 않는다. 그들은 꾸준히 일을 하고, 번 돈을 저축하고, 건강을 관리하며, 결혼하고 가족을 꾸리는 등 책임감 있는 삶을 살아간다. 비트코인이 나오기 전에도 부자는 이런 방식으로 부자가 되었다. 한순간에 돈을 벌려는 사람이 아니라, 오랜 시간 동안 꾸준히 노력하고 자산을 쌓아가는 사람이 진짜 부자가 된다.

비트코인은 사이버 세상의 맨해튼이다

뉴욕 맨해튼은 전 세계 사람들이 모여드는 곳이다. 한국으로 치면 서울, 일본으로 치면 도쿄 미나토구 같은 곳에 몰려드는 것과 같다. 그렇다면 사이버 세상에서의 맨해튼은 어디일까? 인터넷이 하나의 가상 지구라고 가정했을 때, 그 안에서 가장 중요한 중심지는 어디일까? 이 질문은 굉장히 주관적이다. 어떤 사람은 구글이 사이버 세상의 맨해튼이라고 할 수도 있다. 구글 주식에 투자하는 것이 뉴욕 맨해튼에 투자하는 것과 비슷하다고 볼 수도 있다. 이 말에도 일리는 있다. 구글은 인터넷 위에 거대한 제국을 세우고 있으며, 막대한 부를 빨아들이고 있다. 하지만 나는 구글은 도시가 아니라, 하나의 건물에 가깝다고 생각한다. 나는 구글을 뉴욕의 센트럴파크타워 같은 하나의 건물로 보고 있다. 구글 안에 들어가 투자하거나 서비스를 이용하는 사람들은 마치 그 건물의 거주자, 사업체, 또는 호텔 투숙객과 같다. 즉, 기업들을 하나의 건물로 비유할 수 있다. 구글, 애플, 메타, 아마존 같은 기업들은 인터넷이라는 도시 안에 자리 잡은 초고층 빌딩들이다.

하지만 비트코인은 이보다 훨씬 더 큰 개념이다. 비트코인은 건물이 아니라 맨해튼 같은 하나의 도시에 가깝다. 비트코인은 단순한 재화나 자산이기 이전에, 마치 인터넷처럼 그 위에 유용한 서비스들을 구축할 수 있는 표준 규약, 즉 프로토콜이다. 비트코인을 기반으로 다양한 가치 저장, 해외 송금, 결제 서비스들이 마치 거대한 토지 위에 건물을 올리듯 만들어질 수 있다. 흥미로운 점은, 이 비트코인의 '공간'이 한정되어 있다는 사실이다. 맨해튼의 땅을 인공적으로 확장할 수 없듯이, 비트코인의 공급량도 절대 2,100만 개를 초과할 수 없다. 뉴욕 맨해튼이 더 이상 확장할 수 없어 건물을 위로 올릴 수밖에 없는 것처럼, 비트코인도 기술 혁신을 통해 계속 위로 확장되고 있다. 아직은 비트코인 위에 많은 건물이 세워지지 않았을지도 모른다. 하지만 맨해튼 역시 초기에는 허허벌판이었음을 기억해야 한다.

뉴욕 맨해튼이 처음 개발될 때, 그곳의 미래 가치를 예상하고 투자한 사람들은 어떤 이들일까? 그들은 맨해튼이 앞으로 거대한 금융 중심지가 될 것이라는 걸 예측했다. 무역의 요충지가 되고, 사람들이 몰려들 것이며, 전 세계의 자본이 이곳에 집중될 것이라고 믿었다.

이와 같은 선견지명을 가진 사람들이 맨해튼의 땅을 사들였고, 결국 가장 큰 부를 거머쥐었다. 비트코인도 마찬가지다. 비트코인은 2,100만 개의 한정된 구역으로 이루어져 있다. 이 중 단 0.0001개라도 보유하는 것은 맨해튼이 허허벌판일 때, 한 필지의 땅을 사는 것과 같다.

거듭제곱의
법칙

거듭제곱의 법칙

나는 러닝을 아주 좋아한다. 한강 같은 곳에서 달릴 때, 내 앞에 나보다 먼저 출발한 사람이 있다고 가정해보자. 내 속도는 그 사람보다 아주 미세하게 더 빠르다. 나는 일정한 속도로 달리지만, 앞사람과의 거리가 처음에는 거의 변하지 않는 것처럼 보인다. 그러나 시간이 지날수록 그 간격은 점점 더 빠르게 줄어든다. 마치 속도가 갑자기 붙은 것처럼, 어느 순간부터는 순식간에 앞사람을 따라잡게 된다. 두 러너의 속도 차이는 일정하지만, 시간이 지날수록 거리 변화는 기하급수적으로 커진다. 만약 시간(x축)과 좁혀지는 거리(y축) 사이에 일정한 수학적 관계가 존재하고 이를 계산할 수 있다면, 우리는 그 관계에 거듭제곱의 법칙이 적용된다고 말한다.

물리학자 제프리 웨스트Geoffrey B. West가 쓴《스케일Scale》이라는 책에 거듭제곱의 법칙이 등장한다. 그는 생명체, 도시, 기업이 성장하는 방식에 이 거듭제곱의 법칙이 적용된다고 설명한다.

포유류와 도시 모두, 앞서 설명한 두 러너의 예시처럼 거듭제곱의 법칙이 적용되는 현상을 보인다. 포유류의 경우 몸집이 커질수록 수명, 심박수, 에너지 효율 등이 일정한 비율로 증가한다. 도시도 마찬가지다. 인구가 늘어날수록 GDP, 특허 수, 생산성 등 다양한 지표가 기하급수적으로 함께 증가한다. 그러나 포유류와 도시 모두 특정 임계점을 지나면 상황이 달라진다. x축(시간 또는 규모)이 커져도 y축(효과나 성과)의 기하급수적 성장은 나타나지 않고, 성장 속도가 점차 둔화된다. 즉, 일정 수준에 도달하면 성장이 멈추거나 매우 완만해지는 S자 곡선을 그리게 된다.

반면 기업은 J커브를 그리는 경우가 많다. 초반에는 가파르게 성장하지만, 일정 시점을 지나면 성장이 정체되거나 하락세로 돌아선다. 이는 기업이 슈퍼리니어super-linear한 성장을 한다는 뜻이다. 즉, 가로축(시간)보다 세로축(매출, 종업원 수 등)의 증가 속도가 훨씬 빠른 관계를 보인다. 매출 증가 속도, 종업원 수 증가 속도, 문서 발행 속도 등 다양한 지표에서 이러한 슈퍼리니어 패턴이 나타난다. 그러나 바로 이 특성 때문에, 기업은 포유류나 도시보다 수명이 훨씬 짧다.

제프리 웨스트의 연구에 따르면, 이와 같이 슈퍼리니어한 성장 패턴을 가진 기업들은 빠르게 성장하지만, 그만큼 수명도 짧을 가능성이 높다. 스타트업의 90%가 5년 이내에 폐업하는 것이 대표적인 사례다.

그렇다면 구글, 아마존, 메타처럼 수십년째 명맥을 이어오고 있는 대기업들은 어떻게 설명할 수 있을까? 그들은 계속해서 사업 모델을 확장하며 살아남았다. 구글은 검색 엔진 사업이 포화 상태에 접어들 무렵, 유튜브를 인수해 새로운 성장 동력을 확보했다. 유튜브의 성장세가 둔화될 때쯤, 또 다시 새로운 사업으로 확장했다. 즉, 기업들은 J커브 성장의 끝자락에서 새로운 성장 동력을 찾아내며 생존한다.

비트코인도 거듭제곱의 법칙에 따라 상승한다?

수학자들은 비트코인도 거듭제곱의 법칙을 따른다는 사실을 발견했다. 우선, 비트코인의 가격은 비트코인 지갑 수의 증가 속도와 밀접한 연관이 있다. 비트코인 가격은 지갑 수의 증가 속도에 비례해 상승하며, 이때의 기울기는 약 2 수준이다. 또한 비트코인 가격은 시간의 경과에 비례해서도 오르는데, 이 경우 기울기는 약 6으로 훨씬 가파르다. 그리고 비트코인 해시레이트가 상승하면, 가격은 해시레이트 증가에 비례해 오르되, 그 선의 기울기는 약 1/2 수준이다. 지난 15년간 비트코인 역사에서 관찰된 거듭제곱의 법칙이다. 즉 지갑 수의 증가 속도, 시간 경과 속도, 해시레이트 상승 속도가 모두 비트코인 가격 상승과 밀접하게 연관되어 있다. 이러한 법칙이 발견되면서 비트코인 가격이 특정 패턴에 따라 주기적으로 상승한다는 점을 확인할 수 있었다.

결론적으로, 시간이 10배 늘어날 때마다 비트코인 가격도 10배 증가하는 거듭제곱 법칙이 나타나며, 이 점들을 이은 선의 기울기는 6이다. (정확히는 5.62이지만, 편의를 위해 6으로 반올림한다.) 그러나 비트코인의 가격이 시간의 경과 속도에 비례하여 일정하게 5.62의 기울기로 오르지는 않는다. 만약 그랬다면 비트코인은 기업처럼 J커브를 그리며 성장하다가 금방 수명이 다했을 것이다.(시간 경과속도 대비 훨씬 빠르게 가격이 오르는 것이므로.) 비트코인은 초창기에는 시간의 흐름에 비해 훨씬 빠른 속도로 상승했지만, 갈수록 같은 폭의 가격 상승을 이루기 위해 더 오랜 시간이 걸리고 있다. 즉, 비트코인 가격이 2배 오르는 데 걸리는 시간은 지속적으로 증가하고 있으며, 현재까지 관찰된 가격 상승 패턴도 이를 뒷받침한다. 이러한 점에서 비트코인 가격 상승은 생명체나 도시처럼 완만한 기울기로 이루어진다고 볼 수 있다.

이 법칙이 흥미로운 이유는 비트코인의 가격 상승이 해시레이트 증가와도 연관이 있기 때문이다. 조금 풀어서 설명해보겠다. 해시레이트와 가격의 관계, 즉 거듭제곱 법칙 선의 기울기는 1/2이다. 헤시레이트 증가 속도 대비 가격 상승 속도가 더 느리다는 것이다. 이는 해시레이트 상승이 비트코인 가격을 억제하는 요소로 작용할 수 있음을 보여준다. 앞장에서 다룬 비트코인의 난이도 조절 메커니즘 때문이다. 비트코인은 2주에 1번씩 난이도를 조절하는데, 해시레이트가 너무 높아지면 난이도를 상승시켜 채굴 경쟁을 완화한다.

비트코인 채굴자들은 무어의 법칙에 따라 2년마다 연산력이 2배 증가하는 환경에 놓여 있다. 반도체 기술이 발전하면서 같은 비용으로 더 높은 성능을 내는 채굴기를 사용할 수 있기 때문이다. 예를 들어, 삼성전자의 D램 기술이 7나노에서 5나노, 4나노, 3나노, 2나노로 발전해온 것처럼, 반도체 기술의 발전이 비트코인 채굴에도 영향을 미친다. 이러한 환경에서 반감기의 역할은 채굴자들에게 '비용 투자를 늘려야 한다'는 압박을 가하는 것이다. 비트코인 반감기는 4년에 1번씩 발생하며, 채굴자들의 매출을 절반으로 줄여버린다. 이는 무어의 법칙에 따른 채굴 성능 증가 효과를 감소시키는 역할을 한다.

비트코인의 창시자인 사토시 나카모토는 이러한 점을 인지하고 있었을 가능성이 크다. 무어의 법칙에 따라 채굴 성능이 2년마다 2배로 증가하니, 이를 제어하기 위해 4년에 1번씩 반감기를 적용한 것이다. 만약 이를 조절하지 않았다면, 해시레이트가 급격히 상승하면서 비트코인 가격이 J커브를 그리며 폭등한 후 폭락하는 패턴을 보였을 것이다.

제프리 웨스트의 스케일 이론에서도 확인할 수 있듯이, J커브를 그리는 기업은 순식간에 몰락한다. 실제로 90%의 기업이 5년 안에 파산하는 것도 이와 같은 원리다. 비트코인이 이러한 운명을 피하도록 하기 위해, 사토시 나카모토가 완만한 성장 곡선을 유지하는 난이도 조절과 반감기 메커니즘을 도입했을 가능성이 크다.

채굴 경쟁이 과열되면 난이도 조절을 통해 균형을 맞추고, 반감기로 인해 채굴 수익이 줄어들면 경쟁이 자연스럽게 완화된다. 그리고 난이도가 낮아지면 다시 채굴자들이 돌아와 비트코인 네트워크의 안정성을 유지하는 시스템이 구축되어 있다. 이는 마치 교향악단의 앙상블처럼 정교하게 조율된 시스템이라고 볼 수 있다.

생명체는 죽고 도시는 쇠퇴하며 역사의 뒤안길로 사라진다. 비트코인도 언젠가는 같은 운명을 맞이하게 될까? 시간이 지나면서 가격 상승 속도가 둔화된다면 결국에는 가격이 횡보하게 될 것이고, 이것이 한계로 작용할 가능성도 있다.

페이즈의 법칙

수많은 기업 중 90%는 5년 안에 파산하지만, 나머지 10%는 위대한 기업이라는 타이틀을 얻고 수십 년 동안 명맥을 유지한다. 일본에는 100년, 200년을 이어온 기업들도 많다. 특히 상사trading company 같은 기업들을 보면 그렇다. 이런 기업들의 비결은 페이즈Phase, 즉 단계적 성장 전략에 있다. 기업이 성장할 때는 첫 번째 페이즈에서 매출 상승을 이끄는 핵심 사업이 존재한다. 하지만 시간이 지나면서 해당 사업이 수명을 다하면, 위대한 기업은 정확한 타이밍에 새로운 두 번째 페이즈를 도입해 성장을 이어간다.

예를 들어, 삼성전자의 경우 이병철 회장이 반도체 사업을 도입했고, 이를 기반으로 이건희 회장이 D램과 낸드 플래시 사업을 확장하며 글로벌 반도체 기업으로 성장시켰다. 이후 휴대폰 사업이 두 번째 성장 동력이 되었고, 이는 삼성전자의 매출을 크게 끌어올렸다. 현재 삼성은 세 번째 성장 동력을 찾아야 하는 상황이며, 이재용 회장의 경영 아래 어떻게 전개될지 지켜봐야 한다.

비트코인도 마찬가지다. 만약 단순히 한 번 기울기가 완만해지고 가격이 횡보하면서 첫 번째 페이즈에서 끝난다면, 많은 사람들이 걱정하는 일이 현실이 될 수 있다. 하지만 과연 그럴까? 비트코인의 현재 투자 내러티브는 가치 저장 수단Store of Value, 즉 디지털 골드다. 이 개념이 시장에서 인정받아 현재 시가총액 2조 달러를 형성했다. 그러나 이 페이즈도 언젠가 한계를 맞이할 것이다. 충분히 많은 사람들이 '비트코인은 금과 같다'라고 인식하면, 가격 상승 속도는 점차 둔화할 것이다. 하지만 그렇다고 비트코인의 성장도 끝날까? 나는 그렇지 않다고 생각한다.

비트코인의 두 번째 페이즈

비트코인은 창업자가 없는 탈중앙화된 네트워크이므로, 특정 경영자가 나서서 '이제 비트코인은 이런 방향으로 나아가야 한다'고 선언하지 않는다. 하지만 이미 답은 정해져 있다. 비트코인의 다음 단계는 비트코인이 글로벌 결제 수단이 되는 것이다. 단순히 가격이 오를 것이라는 기대감으로 자산을 보유하는 것을 넘어, 비트코인이 법정화폐, 즉 글로벌 머니로 사용되는 것이다. 이렇게 가치 저장 수단으로서의 역할이 자리 잡으면, 이후에는 사람들이 비트코인을 직접 주고받으며 경제 활동을 하게 될 것이다. 하지만 현재 금융 시스템은 비트코인을 쉽게 수용할 수 없다. 기존의 은행, 신용카드, 자영업자들이 사용하는 POS 시스템이 비트코인을 지원하지 않기 때문이다.

그러나 만약 비트코인이 실제로 광범위하게 사용되는 시점이 온다면, 금융 시스템이 비트코인에 적응해야 하는 시기가 도래할 것이다. 이 과정에서 새로운 혁신이 탄생하게 되고, 페이즈 2가 본격적으로 시작될 것이다. 이와 같은 비트코인 생태계 위에서 새로운 플랫폼과 서비스들이 등장할 가능성이 크다. 예를 들어 구글, 아마존, 쿠팡, 네이버, 카카오 같은 기업들이 비트코인 기반 서비스들을 출시할 수도 있다. 그렇게 되면, 비트코인은 다시 상승세를 타며 S자 성장 곡선을 그리게 될 것이다.

설령 보수적으로 봐서 비트코인이 페이즈 1에서 끝난다고 하더라도, 2045년까지 비트코인의 시가총액이 280조 달러에 이를 것이라는 마이클 세일러Michael Saylor의 예측도 있다. 2025년 3월 현재 시가총액이 2조 달러이므로, 단순 계산만 해도 140배 상승할 가능성이 있는 것이다. 따라서 비트코인의 페이즈 1 내러티브만으로도 충분한 수익을 기대할 수 있다. 그러나 나는 페이즈 2까지 고려하기 때문에 더욱 강한 확신을 가지고 있다.

비트코인, 언제 시작해도 괜찮은 이유

유럽중앙은행의 보고서

얼마 전 유럽중앙은행ECB이 흥미로운 보고서를 발간했다. 이 보고서는 비트코인을 강하게 폄하하는 내용을 담고 있다. 이 보고서의 제목은 <비트코인의 분배적 영향The Distributional Consequences of Bitcoin>이다. 보고서는 비트코인의 분배 구조가 경제적으로 부정적인 영향을 미친다는 점을 강조하고 있다.

보고서에서 특히 중요한 내용을 번역하면 다음과 같다. "비트코인은 경제적인 생산성이 없다. 그러므로 초기 보유자들이 이익을 얻으려면, 결국 나머지 사회가 지불하는 비용을 통해서만 가능하다." 이는 비트코인이 이자나 배당 같은 현금 흐름을 발생시키지 않기 때문에, 초기에 비트코인을 매수한 사람들이 돈을 벌기 위해서는 비트코인 가격이 상승해야 하며, 이를 위해서는 후발 매수자들이 더 높은 가격을 지불해야 한다는 주장이다. 이와 같은 논리는 비트코인 투자자들 사이에서 오랫동안 제기되어온 공격과 크게 다르지 않다. 단지 이번에는 유럽중앙은행이라는 공신력 있는 기관이 같은 주장을 반복하고 있다는 점이 다를 뿐이다.

이 보고서의 내용을 5가지 주요 주장으로 정리해보겠다. 첫째, 비트코인은 결제 시스템으로서 실패했다. 보고서는 비트코인이 사용성이 불편하고 변동성이 크기 때문에 글로벌 디지털화폐로 기능할 수 없다고 주장한다. 둘째, 비트코인은 투기적 성격이 강하고 거품이다. 보고서는 비트코인의 가치가 본질적인 효용보다는 투기적 과열에 의해 상승하며, 거품이 터질 위험이 크다고 말한다. 셋째, 빈곤층에서 부유층으로의 부의 재분배가 일어난다. 일반적으로 경제에서는 부가 점진적으로 확산되며 하위 계층으로도 재분배되는 것이 이상적이지만, 비트코인은 반대로 빈곤층이 손해 보고 부유층만 더 부자가 되는 구조라고 주장한다. 즉, 비트코인의 가격이 오를수록 초기 보유자들만 이익을 본다는 것이다. 넷째, 비트코인은 투기적 수요에 의존한다. 보고서는 비트코인이 경제적 기능을 수행하지 않으며, 단순히 가격 상승에 대한 기대감만으로 유지되는 자산이라고 주장한다. 따라서 수요가 감소하면 가격이 급락할 수 있다는 것이다. 다섯째, 사회적·정치적 위험이 있다. 초기 보유자에게 부가 집중되면서 사회적 불평등과 정치적 불안정을 초래할 가능성이 있다고 분석한다.

이 보고서의 결론은 명확하다. 비트코인은 실패한 결제 시스템이자 투기적 성격이 강한 거품 자산이며, 경제적 불평등을 심화시키고 정치적 안정성을 위협할 수 있다는 것이다. 그러나 유럽중앙은행의 보고서는 완전히 잘못된 전제에서 출발하고 있다. 이를 천천히 뜯어보겠다.

비트코인은 실패한 결제 시스템인가?

비트코인은 기존 금융을 혁신한 새로운 금융 네트워크다. 기존 금융 시스템에서는 누군가에게 돈을 보낼 때 반드시 은행을 거쳐야 하며, 클리어링 하우스Clearing House 같은 중개 기관을 통과해야 한다. 한국에서는 한은 금융망, 미국에서는 페드와이어Fedwire, 국제적으로는 스위프트SWIFT 같은 금융망이 사용된다.

일반적으로 계좌이체를 하면 내 잔고는 줄어들고 상대방의 잔고는 늘어나지만, 실제 돈이 즉시 이동하는 것이 아니다. 단지 시스템적으로 상계 처리가 이루어진 것일 뿐이다. 이후 은행원들과 금융 시스템 종사자들이 실제 돈을 옮기는 작업을 진행하며, 이 과정에서 2~4일이 소요된다.

그러나 비트코인은 다르다. 실제 결제까지 걸리는 시간이 10분에서 60분에 불과하다. 내가 보낸 비트코인은 중개 기관을 거치지 않고 직접 상대방의 지갑으로 들어간다. 이는 비트코인과 블록체인이 이룩한 혁신이다. 이 혁신을 무시하면서 '비트코인은 결제 시스템으로서 가능성이 없다'라고 주장하는 것은 악의적이라고 볼 수밖에 없다.

또한 비트코인은 결제 수단으로 쓰기에는 속도가 느리다고들 하지만, 라이트닝네트워크Lightning Network가 이미 빠른 결제를 가능하게 만들었다. 라이트닝네트워크는 2021년부터 2023년까지 급격한 성장을 이루었으며, 달러 기준으로 보면 1,200만 달러에서 7,800만 달러로 546% 증가했고, 비트코인 기준으로는 303BTC에서 2,950BTC로 월간 거래량이 폭발적으로 증가했다. 즉시 결제 기술이 발전하고 있는데도 비트코인이 결제 시스템으로 실패했다고 주장하는 것은 편향된 시각이다.

비트코인은 투기성 상품인가?

비트코인이 투자 자산으로서 자격이 없다는 주장 역시 사실과 다르다. 많은 사람이 비트코인을 피라미드 사기, 다단계, 거품으로 취급하지만 비트코인은 전형적인 버블Bubble 자산과는 다른 패턴을 보인다.

네덜란드의 튤립 버블을 예로 들어보자. 1600년대 튤립 버블은 가격이 한 번 급등한 뒤 폭락하면 다시는 회복하지 못하는 특징을 보였다. 한 번 고점에서 붕괴되면 시장이 완전히 꺼져버린다는 것이다. 그러나 비트코인은 달랐다. 고점과 저점을 점진적으로 높여 가면서 상승하는 구조를 보이고 있다.

비트코인의 가격 변동을 보면, 상승할 때는 급등하지만 하락할 때는 이전 상승폭보다 덜 떨어진다. 즉, 가격이 올라갈 때는 크게 오르고 하락할 때는 덜 하락하는 비대칭적 패턴을 보이며, 결국 장기적으로 우상향하는 형태를 유지하고 있다. 이러한 패턴을 보이는 자산을 단순한 거품이라고 볼 수는 없다.

비트코인의 가격은 인위적으로 조작된 것인가?

유럽중앙은행의 보고서는 비트코인의 가격이 로비에 의해 인위적으로 부양된 것이라고 주장한다. 즉, 경제적 생산성이 없는 비트코인이 오를 수 있는 이유가 암호화폐 투자자들이 정계에 로비해 가격을 펌핑하기 때문이라는 것이다. 하지만 이것이 사실이라면, 과거의 모든 버블이 동일한 방식으로 유지될 수 있어야 한다. 튤립 버블, 2000년대 닷컴 버블, 게임스톱GameStop 사태, AMC 주식 거품 등 과거의 거품 사례를 보면, 고점에서 붕괴된 후 다시 회복하지 못했다. 그러나 비트코인은 4번의 대규모 조정을 거치면서도 계속 회복하고 있으며, 장기적으로 상승하고 있다.

비트코인의 가격이 계속해서 우상향하는 근본적인 이유는 채굴 비용이 경제적 기반을 형성하고 있기 때문이다. 비트코인을 채굴하는 데는 전기, 장비, 인건비 등 현실적인 비용이 투입된다. 이 채굴 비용이 비트코인 가격이 일정 수준 이하로 떨어지지 않도록 방어하는 역할을 한다. 비트코인의 가격이 특정 수준 밑으로 내려가면, 채굴자들이 손해를 보기 때문에 비용 절감과 기술 혁신을 통해 생존하려는 경쟁이 발생한다. 이는 마진이 극도로 얇아질지라도 채굴을 지속하는 강한 네트워크를 만든다. 결국, 채굴자들이 지속적으로 투입한 비용과 혁신이 비트코인의 바닥 가격을 형성하며, 장기적으로 가격을 상승시키는 원동력이 된다.

유럽중앙은행의 저자들은 이와 같은 근본적인 요소를 무시하고 있다. 비트코인의 가격이 단순히 투기와 로비에 의해 유지된다는 주장은 비트코인의 경제적 요인을 완전히 간과한 것이다. 이 저자들은 2022년에도 '비트코인의 마지막 숨결 Bitcoin's Last Stand'이라는 글을 올렸다. 2022년 11월, 비트코인 가격이 2만 달러까지 하락했을 때, 이들은 비트코인이 더 이상 의미 없는 자산이 되어 사라질 것이라고 주장했다.

그러나 2025년 8월 현재, 비트코인 가격은 12만 달러를 돌파했다. 그렇다면 2만 달러가 마지막 숨결이었다는 그들의 주장은 어떻게 된 것인가?

유럽중앙은행은 왜 비트코인을 견제하는가?

유럽중앙은행은 틈만 나면 블로그나 보고서를 통해 비트코인을 폄하하는 내용을 지속적으로 내놓고 있다. 왜 그럴까? 누군가 말이 많다면, 그 뒤에는 분명한 이유가 있는 법이다. 언제나 뒤가 구린 것이 있기 마련이다.

사실, 유로화는 지난 15년 동안 지속적으로 달러 대비 약세를 보이고 있다. 추세적으로 하락하고 있으며, 저점을 계속 낮춰가고 있다. 반면, 비트코인은 정반대로 저점을 높여가면서 상승세를 유지하고 있다. 이것이 유럽중앙은행에게 가장 큰 문제로 작동한다. 유로화는 국제적인 신뢰를 점점 잃어가고 있으며, 유럽 경제 역시 그 신뢰를 상실하고 있다. 유럽중앙은행이라는 체제 자체가 심각한 도전을 받고 있기 때문에, 유럽중앙은행이 이러한 보고서를 내는 것은 비트코인에 대한 견제를 강화하려는 시도로 해석할 수 있다.

게다가 유로화는 금 대비해서도 지속적인 하락 추세를 보이고 있다. 최근 금값이 급등하면서 유로화의 가치 하락은 더욱 뚜렷해졌다. 10년 차트는 물론, 25년 장기 차트로 보더라도 유로화의 금 대비 하락세는 분명하다. 이런 상황을 감안하면, 유럽중앙은행이 비트코인으로의 자본 유출을 막기 위해 의도적으로 부정적인 보고서를 내고 있다고 해석할 수밖에 없다. 이는 안타까운 현실이지만, 역설적으로 비트코인 투자자들에게는 매우 긍정적인 신호다. 유럽중앙은행 같은 중앙은행이 비트코인을 공개적으로 견제한다는 사실 자체가, 비트코인의 위상이 커졌음을 의미하기 때문이다.

오히려, 이러한 보고서는 비트코인에 대한 대중의 인식이 아직 성숙하지 않았다는 것을 보여준다. 중앙은행이 이렇게까지 신경을 쓸 정도라면, 비트코인은 여전히 초기 단계에 있는 것이며, 현재 가격도 그리 비싼 것이 아닐 수 있다. 그렇다면, 지금이야말로 비트코인을 기분 좋게 매수할 타이밍이 아닐지, 조심스럽게 예측해본다.

비트코인, 법정화폐 시스템 매트릭스에서 탈출하는 '오렌지 필'

지금 법정화폐 시스템이 가상 세계라면?

비트코인은 법정화폐 시스템에서 벗어나는 '오렌지 필'이다. '오렌지 필Orange Pill'이라는 개념은 비트코인의 로고가 오렌지색이기 때문에 만들어진 표현이다. 이는 비트코인을 받아들이고 기존 금융 시스템에서 벗어난다는 의미를 갖는다.

이 개념은 영화 <매트릭스>에서 유래했다. 영화에서 주인공 네오는 모피어스에게 빨간 알약과 파란 알약 중 하나를 선택하라는 제안을 받는다. 빨간 알약을 먹으면 지금까지 살던 세계가 가짜라는 사실을 깨닫고 현실로 깨어나게 되고, 파란 알약을 먹으면 계속 기존의 세상에서 아무것도 모른 채 살아가게 된다. 네오는 빨간 알약을 먹고 '매트릭스'라는 가상의 세계에서 벗어난다. 마찬가지로,

비트코인을 이해하고 기존 법정화폐 시스템의 문제점을 깨닫는 것은 오렌지 필을 먹는 것과 같다.

현재 우리가 살아가는 세계는 전 세계 모든 국가에서 정부가 화폐 발행을 독점하고 있다. 하지만 대다수 사람들은 이 시스템이 당연한 것이라고 생각한다. 화폐 발행 권력이 국가에 있어야 사회가 혼란에 빠지지 않는다고 믿는다.

그러나 만약 이 법정화폐 시스템 자체가 하나의 거대한 가상 세계라면? 매트릭스 바깥에서 이 세상을 바라본다면, 법정화폐가 독점된 이 세계는 '부정부패의 덩어리'라고 볼 수도 있다. 절대적인 권력이 반드시 부패한다는 것은 역사적으로 증명된 진리다. 공산주의 국가나 독재 정권은 무너졌는데 왜 화폐 발행 권력만큼은 국가가 독점해야 한다고 믿는가?

법정화폐 독점이 초래하는 부작용은 무엇일까?

법정화폐 시스템의 가장 큰 문제점이 드러난 순간은 언제였을까. 바로 2008년 금융위기 때였다. 이때 사람들은 잠시나마 자신들이 '매트릭스' 안에 살고 있다는 사실을 깨닫게 되었다. 한국은 2008년의 금융위기를 비교적 조용히 넘어갔다. 이미 1997년 외환위기를 겪으면서 외환 보유고를 충분히 확보해둔 상태였고, 당시 이명박 정부가 한미 통화 스와프를 체결해 놓아 위기에 효과적으로 대응할 수 있었다.

그러나 미국은 상황이 달랐다. 나는 2008년, 미국 워싱턴D.C.의

한 대학에 다니고 있었다. 당시 졸업을 앞둔 학생들은 극심한 취업 난에 시달렸다. 특히, 은행의 파산으로 확산된 뉴욕발 금융위기의 여파는 컨설팅 업체, 로비스트, 로펌 등이 밀집한 워싱턴D.C.에도 큰 타격을 주었다. 금융 업계뿐만 아니라 컨설팅·법률·회계 업계까지 줄줄이 일자리를 잃었다. 은행이 무너지고, 그 은행과 거래하던 기업들마저 연쇄적으로 도산하면서 졸업을 앞둔 친구들은 어디에도 취업할 수 없는 절망적인 상황에 몰렸다.

  2008년 금융위기의 원인은 은행들의 도덕적 해이였다. 은행들은 미국의 부동산 가격이 계속 오를 것이라고 확신하고 MBS모기지 저당 담보부 증권를 대량으로 매입했다. 하지만 부동산 가격이 하락하자 MBS 가격도 동반 하락하기 시작했다. 문제는 여기서 끝나지 않았다. 은행들은 CDO라는 새로운 파생 금융 상품을 만들어 위기를 모면하려 했다. CDO는 부실 MBS를 '우량 자산'처럼 포장한 금융 상품이었다. 등급이 높은 MBS와 등급이 낮은 MBS를 섞어 새로운 상품을 만든 뒤, "이제 안전하다"며 시장에 내놓은 것이다. 결국 은행들은 CDO를 서로 사고팔며 거대한 돈잔치를 벌였다. 그러나 거품이 붕괴하자, 이 CDO를 떠안았던 은행들과 투자자들은 줄줄이 파산했다. 2008년 초 베어스턴스가 파산했고, 10월에는 리만브라더스도 파산했다.

정치인의 개입과 법정화폐의 문제점

  이 금융위기의 책임은 누구에게 있었을까? 당연히 무리한 투자를 감행한 은행들에 있었다. 그러나 문제는 여기서 끝나지 않았다. 정치인들이 개입하면서 사태가 더욱 악화되었다. TARP~Troubled Asset Relief Program~는 7,000억 달러 규모로 의회의 승인을 받은 구제금융 프로그램이었다. 은행들이 보유한 부실자산을 국민 세금으로 매입하는 조치였고, 여기서부터 논란이 시작되었다. 국민들은 '왜 세금을 은행 살리는 데 쓰느냐'며 강하게 반발했지만, 정부는 은행이 파산하면 뱅크런~Bank Run~이 발생하고 금융 시스템이 붕괴할 수밖에 없다는 논리를 내세웠다.

이후 정부는 TARP 자금을 단순한 부실자산 매입에 그치지 않고, 아예 은행 자본 확충과 직접 구제에 투입했다. 문제는 모든 은행이 동일하게 지원받은 것이 아니었다는 데 있다. 어떤 은행은 살려주고, 어떤 은행은 파산하도록 방치하면서 정부의 '선택적 개입'이 얼마나 불공정한지가 드러났다. 이 사건은 법정화폐 시스템이 유지되는 한, 금융위기 때마다 정부는 돈을 찍어내고 그 부담은 국민이 떠안게 된다는 사실을 명확히 보여줬다. 그 결과 살아남은 JP모건과 골드만삭스는, 현재 미국에서 가장 강력한 투자은행 겸 상업은행으로 자리 잡았다.

여기서 중요한 질문이 있다. 왜 이 두 은행만 살아남았을까? 미국 정부는 이에 대해 한 번도 명확한 답을 내놓은 적이 없다. 많은 사람이 모종의 거래, 즉 로비가 있었던 것 아닌지 의심한다. 의회 청문회가 여러 차례 열렸고, 은행의 중역들은 수사 대상이 되었다. 검찰과 FBI가 조사에 나섰고, 여러 금융기관이 철저한 수사를 받았다. 그러나 결과는 충격적이었다.

금융위기와 직접 관련된 은행 임원 중 실제로 감옥에 간 사람은 단 한 명뿐이었고, 그마저도 6개월 만에 석방되었다. 결국, 금융위기 당시 수많은 은행들이 부도덕한 행동을 했음에도 불구하고, 아무도 실질적인 처벌을 받지 않았다.

이것이 의미하는 바는 무엇일까? 결국 정부와 금융권이 서로 보호해주는 관계에 있다는 것을 의미한다. 구제금융을 받은 은행들은 오히려 더 심각한 도덕적 해이를 보였다. JP모건과 골드만삭스 등 살아남은 대형 은행들은 구제금융을 받은 직후 임원들에게 거액의 보너스를 지급했다. 반면, 일반 직원들은 구조조정을 이유로 대규모 해고를 당했다. 이에 분노한 시민들이 거리로 나섰고, 2008~2009년 '월가를 점령하라 Occupy Wall Street' 운동이 확산되었다. 이 운동은 미국 금융시스템이 안고 있는 구조적 모순을 전 세계에 드러내는 계기가 되었다.

미국은 세계 금융을 이끄는 금융 선진국이었지만, 이번 사태로 인해 금융 시스템이 엉망진창이라는 것이 드러났다. 결국, 많은 사람이 국가는 화폐 발행 권력을 독점하고 있지만, 이 시스템이 반드시 경제를 안정적으로 유지해주는 것은 아니라는 것을 깨달았다. 금융위기가 발생하면 정부는 오히려 국민이 아닌 대형 금융기관을 보호한다는 것도 깨달았다.

자, 이제 질문이 하나 남는다. 과연 우리는 국가가 발행하는 화폐를 믿고 자산을 맡길 수 있을까?

법정화폐 시스템은 당연하게 받아들여야 하는 것인가?

은행은 결국 국가가 발행하는 법정화폐에 의해 운영된다. 은행의 정책, 예금 상품, 고객 서비스, 이 모든 것은 국가의 금융당국이 정한 규칙에 따라 움직인다. 민간은행이 혼자서 독립적으로 운영할 수 있는 것은 거의 없다.

네오는 빨간 알약을 먹고 가상 세계에서 깨어나 자신이 현실이라고 믿었던 세상이 사실은 조작된 시스템이었다는 것을 알게 된다. 우리는 어떨까? 법정화폐 시스템과 반복되는 금융위기 속에서 같은 패턴을 반복하며 살아가고 있지만, 이 사실을 애써 무시하는 것은 아닐까?

경제위기는 10년 주기로 찾아오고 경기침체는 5년마다 반복된다. 2008년 금융위기, 2020년 코로나 위기, 그리고 2030년에는 또 어떤 위기가 우리를 덮치게 될까? 우리는 단순히 잘 극복하면 된다라고 생각하며 살아가지만, 정작 그 해결책은 기존의 시스템을 더욱 강화하는 방향으로 이루어진다. 결국 문제의 본질은 해결되지 않고, 우리는 같은 패턴을 반복하는 매트릭스 속에서 살아가고 있는 것이다.

2008년 금융위기 이후 금융 시스템은 달라졌는가?

경제위기가 올 때마다 우리는 새로운 시스템이 등장할 것이라고 기대한다. 그러나 현실은 그렇지 않다. 금융 시스템은 변하지 않았고, 여전히 같은 방식으로 운영되고 있다. 2008년 금융위기 이후, 은행들이 체질을 개선했을까? 정답은 '아니다'.

2008년 당시, 정부는 대형 은행들의 파산을 막기 위해 막대한 구제금융을 지원했다. 하지만 그 결과는 어땠는가? 오히려 대형 은행들은 더 강력한 영향력을 갖게 되었고, 금융 시스템의 구조적 문제는 전혀 해결되지 않았다. 은행들은 여전히 부채를 쌓고 있으며, 도덕적 해이는 반복되고 있다.

또 다시 금융위기가 발생한다면 정부는 어떤 선택을 할까? 지난번과 마찬가지로 특정 은행을 살리고, 특정 은행은 파산하게 놔둘 것이다. 문제는, 그 구제금융이 국민의 세금으로 이루어진다는 점이다. 2008년에는 7천억 달러가 투입되었지만, 다음 금융위기에는 1조 달러, 2조 달러가 필요할지도 모른다. 즉, 금융 시스템이 실패하면 그 피해는 고스란히 국민이 떠안는 구조다. 이 시스템에서 벗어날 방법은 없을까? 나는 그 해답이 비트코인이라고 생각한다. 비트코인의 별명인 '오렌지 필'이 바로 그것이다. 비트코인은 단순한 투자 수단이 아니다. 법정화폐의 한계를 극복할 수 있는 선택지다.

비트코인은 금융 시장과 다른가?

비트코인은 변동성이 크다. 주기적으로 상승과 하락을 반복하는 패턴을 보인다. 그렇다면 이는 결국 기존 금융 시장과 동일하게 붕괴할 운명을 가지고 있는 것일까? 그렇지 않다. 비트코인은 기존 금융 자산과 근본적으로 다르다. 비트코인은 지난 15년 동안 장기적으로 우상향해왔다. 평균 연간 수익률을 보면 주식, 부동산, 외환, 귀금속을 포함한 어떤 자산보다도 압도적으로 높은 성과를 기록했다. 특히 주목할 점은, 주기적인 하락이 있음에도 불구하고 매번 이전 최고점보다 더 높은 가격을 형성해왔다는 것이다. 그렇다면 왜 이런 현상이 가능한 걸까?

그 이유는 비트코인의 특성 때문이다. 비트코인은 정부와 중앙은행이 통제할 수 없는 탈중앙화된 시스템을 기반으로 한다. 기존 화폐는 통화량이 유동적으로 조정되고 정부 정책에 따라 가치가 왜곡될 수 있지만, 비트코인은 누구나 검증할 수 있는 투명한 네트워크 위에서 운영되며, 발행 및 거래 과정이 모두 공개된다. 따라서 법정화폐 시스템의 불안정성이 커질수록 사람들은 대체 자산으로서의 비트코인을 더 많이 찾게 되고, 이러한 수요 증가가 가격 상승을 지속적으로 견인하는 것이다.

화폐 가치 하락과 비트코인의 필요성

법정화폐는 매년 가치를 잃고 있다. 많은 사람이 이를 실감하지 못하지만, 화폐의 구매력은 꾸준히 감소해왔다. 지난 50년간 달러 발행량은 연평균 약 9%씩 증가했다. 따라서 달러의 구매력 하락도 최소 연 9%로 볼 수 있다. 여기에 소비자물가상승률$_{CPI}$ 약 3%를 더하면, 실제로 나의 구매력 하락 속도는 연 12%에 달한다. 이를 쉽게 이해하기 위해 예를 들어보자. 몇 년 전만 해도 1,000원이면 김밥 한 줄을 살 수 있었다. 그러나 지금은 편의점에서도 2,000

원이 넘고, 일반 김밥집에서는 3,500원에서 5,000원까지 올라갔다. 김밥 속에 들어가는 재료들에 무슨 일이 있었길래 이렇게 가격이 빠르게 오른 걸까? 이는 단순한 물가 상승이 아니라, 화폐 가치가 지속적으로 하락하고 있다는 분명한 증거다.

비트코인은 이러한 문제를 해결할 수 있는 대안이 될 수 있다. 법정화폐 시스템에서는 중앙은행이 지속적으로 돈을 찍어내면서 인플레이션을 유발하지만, 비트코인은 총 발행량이 정해져 있어 희소성이 보장된다. 즉, 시간이 지날수록 비트코인의 가치는 상승할 가능성이 크다.

비트코인은 세상을 고치고,
또 바꾼다

중남미의 호랑이로 거듭나다: 엘살바도르

이제 실제로 비트코인을 채택한 사례에 대해 이야기해보고자 한다. 다만 정부 차원에서 비트코인을 공식적으로 채택했다는 사례보다는, 특정 사건이나 상황으로 인해 비트코인의 사용성이 중요하게 부각된 사례를 중심으로 살펴보려 한다.

엘살바도르는 '중남미의 호랑이'라는 별명을 얻으며 주목받고 있는 나라로, 한때 전 세계에서 타살률이 가장 높았다. '자살률'이 아니라 '타살률'이다. 즉, 치안이 극도로 불안정한 국가였다는 의미다. 이런 엘살바도르에 나입 부켈레Nayib Bukele 대통령이 등장한다. 그는 젊고 개혁적인 지도자로, 국가를 변화시키기 위한 다양한 정책을 펼쳤다. 특히, 비트코인을 법정화폐로 채택하는 과감한 결정을 내린 인물로도 유명하다. 부켈레 대통령은 '엘존테el zonte'라는 작은 해변 마을에서 비트코인에 관심을 갖기 시작했다.

엘존테는 원래 극심한 가난과 기근에 시달리던 마을이었다. 엘살바도르는 GDP의 40%가 해외 이주 노동자들의 송금으로 유지되는 나라이기 때문에, 특히 경제 기반이 취약한 지역에서는 생계를 유지하기 어려운 경우가 많았다. 이런 상황에서 한 익명의 사업가가 비트코인으로 기부를 했다. 기부 금액은 10비트코인, 당시 기준으로 몇 억 원 정도 되는 금액이었다. 이 기부금은 엘존테에 살던 한 미국인을 통해 전달되었고, 그는 이 돈을 바탕으로 '호프HOPE'라는 재단을 설립했다.

이 재단은 비트코인을 활용해 금융 교육을 제공, 주민들에게 저축의 개념과 금융 지식을 가르치는 역할을 했다. 학교에 다니지 못했던 어린이들까지 비트코인을 통해 돈에 대한 개념을 배우기 시작했다. 단순히 하루 벌어 하루 사는 삶에서 벗어나기 위한 경제적 자립을 목표로 한 것이다. 이러한 움직임이 부켈레 대통령의 개혁 정책과 맞물려 결국 비트코인이 엘살바도르의 법정화폐로 공식 채택되었다.

비트코인 도입 이후 엘살바도르에는 외국인 관광객의 유입이 급격히 증가했다. 특히, 엘존테는 '비트코인 해변'이라는 브랜드를 내세워 세계적인 서핑 명소로 자리 잡았다. 이뿐만 아니라, 정부 차원의 비트코인 채굴도 활발하게 이루어지고 있다. 엘살바도르는 화산 지열을 이용한 친환경적인 비트코인 채굴을 도입해, 경제 성장과 환경 보호를 동시에 이루려는 전략을 펼치고 있다. 또한, 부켈레 정부는 매일 1비트코인을 매입하는 DCA~Dollar Cost Averaging~ 정책을 2년째 유지 중이다. 이를 통해 국가 부채를 줄이고, 경제적 자립도를 높이는 전략을 실현하고 있다.

엘살바도르는 과거 IMF의 원조를 받아야 할 정도로 경제적으로 어려운 나라였지만, 비트코인을 통해 빚을 갚아나가면서 국가 경제를 탄탄하게 만들고 있다.

트럭킹 시위와 비트코인의 역할: 캐나다

이번에는 선진국에서 비트코인이 중요한 역할을 한 사례를 살펴보도록 하자. 캐나다 트럭킹 시위를 기억하는가? 코로나19 팬데믹 당시 캐나다 정부가 강력한 봉쇄 정책을 시행하면서 국경을 넘는 물류 이동이 차단되었다. 이에 따라 대형 화물 트럭 기사들의 생계가 위협받았다. 그러자, 트럭커들은 정부의 방역 정책에 반발하며 트럭을 몰고 수도로 행진하는 대규모 시위를 벌였다. 그러나 당시 쥐스탱 트뤼도~Justin Trudeau~ 총리는 이들을 국가 질서를 위협하는 세력으로 규정하고 강경 대응에 나섰다.

캐나다 정부는 시위에 참여한 트럭커들의 은행 계좌를 동결했다. 심지어 이들을 후원한 시민들의 계좌도 함께 차단했다. 이 조치는 즉각적인 반발을 불러일으켰다. '내 돈이고 내 계좌인데, 국가가 마음대로 동결할 수 있다고?'

트럭커들은 은행 계좌 없이 생계를 이어가야 하는 상황에 처했다. 그러자 이때 비트코인이 해결책으로 떠오른다. 익명의 후원자들이 트럭커들에게 비트코인 지갑을 만들어주고, 지갑 주소를 종이에 적어 나눠주었다. 그러자 시민들이 비트코인으로 직접 후원을 하기 시작했다. 트럭커들은 현금을 인출할 수 없었지만, 비트코인을 통해 시위를 지속할 수 있는 자금을 확보할 수 있었다. 이 사건은 단순한 시위를 넘어 금융 통제와 개인 자산 보호라는 측면에서 큰 논쟁을 불러일으켰다.

전쟁 속의 비트코인: 우크라이나

전쟁 상황에서의 비트코인 활용 사례를 살펴보자. 2022년, 러시아가 우크라이나를 침공하면서 우크라이나의 은행망이 마비되었다. 전쟁 초기, 우크라이나 국민들은 피난을 떠나야 했지만 은행 카드와 ATM이 모두 작동하지 않는 상황이었다. 돈이 있어도 인출할 수 없었고 카드 결제도 불가능했다. 이런 절박한 상황에서 우크라이나 정부는 비트코인과 이더리움 후원을 받기 위해 공식 웹사이트를 개설했다. 전 세계에서 비트코인과 이더리움이 기부되었고, 이 자금은 우크라이나 군대의 전쟁 물자 조달과 국민 지원에 사용되었다.

망명을 떠난 우크라이나 국민들도 비트코인을 통해 생계를 유지할 수 있었다. 정부가 지급한 비트코인 후원금을 받은 시민들은 폴란드 같은 인접 국가로 이동한 후, 비트코인을 현지 화폐로 환전해 생활할 수 있었다. 이는 은행 시스템이 마비된 상황에서 비트코인이 사실상 유일한 국제적 결제 수단으로 작동했다는 것을 보여주는 사례다.

우크라이나 전쟁 당시, 종군 기자들도 결제 수단 문제를 겪었다. 한 영국 기자는 현금을 가져갔지만, 전쟁 발발 직후 은행 영업 중단과 ATM 현금 고갈, 상점들의 현금 기피로 인해 사용할 수 없었다. 비자와 마스터카드 결제망마저 모두 마비되면서 상황은 더 심각해졌다. 그러던 중 그는 현금이나 카드는 받지 않고 비트코인으로만 결제 가능한 중고차 렌탈 업체를 발견했고, 비트코인으로 차량을 빌려 전쟁 취재를 이어갈 수 있었다. 비트코인은 전쟁이라는 극한 상황에서도 실제 거래 수단으로 기능하며, 국가화폐가 무용지물이 될 때 더욱 강력한 가치를 발휘했다.

세계는 끊임없이 변화하고 있다

우리가 사는 세상에서도 크고 작은 사건들이 끊임없이 벌어진다. 우리나라만 해도 최근 계엄 사태가 있었고, 117년 만에 폭설이 내리기도 했다. 전쟁, 기근, 홍수, 가뭄 등 수많은 사건이 지금 이 순간에도 세계 곳곳에서 발생하고 있다. 1분에 몇 명씩, 심지어 1초에 몇 명씩 사망한다는 통계도 있다.

우리나라에서도 매년 교통사고로 약 1만 명이 사망하고, 계절 독감으로도 수천 명이 목숨을 잃는다. 우리가 인식하지 못할 뿐, 세계는 동적인 상태로 끊임없이 변화하고 있는 중이다. 이처럼 급변하는 환경 속에서 우리에게는 개인의 자산을 지킬 수 있는 기술이 필요하다. 바로 그 역할을 할 수 있는 것이 비트코인이다. 비트코인이 왜 중요한 기술인지, 그리고 얼마나 혁신적인지에 대해서 더 알아보기 위해 마지막으로 아프리카, 그중에서도 나이지리아를 살펴보겠다.

금융 통제가 극심한 나라: 나이지리아

나이지리아는 오랫동안 군부 독재의 억압을 받아왔다. 지금도 강압적인 법이 시행되고 있으며, 특히 금융 통제가 매우 심하다. 나이지리아의 상인들은 해외 무역을 통해 달러를 벌어들이지만, 정부의 규제로 인해 달러를 마음대로 보유할 수 없다. 나이지리아 정부는 외국에서 받은 달러를 일정 기간 내에 반드시 현지 화폐로 환전하도록 강제하고 있다. 만약 기한 내에 환전을 하지 않으면, 정부가 달러를 몰수할 수도 있다. 이러한 규제 속에서 나이지리아의 무역상들은 새로운 방법을 찾았다. 바로 비트코인을 활용하는 것이다.

나이지리아에는 의류 수출업자들이 많다. 이들은 현지에서 생산한 옷을 중국으로 수출하고, 중국 바이어들로부터 대금을 받는다. 문제는 달러를 받을 경우 정부의 감시와 규제를 피할 수 없다는 점이다. 그래서 이들은 비트코인으로 결제받는 방식을 선호한다. "차라리 비트코인으로 받겠습니다." 이들은 정부의 감시를 피하기 위해 비트코인으로 결제를 받고, 필요할 때 현지 화폐나 달러로 환전하거나 비트코인 자체를 거래에 활용한다.

비트코인의 강점은 정부가 쉽게 추적하기 어렵다는 점이다. 나이지리아 정부는 아직 비트코인에 대한 이해도가 낮다. 제재할 방법도 마땅치 않다. 또한, 비트코인은 사용자가 신원을 보호하려고 한다면 누가 소유하고 있는지 추적하기 어려운 구조를 가지고 있다. 많은 사람들은 비트코인을 단순한 투자 수단으로 인식하지만 전 세계 곳곳에서는 생존을 위한 금융 도구로 활용되고 있다.

소위 선진국에 살고 있는 우리에게는 비트코인의 가치가 아직 크게 와닿지 않을 수도 있다. 하지만 캐나다 트럭킹 시위처럼 선진국에서도 비트코인이 중요한 역할을 한 사례가 있다. 우리나라 역시 IMF 외환위기와 같은 경제적 위기를 겪었고 역사적으로 내우외환을 수없이 경험했다.

만약 앞으로 정부가 금융 시스템을 통제하는 상황이 발생한다면? 국가가 모든 해결책을 제공해줄 수 있을지 진지하게 고민해야 한다. 어떤 경우에는 개인이 스스로 재산을 지켜야 하는 순간이 올 수도 있다. 그럴 때 비트코인이 금융적 자유를 제공하는 마지막 보호막이 될 수 있을 것이다.

비트코인이 탈중앙성을 유지하는 방법

제2의 비트코인은 없다

앞서 블록 사이즈 전쟁에 대해 다뤘던 내용을 기억하는가? 블록 사이즈 전쟁은 비트코인의 블록 크기를 두고 벌어진 논쟁으로, 대형 블록 지지자와 소형 블록 지지자 간의 갈등을 드러낸 사건이었다. 대형 블록 지지자들은 더 많은 트랜잭션을 처리하기 위해 블록 크기를 1MB에서 2MB 이상으로 확대해야 한다고 주장했지만, 소형 블록 지지자들은 블록 크기가 커지면 개인이 노드를 운영하기 어려워지고 중앙화될 가능성이 높아진다고 반대했다. 결국 소형 블록 지지자들이 승리해 오늘날에도 개인이 노드를 운영할 수 있는 환경을 지속적으로 유지할 수 있게 되었다.

비트코인과 나머지 알트코인들의 가장 큰 차이점은 노드 운영 방식과 탈중앙화 정도에 있다. 비트코인은 완전히 탈중앙화된 노드 시스템을 가지고 있는 반면, 알트코인들은 밸리데이터Validator, 즉 검증인 시스템을 활용한다. 알트코인 네트워크에서는 블록을 생성하고 검증하는 역할을 밸리데이터라는 소수의 검증인들에게 위임한다. 그리고 이 밸리데이터가 되기 위해서는 높은 성능의 컴퓨터가 필요하고, 네트워크에서 요구하는 특정 심사 기준을 통과해야 한다. 결과적으로 알트코인의 검증 시스템은 중앙화된 구조를 가지게 되고, 특정 카르텔이 형성될 가능성이 높아진다. 반면, 비트코인의 노드는 특정 국가에 집중되지 않고 전 세계 곳곳에 분포해 있다.

자, 그렇다면 노드Node란 무엇일까? 비트코인이 만든 탈중앙 네트워크의 구조를 이해하기 위해서는 노드의 개념을 먼저 이해해야 한다. 노드는 비트코인 네트워크에서 중요한 역할을 하며, 크게 채굴 노드와 풀 노드로 구분된다. 채굴 노드는 새로운 블록을 생성하는 역할을 하며, 우리가 흔히 말하는 비트코인 채굴자들이 여기에 해당한다. 풀 노드는 채굴자가 생성한 블록을 검증하고 이를 네트워크에 전파하는 역할을 한다. 비트코인 노드는 택배 시스템에 비유할 수 있다. 채굴자는 택배원처럼 블록을 모아 포장하고 풀 노드는 이를 검수해 다른 노드들과 공유하는 택배사 역할을 한다.

예를 들어, 비트코인 네트워크에 100개의 노드가 존재한다고 가정하자. 새로운 블록이 생성되면, 이 100명의 노드가 이를 동시에 검증하고 네트워크 전체에 동기화한다. 만약 한 명의 공격자가 자신이 만든 블록이 진짜 비트코인이다라고 주장하며 가짜 블록을 퍼뜨리려 해도, 나머지 99명의 노드가 이를 거부하면 해당 블록은 네트워크에서 인정받지 못한다.

이처럼 비트코인 노드가 많을수록 네트워크의 무결성과 탈중앙성이 유지될 수 있다. 현재 전 세계적으로 약 6만 개 이상의 비트코인 노드가 존재하며, 10분마다 모든 노드가 동기화된다.

비트코인의 하드포크

비트코인은 오픈소스 코드로 누구나 복제할 수 있지만 기존 블록체인의 역사까지 복사할 수는 없다. 물론, 누군가 새로운 블록체인을 만들어 '이것도 비트코인이다!'라고 주장할 수 있다. 그러나 기존 네트워크의 노드들이 이를 받아들이지 않으면, 결국 그 블록체인은 단순한 별개의 네트워크가 될 뿐이다.

이것이 바로 하드포크 Hard Fork 라는 개념이다. 하드포크가 발생하면 기존의 블록체인은 그대로 유지되지만, 새로운 블록체인은 1블록부터 다시 시작해야 한다. 따라서 기존의 80만 개 이상의 블록을 보유한 비트코인 네트워크의 안정성과 무결성은 쉽게 흔들리지 않는다.

비트코인은 100번이 넘는 하드포크를 겪었음에도 불구하고, 네트워크 전체 노드들이 해당 블록을 인정해야 했기에 메인 체인은 계속해서 유지되었다. 이는 비트코인의 탈중앙화 구조 덕분이다.

하드포크가 발생하면 기존의 블록체인에서 갈라져 나온 새로운 체인이 생긴다. 대표적인 예로 비트코인 캐시$_{\text{Bitcoin Cash}}$와 비트코인 SV$_{\text{Satoshi Vision}}$가 있다. 하지만 대부분의 비트코인 노드는 장기적인 가치를 보호하고자 하는 성향이 강해 원래의 체인을 유지하는 쪽을 선택하기 때문에, 기존 블록체인이 주류로 남게 된다.

결국 비트코인의 핵심 가치를 따르는 다수의 노드가 유지되는 체인이 승리하는 구조. 이를 통해, 비트코인이 진정 커뮤니티 참여자들의 의사결정에 의해 운영되는 탈중앙화된 네트워크임을 알 수 있다.

비트코인과 알트코인의 노드 차이

비트코인은 블록 용량이 작고 블록 생성 간격이 10분으로 누구나 쉽게 노드를 운영할 수 있다. 반면, 알트코인들은 빠른 속도와 낮은 수수료를 추구하기 위해 블록 용량을 키우고 생성 주기를 단축하는 구조를 채택한다. 예를 들어, 솔라나 이더리움은 블록 크기가 크고 생성 주기가 짧아 노드를 운영하려면 고사양의 컴퓨터가 필요하다.

결과적으로 비트코인 노드는 일반 개인도 운영할 수 있지만 알트코인 노드는 대부분 기업이나 기관이 운영하게 된다. 반면 비트코인 노드는 비교적 저렴한 비용으로 운영이 가능하다. 예를 들어, 약 30만 원 정도의 장비만 있으면 연산 장치, 저장 장치, 기타 부품들을 구매해 누구나 집에서 비트코인 노드를 운영할 수 있다. 비트코인 코어$_{\text{Bitcoin Core}}$ 소프트웨어를 설치하고 네트워크에 연결하면,

10분마다 자동으로 전 세계의 다른 노드들과 블록체인을 동기화하는 것이다. 이와 같이 비트코인의 탈중앙성은 네트워크에 참여하는 개인들이 쉽게 노드를 운영할 수 있도록 설계된 구조 덕분에 유지될 수 있다.

가령 전 세계 6만 개의 노드 중 3만 개를 매수해 하드포크를 시도한다고 가정하자. 그러나 남아 있는 3만 개의 노드가 기존 체인을 유지하면, 결국 원래의 비트코인이 남게 된다. 실제로 과거 비트코인 캐시$_{BCH}$나 비트코인 SV$_{BSV}$처럼 하드포크를 통해 새로운 체인이 등장했지만, 대부분의 노드가 원래 체인에 남아 있었기 때문에 기존의 비트코인이 살아남았다. 비트코인의 강점은, 설령 3만 명이 떠나더라도, 단 100명 또는 10명의 노드가 남아 있어도 네트워크가 유지될 수 있다는 점이다. 이것이 바로 비트코인의 진정한 탈중앙화 시스템이자, 금융 자유를 위한 혁신적인 기술이다.

아직까지는 개념을 완벽하게 이해하기는 어려울 수 있다. 비트코인 노드를 완벽하게 이해하는 가장 좋은 방법은 직접 운영해보는 것이다. 처음에는 이론적으로 복잡하게 느껴질 수 있지만, 한번 직접 설치해보면 비트코인이 어떻게 작동하는지 명확하게 느낄 수 있을 것이다. 비트코인의 가치를 신뢰하고 장기적으로 투자하는 사람이라면, 비트코인 노드를 운영하며 네트워크에 기여하는 것도 좋은 선택이 될 수 있다.

비트코인이 금보다 우월한
다섯 가지 이유

그레이트 리셋: 새로운 금융 질서를 위한 움직임

2021년 다보스 세계 경제 포럼WEF, World Economic Forum에서는 '그레이트 리셋Great Reset'을 핵심 의제로 내세웠다. 코로나 사태 이후 새로운 정상New Normal을 넘어, 세계 경제와 금융 시스템을 전면적으로 개편해 보다 공정하고 지속 가능한 사회를 구축하자는 구상이었다. '그레이트 리셋'을 말 그대로 직역하면 대대적 초기화, 또는 재설정을 뜻한다. 마치 컴퓨터나 스마트폰의 '공장 초기화' 버튼을 누르듯 세계가 힘을 합쳐 구시대적인 문화와 시스템을 버리고 더 공평하고 지속할 수 있는 세상을 새롭게 구축하자는 의미를 담은 말이다.

그렇다면 무엇을 '리셋'한다는 말이었을까? 겉으로 보기에는 기후변화, 인종차별, 경제 불평등 등의 문제 해결을 위한 글로벌 협력 프레임워크처럼 보이지만, 실질적으로는 미국 중심의 금융 시스템이 붕괴할 가능성에 대비하자는 움직임으로 해석된다. 코로나 위기 이후, 미 연방준비은행이 양적완화$_{QE}$를 무제한적으로 확대하면서 달러의 신뢰성이 흔들리고 있으며, 현 금융 시스템의 지속 가능성에 대한 의문이 커지고 있다.

브레턴우즈 체제와 달러 중심 금융 시스템

현대의 국제 금융 질서는 1944년 브레턴우즈 협정에서 시작되었다. 제2차 세계대전이 마무리되던 시점, 미국과 영국을 중심으로 전후 경제 질서를 재정립하기 위해 44개국이 뉴햄프셔주 브레턴우즈에서 합의했다. 이 브레턴우즈 체제를 통해 미국 달러가 금과 연동된 기축통화 역할을 하게 되었으며, 다른 나라들은 자국 통화를 달러에 고정하는 간접적 금태환제를 채택했다. 그러나 1971년 닉슨 대통령이 금태환 중지를 선언하면서 금본위제는 공식적으로 폐지되었고, 달러는 신용화폐$_{\text{Fiat Currency}}$로 전환되었다. 이후 미국은 무제한적인 달러 발행을 통해 금융 패권을 유지해왔다.

현 금융 시스템에 균열이 가고 있다는 증거는 2008년 글로벌 금융위기에서 처음 나타났다. 미국 부동산 시장의 붕괴가 유럽 PIIGS(포르투갈, 이탈리아, 아일랜드, 그리스, 스페인) 사태로 확산되면서 전 세계 금융 시장이 요동쳤다. 이에 각국 중앙은행들은 금 보유량을 늘리기 시작했으며, 이는 1944년 이후 50년 만에 처음 있는 일이었다. 2014년 러시아의 크리미아 합병 이후, 미국이 러시아에 대해 금융 제재를 가하면서 러시아 중앙은행은 미국 국채를 매도하고 금을 대량 매입했다. 이후 다른 국가들도 미국 국채보다 금 보유량을 증가시키는 방향으로 전환했다.

2022년, 러시아가 우크라이나를 침공하자, 미국과 유럽연합은 러시아 중앙은행이 보유한 외환을 동결했다. 이는 국가 단위에서도 신용화폐 기반의 금융 시스템이 더 이상 안전하지 않음을 보여주는 결정적인 사건이었다. 러시아는 원유와 광물 수출을 통해 수십 년간 축적한 외환을 하루아침에 잃었으며, 이를 본 다른 국가들은 미국 달러와 신용화폐를 기축 자산으로 보유하는 것에 대한 신뢰를 상실했다. 이 사건은 브레턴우즈 체제 시즌 2의 종료를 의미하며, 새로운 금융 질서를 모색해야 하는 시점에 도달했음을 보여준다.

브레턴우즈 체제 시즌 3가 온다

스위스 취리히에 기반을 둔 글로벌 투자회사인 크레디스위스의 투자 전략가이자 거시경제학자인 졸탄 포자르Zoltan Pozsar는 현재의 경제 상황을 브레턴우즈 체제 시즌 3으로 넘어가는 과도기라고 분석한다. 러시아 중앙은행의 달러와 유로 기반 외환보유고가 손쉽게 동결되었다는 사실이 전 세계 사람들에게 '더 이상 신용화폐는 안전하지 않으며, 실물화폐Commodity money로 갈아타는 것이 유리하다'라는 생각을 하게 만들었기 때문이라는 것이다. 참고로 실물화폐는 가치가 '제조된 실물'로부터 기원하는 돈을 말한다. 과거에는 금·은·구리 등의 광물이나 소금·후추 등의 향신료, 쌀·보리·옥수수 등의 곡식, 그리고 말·소·돼지 등이 화폐로 사용되었다. 이런 원자재들의 가치는 오랜 시간에 걸쳐 축적된 믿음과 탄탄한 수요에 기인하므로 국가의 신용에 크게 영향받지 않는다.

러시아에 대한 금융 제재가 본격화되면서, 러시아의 주요 수출 품목인 원유와 2022년 2월 G7의 러시아 자산 동결 이후 광물 가격이 급등하고 있다. 2020년 배럴당 40달러 이하였던 원유 가격은 배럴당 100달러를 넘었고, 러시아가 전 세계 생산량의 10%를 차지하는 니켈 가격은 500%나 상승했다.

가장 강력한 실물화폐인 금 가격도 2025년 들어서만 29%나 상승했다. 금 선물시장의 미결제 약정 수도 2020년 이후로 가장 높은 수준이다. 이러한 가격 상승이 단순한 공급망 이슈 때문이 아니라, 달러화에 집중된 글로벌 자금이 금과 같은 실물 자산으로 분산되는 과정에서 발생한 것이라면 우리는 예상보다 빠르게 새로운 국제 금융 질서를 맞이하게 될 수도 있다. 현재 미국 달러가 글로벌 기축통화로서의 역할을 하고 있지만, 만약 달러 패권이 붕괴한다면 세계 금융 질서는 어떻게 변화할까? 예전처럼 다시 금본위제로 돌아갈까? 아니면 각국 정부가 경쟁적으로 도입을 추진하고 있는 CBDC가 새로운 기축통화로 등장할까? 혹은 비트코인 같은 새로운 가치중립적 자산이 급부상할 가능성도 생각해볼 수도 있을 것이다.

비트코인은 어떤 재화가 화폐의 기능을 담당할 수 있는지 가능성을 따질 때 거론하는 화폐의 5가지 속성(분할 가능성, 대체 가능성, 내구성, 희소성, 이동성) 모두에서 금보다 우월한 특성을 보였다. 디지털 사회로의 전환이 가속화되면 될수록 비트코인을 준비 자산으로 쓰려는 수요는 더욱 늘어날 수 있다. 아직은 브레턴우즈 체제 시즌 3의 주인공을 확실히 장담할 수 없다. 하지만 가까운 미래에 지난 수십 년간 유지된 국제 금융 질서가 크게 요동칠 가능성은 매우 커졌다. 우리에게 남은 선택지는 미리 알고 대비할 것이냐 아니면 모르고 있다가 낙오할 것이냐, 이 2가지뿐이다.

비트코인에 평생
투자할 수 있는 이유

사람들이 코인에 투자하는 이유

비트코인은 종종 암호화폐라는 거대한 카테고리 안에 묶이곤 한다. 하지만 나는 비트코인을 일반적인 암호화폐와는 완전히 다른 개념으로 보고 있다. 사람들은 비트코인을 포함해 이더리움, 솔라나 등 다양한 암호화폐에 투자하고 있다. 사람들은 왜 암호화폐에 이렇게나 관심을 갖고 자산을 투입하는 것일까? 이 시장의 전망은 어떻게 될까?

우선, 사람들이 코인에 투자하는 이유부터 짚어보자. 내 집 마련을 위해 18년 6개월을 꼬박 저축해야 하는 시대다. 심지어 한 푼도 쓰지 않고 모았을 때 가능한 기간이 그렇다. 이는 단순한 숫자가 아니라 현재의 경제적 현실을 반영하는 중요한 지표다. 역대 정부

별 내 집 마련에 필요한 시간을 비교해보면 그 시간이 점점 증가하고 있음을 알 수 있다. 2017년과 2018년을 떠올려보자. 이 시기에 서울 아파트 가격은 폭등했고, 4~5억 원 하던 30평대 아파트가 10억 원을 훌쩍 넘어가는 상황이 벌어졌다. 집값이 이렇게 치솟은 건 결국 우리 돈의 가치가 그만큼 떨어졌기 때문이라고 볼 수 있다. 경제적인 부담이 커지면서 결혼을 미루거나 아예 포기하는 젊은 세대가 늘었다. 내 집 마련이 어려운 현실이 출산율 저하로도 이어지고 있다.

서울 3분위 가구 중위소득을 기준으로 보면, 내 집 마련을 위한 기간이 계속해서 길어지고 있다.(출처: 조선비즈, <"집 사려면 26년 모아야"…옆 나라 일본은 10년 걸려>, 2023년 9월 18일 자) 이는 한국뿐만 아니라 전 세계적인 현상이다. 젊은 세대는 계층 이동의 기회를 점점 잃어가고 있다. 이들이 느끼는 불안과 좌절은 결국 '어떻게 하면 나의 경제적 환경을 개선할 수 있을까?'라는 고민으로 이어진다. 그리고 그 해결책 중 하나로 비트코인 투자를 선택하는 것이다.

비트코인 가격이 크게 오르면 나도 중산층에 진입할 수 있지 않을까? 내 집을 마련할 수 있지 않을까? 이런 기대감이 사람들을 코인 투자로 이끌고 있다.

부동산이 삼켜버린 노동의 가치

2016~2020년 사이 아파트 가격 상승률과 임금 상승률을 비교해보자. 대기업 임금은 3,893만 원에서 4,118만 원으로, 중소기업

임금은 2,455만 원에서 2,840만 원으로 소폭 상승했다. 반면 서울 아파트 가격은 평당 1,918만 원에서 2,993만 원으로, 수도권 아파트는 1,000만 원에서 1,200만 원으로 급등했다. 이 문제는 그리 간단하지 않다. 지난 20년 동안 음식료, 병원비, 대학 등록금과 같은 필수재 가격이 250% 상승했지만, 같은 기간 동안 임금상승률은 50%도 되지 않는다. 결국 '부동산 가격이 폭등해도 돈을 더 벌어서 집을 사면 되지'라는 말은 불가능한 상황이 된 것이다. 임금은 거의 늘지 않았기 때문이다.

이 문제는 직장인뿐만 아니라 자영업자들도 마찬가지다. '돈 벌기 정말 쉽지 않다'는 말이 더 이상 과장이 아니다. 과거 부모님 세대에는 10년이면 가능했던 내 집 마련이 지금은 20년 이상 걸린다. 이런 현실은 사람들이 미래를 비관하게 만들고, 결국 투자를 해야 한다는 강박감을 갖게 한다. 주식, 단타, 코인 투자 등 빠르게 돈을 불릴 수 있는 방법에 사람들이 몰리는 이유가 여기에 있다.

연예인과 유튜버를 보며 느끼는 박탈감

직장인의 76%가 연예인을 보면 박탈감을 느낀다고 한다. 연예인들은 엄청난 수익을 올린다. 해외여행을 가고, 오마카세를 즐기며, 외제차를 타고, 고급 아파트에 산다. 인스타그램에서 흔히 볼 수 있는 이들의 생활은 일반 직장인들과는 완전히 다른 세계처럼 보인다.

TV 프로그램을 보면 트리마제, 성수 갤러리아포레, 나인원한남 같은 초고가 아파트에 사는 연예인들이 소개된다. 전 국민이 SNS를 통해 서로의 일거수 일투족을 들여다보는 세상이다. 연예인들의 럭셔리한 삶의 모습을 실시간으로 지켜보는 일반 중산층 국민들은 갈수록 상대적 박탈감을 느낀다.

연봉이 3~4천만 원 수준에서 시작되는 일반 직장인들에게는 집을 마련하는 것이 현실적으로 불가능한 일처럼 느껴진다. 요즘 개발자의 연봉이 많이 올랐다고는 하지만, 그마저도 최근 다시 하락하는 추세다. 개발자의 초봉이 4천만 원 정도라 해도, 세금을 내고 나면 실제 손에 쥐는 금액은 크지 않다. 연봉 1억이 넘는다고 해도 서울에 번듯한 아파트 한 채를 사기에는 턱없이 부족한 것이 현실이다.

부자의 기준과 현실적인 재테크 목표

부자의 기준은 40억 원이다. 하지만 정작 많은 사람들이 자신의 평생 재테크 목표를 10억 원으로 잡는다. 이게 무슨 말일까?

국민은행이나 하나은행 같은 주요 금융기관에서는 매년 '부자 리포트'를 발표하는데, 이 리포트의 설문조사에 따르면 일반 사람들이 생각하는 '부자의 기준'은 40억 원이다. 하지만 많은 사람들이 평생 재테크 목표를 10억 원으로 잡는다. 무슨 의미일까? 즉, 사람들은 마음속 깊이 '나는 부자가 될 수 없다'고 생각하는 셈이다. 자본주의 사회에서는 누구나 부자가 될 수 있다고 믿어야 하지만, 현실적으로는 10억 원조차도 버거운 목표로 받아들이는 분위기다.

인플레이션의 문제: 돈을 모아도 녹아내린다

인플레이션을 고려하면 상황은 더욱 나빠진다. 소비자물가지수$_{CPI}$가 3%라고 해서 모든 물가가 3%씩 오르는 것은 아니다. 어디에 돈을 쓰느냐에 따라 체감하는 물가상승률은 천차만별이다. 예를 들어, 지난 20년 동안 병원비는 250% 가까이 증가했다. 만약 가족 중에 아픈 사람이 있어 병원비를 많이 지출해야 한다면 그 사람이 체감하는 인플레이션은 3%가 아니라 250%에 가깝다. 마찬가지로, 대학 등록금 역시 지난 20년간 250% 상승했다. 자녀가 많다면 이 비용은 엄청난 부담이 된다. 교재비, 양육비, 유치원비 등 대부분의 국민들이 한 번쯤 반드시 지출하는 필수재의 가격은 모두 3%보다 훨씬 큰 폭으로 올랐다.

반면 자동차 세차, 가구, 전자기기, 장난감, 의류 등과 같은 탄력적 재화는 상대적으로 물가상승률이 낮다. 즉, 어떤 소비를 하느냐에 따라 인플레이션의 체감 정도는 극단적으로 달라질 수 있다. 사람들은 평균 물가상승률만 보고 '인플레이션이 3%'라고 생각하지만, 실제로는 내가 주로 소비하는 품목에 따라 10% 이상의 인플레이션을 느낄 수도 있다.

MZ세대가 공격적인 재테크를 선호하는 이유

MZ세대는 근로소득만으로는 자산을 증식하기 어렵다고 판단해 공격적인 재테크를 선호하는 경향이 있다. 현재 가장 많이 활용하는 재테크 방법은 여전히 예·적금이지만, 주식과 가상자산의 비중도 높아지고 있다.

미래 자산 증식을 위해 가장 중요한 재테크 수단이 무엇이냐는 질문에는 부동산이 가장 중요하다는 응답이 가장 많았다. 하지만 가상자산도 상당히 높은 비중을 차지하고 있다는 점이 눈에 띈다. 우리나라 전체 부에서 차지하는 자산별 비중을 보면, 부동산이 약 70%를 차지하고 있다. 반면, 주식은 예상보다 낮은 2% 미만이며 예·적금이 약 15% 정도 된다. 나머지는 가상자산과 기타 대체 투자 자산들이 차지하고 있다.

주식과 가상자산의 관심도는 점점 높아지고 있지만, 전체 부의 비중에서 차지하는 비율은 여전히 낮다. 서울 부동산 가격이 손에 닿을 수 없는 지점까지 급하게 올라버린 상황에서, 사람들은 어떻게 하면 더 많은 돈을 벌 수 있을지 끊임없이 고민하고 있다.

국내 코인 시장, 앞으로 어떻게 될까?

많은 주목을 받고 있는 코인, 시장 전망은 어떻게 될까? <가상자산 이용자 보호법> 시행으로 국내 코인 시장에 큰 변화가 예상된다. 이제 가상자산 범죄에 대해 검찰의 직접 수사가 가능해졌으며, 가상자산 거래소들의 책임도 한층 강화됐다. 국내 주요 거래소인 업비트의 경우, 가상자산 예치금에 대해서만 예금자 보호가 적용된다. 그러나 가상자산 자체에 대해서는 보호가 없다. 즉, 비트코인이나 알트코인을 매수했더라도 거래소가 파산하면 보상을 받을 수 없다는 점이 법으로 명확해진 것이다. 또한, 시장 변동성을 조정하는 역할을 하던 마켓메이커MM의 활동이 국내 가상자산 시장에서는 금지되었다. 주식시장에서는 합법적으로 운영되지만, 가상자산시장에서는 허용되지 않는 셈이다.

국내 최대 거래소인 업비트는 알트코인 거래 비중이 높기 때문에 마켓메이커가 빠져나가면 거래량이 크게 감소할 가능성이 높다. 거래량이 줄어들면 알트코인 가격 변동성이 줄어들고 급등과 급락이 어려워진다. 즉, 마켓메이커 금지로 인해 단기 급등이 어려워지면서 국내 코인 시장이 위축될 가능성이 크다. 업비트도 정책 당국의 방향성에 보조를 맞추기로 했는지 2024년 7월 18일 <투명성 보고서>를 발간하기도 했다. 이는 불공정 거래 모니터링을 강화하겠다는 의지를 보인 것으로, 자연스럽게 알트코인시장에서 단기 급등락을 노린 투자 전략이 점점 더 어려워질 것으로 보인다.

메이저 코인 중에서도 비트코인인 이유

이제 국내 코인 시장은 이전처럼 하루에 50~100%씩 급등하는 거래소가 아니라 보다 안정적인 시장으로 변화할 것이다. 하지만 이러한 변화는 단기 투자자들에게는 불리하게 작용한다. 단타를 노리는 투자자들이 줄어들 것이고 거래량 역시 감소할 가능성이 크다.

결과적으로 비트코인과 이더리움 같은 메이저 코인들로의 쏠림 현상이 더욱 심화될 것이다. 알트코인 투자자들이 새로운 코인을 찾기 어렵다면, 결국 '안정적인' 비트코인과 이더리움으로 투자 방향을 전환할 가능성이 크다. 한 줄로 요약하면, 앞으로 국내 코인 시장에서 메이저 코인들의 비중이 더욱 커지고, 알트코인 시장은 위축될 가능성이 높다는 것이다. 그렇다면 왜 비트코인을 선택해야 할까? 이더리움도 좋고 솔라나도 좋고 다른 코인들도 각각의 강점이 있지만, 과연 비트코인만큼 안정적일까?

2025년 8월 현재 코인마켓캡 기준 시가총액 상위 10개 코인 리스트를 보면 비트코인이 1위이고, 그 뒤를 이더리움, XRP, 테더, BNB, 솔라나, USDC, 도지코인, 트론, 카르다노가 차지하고 있다.

그러나 이 리스트를 보면 한 가지 패턴이 있다. 비트코인은 언제나 1위를 유지하지만, 다른 코인들은 계속 순위가 바뀐다는 점이다. 이는 비트코인이 알트코인들과 근본적으로 다른 자산이라는 증거가 된다. 계속해서 순위가 바뀌는 알트코인들은 새로운 프로젝트들의 등장과 함께 기존 코인들이 도태되는 일이 반복된다. 알트코인들은 비트코인의 가치와 철학을 인정하면서도, 자신들만의 목적과 유틸리티를 강조한다. 하지만 이들이 말하는 '유틸리티'가 실제로 시장에서 널리 사용되고 있는지는 의문이다.

정말 실질적인 가치를 제공하는 코인이라면, 굳이 비트코인과 비교할 필요 없이 자체적인 성장을 해야 한다. 하지만 대부분의 알트코인은 비트코인의 브랜드를 이용해 자신들의 존재를 정당화하려 한다.

비트코인이 '디지털 금'이라는 내러티브를 구축하며 신뢰를 쌓아가는 동안, 알트코인들은 비트코인의 명성을 빌려 마케팅을 하려는 경향이 강하다.

비트코인과 도시: 혁신이 모여드는 곳은 지수 함수적으로 성장한다

비트코인은 단순한 투자 자산이 아니다. 혁신이 모여드는 네트워크이며, 그 성장 방식은 도시와 유사하다. 도시는 단순히 사람이 많이 모인 공간이 아니다. 사람들이 모여 경제 활동을 하고, 혁신을 만들어내며, 시간이 지나면서 점점 더 큰 가치를 창출하는 곳이다. 도시에는 수많은 기업과 개인이 연결되어 있으며, 새로운 아이디어와 사업이 끊임없이 탄생한다. 즉, 도시의 가치는 단순한 면적이나 건물의 수에 의해 결정되는 것이 아니라, 그 안에서 발생하는 '경제적 상호 작용'의 규모에 따라 결정된다.

그렇다면 비트코인은 어떻게 도시와 비슷한 특성을 가질까? 비트코인도 단순한 디지털 자산이 아니다. 비트코인은 전 세계 사람들이 연결된 네트워크다. 시간이 지나면서 점점 더 많은 사람들이 이 네트워크에 참여하고 있다. 즉, 비트코인은 혁신을 흡수하며 성장하는 일종의 '디지털 도시'라고 볼 수 있다. 일반적으로 도시의 성장은 선형적이지 않다. 즉, 인구가 10만 명에서 20만 명이 될 때 단순히 경제력이 2배가 되는 것이 아니다. 3배, 4배로 증가하는 특성이 있다. 이것이 바로 '지수 함수적 성장 Exponential Growth'이다.

현대 경영학에서는 이를 네트워크 효과에 따른 승자독식 현상이라고 부른다. 도시에 인구가 늘어나면 그 도시의 경제 활동도 함께 늘어난다. 동시에 더 많은 기업이 생겨나고, 더 많은 사람들이 돈을 벌 수 있는 기회가 생긴다. 이렇게 기술 혁신도 점점 더 빠르게 이루어지면서 도시의 경제적 가치가 더욱 가속화된다.

예를 들어, 뉴욕 같은 대도시는 인구가 많기 때문에 더 많은 직업이 생겨나고, 더 많은 사업 기회가 만들어진다. 그렇기 때문에 사람들이 뉴욕으로 더 많이 몰려들고, 이로 인해 뉴욕의 경제가 더욱 강해진다.

그렇다면 비트코인은 어떨까? 비트코인은 전 세계적으로 사용되는 탈중앙화된 네트워크다. 비트코인을 사용하는 사람들이 많아질수록 비트코인의 네트워크는 더욱 강해지고, 그 가치도 자연스럽게 상승하게 된다. 비트코인의 총 공급량은 2,100만 개로 제한되어 있지만 비트코인을 사용하는 사람들은 계속해서 증가하고 있다. 즉, 수요는 늘어나지만 공급은 제한적이므로 가격이 상승할 수밖에 없다. 이를 실제 데이터로 보면, 비트코인의 지갑 개수(사용자 수)가 증가할 때마다 가격이 상승하는 패턴을 보인다.

지난 15년간 데이터를 살펴보면, 비트코인 네트워크의 지갑 수는 시간에 따라 꾸준히 증가해왔으며, 이 증가세는 로그 스케일에서 거의 직선에 가까운 성장 패턴을 보인다. 흥미로운 점은, 가격 역시 장기적으로 같은 패턴을 따라 움직였다는 것이다. 단기적으로는 큰 변동성이 있지만, 장기 추세로 보면 사용자 수(지갑 수)의 증가와 가격 상승이 밀접하게 맞물려 있다는 것을 확인할 수 있다. 이는 도시의 성장 패턴과 동일한 방식이다. 즉, 비트코인의 가격 상승은 단순한 투기가 아니라 네트워크 사용자의 증가와 희소성에 기반한 경제적 원리에 따른 것이다.

　도시는 수백 년 동안 존재하며 지속적으로 성장한다. 비트코인도 시간이 지날수록 점점 더 많은 사람들이 사용하고 있으며, 단순한 투자 자산이 아니라 하나의 '디지털 경제 시스템'으로 자리 잡아가고 있다.

Chapter 4

비트코인에 관한
매우 잘못된 오해들

비트코인은 해킹이나
사기에 취약하다?

비트코인에는 죄가 없다

　비트코인과 관련된 해킹 사고가 발생할 때마다 많은 사람이 비트코인 자체가 해킹된 것으로 오해하는 경우가 많다. 하지만 비트코인 네트워크는 단 한 번도 해킹된 적이 없다. 비트코인은 인터넷과 유사한 네트워크 기술로, 프로토콜 자체가 해킹당한 것이 아니다. 대부분의 경우 해킹 사고는 비트코인을 보관하는 거래소나 개인 지갑에서 발생한다. 즉, 비트코인 시스템의 결함이 아니라 사용자의 부주의나 거래소의 보안 취약점으로 인해 자산이 탈취되는 경우가 대부분이다.

　앞서 계속 언급했듯 비트코인은 PoW 방식으로 블록을 생성하며, 모든 노드가 블록체인의 원장을 공유하고 관리한다. 이 과정에서 코드의 간결성이 보안성을 높이는 핵심 요소다. 코드가 복잡할수록 해커들이 악용할 여지가 많아진다. 그러나 비트코인의 코드와 백서White Paper는 매우 간결하며, 백서의 분량 역시 단 9페이지에 불과하다. 비트코인은 트랜잭션 전송 외에 추가적인 기능이 없어 악성 코드가 삽입될 여지가 없다. 네트워크 자체가 단순하기 때문에 해킹의 단위 실패 지점이 존재하지 않는 것이다.

거래소 해킹 사건

따라서 비트코인과 관련된 해킹 사고 중 대부분은 거래소 해킹에서 발생한다. 대표적인 사례로 마운트곡스 거래소 해킹 사건과 바이비트 해킹 사고를 들 수 있다. 2011년 일본에 설립된 마운트곡스 거래소는 당시 전 세계 비트코인 거래량의 70%를 차지했다. 하지만 2011년, 대표였던 마크 카펠레스Mark Karpeles가 개인 키를 분실하면서 일부 비트코인이 탈취되었다. 2014년 거래소가 갑자기 웹사이트를 닫고 출금을 정지한 후, 일본 법원에 민사회생 신청을 하면서 이 사태가 수면 위로 떠올랐다. 조사 결과, 2011년에 분실했던 개인 키를 해커가 이용해 2014년 대규모 해킹이 발생한 것으로 밝혀졌다. 이 사건은 비트코인 자체의 문제가 아닌 거래소 대표의 부주의로 인해 발생한 보안 사고였다.

바이비트는 전 세계 5위 규모의 거래소로, 기존 거래소 해킹 사례를 반면교사 삼아 다중서명Multi-Signature 보안을 도입했다. 하지만 이 거래소가 보유한 이더리움을 콜드월렛Cold Wallet에서 기업용 지갑으로 옮기는 과정에서 해킹이 발생했다. 해커들은 담당자들의 컴퓨터를 미리 해킹해 악성 코드를 심어 두었다. 출금 승인 과정에서 코드가 조작되었고, 이더리움이 해커의 지갑으로 이동되었다. 이는 노시스 세이프Gnosis Safe 지갑 솔루션의 보안 취약점과 이더리움 스마트 컨트랙트의 결함이 결합되면서 발생한 사고였다.

이렇게 코인과 관련된 해킹 사고가 발생하면 마치 코인 자체가 해킹된 것처럼 보도되는 경우가 많다. 하지만 실제로는 거래소 지갑 솔루션의 보안 취약점과 복잡한 스마트 컨트랙트 코드가 포함된 제3세대 블록체인에서 문제가 발생하는 경우가 대부분이다.

따라서 비트코인을 안전하게 보호하는 가장 중요한 방법은 거래소에 보관하지 않는 것이다. 거래소는 수많은 고객들의 비트코인을 한데 모아 보관하므로 언제나 해커들의 공격 대상이다. 따라서 거래소에 보관하는 대신 개인 지갑에 직접 보관하는 것이 가장 안전한 방법이다. 그러나 개인 지갑을 사용하려면 일정 수준의 기술적 이해와 연습이 필요하다. 단순히 스마트폰 앱(소프트웨어 지갑)을 다운로드해 보관하는 방법도 있지만, 이 방식은 몇 가지 보안 위험이 있다.

비트코인을 안전하게 보관하려면 콜드월렛을 활용하는 것이 가장 좋다. 콜드월렛이란, 인터넷과 물리적으로 분리된 상태에서 비트코인을 보관하는 하드웨어 장치를 의미한다. 콜드월렛을 사용하면 인터넷 해킹의 위험을 완전히 차단할 수 있다.

코인은 잘못 관리하면 '사기'라는 카테고리에 엮일 수 있다. 사기는 강제로 자산을 빼앗는 것이 아니라, 교묘한 수법을 이용해 사람들을 속여 자산을 갈취하는 것이다. 이 과정에서 사기꾼들은 최소한의 비용으로 최대한의 이익을 얻는 것을 목표로 한다. 비용이 많이 드는 사기는 실패 가능성이 높아지며, 사기꾼에게도 큰 부담이 된다. 따라서 사기꾼들은 최소한의 노력과 비용으로 사람들을 속일 수 있는 수단을 찾는다. 여기에 딱 적합한 것이 알트코인이다. 누구나 공짜로 발행할 수 있기 때문이다. 알트코인의 본질을 이해하기 위해 단순한 예를 들어보겠다. 어떤 사람이 특정 알트코인을 만들어 '이 코인은 앞으로 엄청난 기능이 추가될 것이고, 가격이 수십 배 오를 것이다'라고 주장한다. 이 약속을 믿는 사람들은 해당 코인을 미리 구매하도록 유도된다. 이런 방식으로 허무맹랑한 로드맵만으로도 사람들의 돈을 끌어모을 수 있다.

그런 관점에서, 요즘 비트코인도 비슷한 문제가 떠오르고 있다. 최근 등장한 비트코인 레이어 2 프로젝트들은 기존의 비트코인 시스템과는 다른 방식으로 작동한다. 비트코인은 본래 이자를 지급하는 시스템이 아니다. 하지만 일부 프로젝트들은 이를 변경하려고 한다. '비트코인은 원래 이자가 없었지? 이제 이자를 줄게. 여기에 맡겨봐!' 이런 방식으로 새로운 비트코인 관련 금융 상품들이 등장하고 있다. 대표적인 예로 바벨론Babylon과 솔브 프로토콜SOLV Protocol 같은 프로젝트들이 있다.

이들은 비트코인 기반 POSProof of Stake 레이어 2 프로토콜이라는 개념을 제안한다. 요약하면, 단순히 비트코인을 갖고 있으면 아무이자가 나오지 않지만, 본인들이 만든 PoS 블록체인에 담보로 맡기면 제3의 코인을 이자처럼 보상으로 지급하는 형태다. 하지만 그들이 만든 PoS 블록체인에서 지급되는 이자가 정말 꾸준히 나올지, 코인의 가격이 안정적으로 유지될지 아무도 알 수 없다. 오히려 투자자들의 비트코인을 가져간 뒤 잠적하는 러그풀 사기가 이런 형식으로 이루어질 수 있으니 조심해야 한다.

코인에 투자할 때는 '공짜 돈은 없다'는 사실을 반드시 잊지 말아야 한다. 프로젝트의 신뢰성과 실체를 철저히 검증하는 것만이 정도임을 기억하자.

비트코인은 변동성이 크기 때문에 좋은 투자자산이 아니다?

비트코인의 변동성과 대중화 과정

그렇다면 비트코인은 왜 이렇게 변동성이 큰 것일까? 변동성이 이렇게 심한 자산을 두고 '안전자산'이나 '가치 저장 수단'이라고 할 수 있을까? 아마 많은 사람들이 이러한 의문을 가질 것이다. 하지만 이는 비트코인의 매우 독특한 특성 중 하나다.

가격 상승과 큰 변동성은 비트코인의 엔진 역할을 한다. 예를 들어 비트코인을 비행기에 비유해보자. 비행기가 날아오르려면 반드시 엔진이 작동해야 한다. 엔진이 동력을 공급하면, 비행기가 공기 역학에 의해 위로 상승하는 것이다. 만약 비행기가 더 강력하고 효율적인 엔진을 장착한다면? 더 빠르고 멀리 날아갈 수 있을 것이다. 마찬가지로, 급격한 가격 변동성은 비트코인이 더 빠르게,

더 멀리 날기 위해 필요한 추진력을 제공하는 엔진과 같은 역할을 한다.

아직 대부분의 사람들에게 비트코인이 '투기 자산'으로 인식되는 상황에서 가격 변동성은 피할 수 없는 요소다. 하지만 만약 비트코인이 정말로 화폐로 사용될 것이라면? 다시 말해, 민간에서 만들어진 결제 수단으로 자리 잡을 것이라면? 현재와 같은 변동성은 없어야 한다. 그렇기 때문에 지금은 비트코인이 화폐로 자리 잡기 위한 태동기라고 볼 수 있다.

비트코인 가격은 계속해서 급등과 급락을 반복한다. 하지만 장기적으로 보면 우상향한다. 이러한 과정 속에서 꾸준히 새로운 투자자들이 유입된다. 마치 롤러코스터를 타는 것처럼 올라갔다 내려갔다 하지만, 결과적으로 다른 투자 상품들보다 수익률이 더 좋은 비트코인이 더 나은 선택지라고 판단하는 사람들이 늘어나는 것이다.

비트코인의 지난 가격 흐름을 장기적으로 살펴보면, 10년 동안 가격이 올라갔다 내려갔다를 반복했지만 고점이 점점 높아지고 있다. 언제나 과거 고점보다 더 높은 신고점을 형성하면서 상승하는 자산이라는 점이 중요하다. 따라서 비트코인의 높은 가격 변동성을 단순히 위험요소로만 볼 수 없다. 오히려 이러한 변동성이 비트코인에 대한 관심을 불러일으키는 촉매제 역할을 한다. 변동성이 크면 클수록 더 많은 사람들의 관심을 끌고, 그 과정에서 비트코인의 가치를 이해하고 생태계에 남는 사람들이 증가한다. 시간이 지나면서 비트코인을 떠나지 않는 사용자들이 일정 임계점에 도달하면, 변동성도 자연스럽게 줄어들 것이다.

특정 임계점을 넘어설 경우, 비트코인의 가격 변동성은 크게 감소할 것이다. 생태계가 안정적으로 유지되면서 가격을 뒷받침하는 힘이 탄탄해지고 거품이 쉽게 형성되지 않게 된다. 바로 그 시점이 비트코인이 화폐로서 자리 잡는 순간이다. 변동성이 크지 않고, 가치 저장 수단으로서의 역할을 확실히 하면서도 인플레이션 헤지 수단으로 기능할 수 있다.

또한, 비트코인은 철저하게 수요와 공급의 원리에 의해 가격이 결정되는 '투명한 가격 발견' 특성을 갖추고 있다. 금리나 거시경제 데이터 등 외부 요소가 가격에 큰 영향을 미치는 주식이나 채권, 부동산과 달리 비트코인은 상대적으로 이런 외부 요인들로부터 자유롭기 때문에 투자 자산보다는 화폐에 가까운 것이다. 바로 이러한 점이 비트코인의 가장 큰 매력이라고 할 수 있다.

비트코인 채굴은
환경오염을 유발한다?

비트코인 vs 금, 누가 더 전기를 많이 쓸까?

　비트코인 채굴이 막대한 전력을 소비하는 것은 사실이다. 하지만 중요한 것은 이 전력 소비의 당위성이다. 비트코인 채굴에 사용되는 전력이 낭비인 건 아닌지, 이 전력이 더 가치 있는 곳에 사용되어야 하는 건 아닌지 등의 의문이 제기될 수 있다. 더욱이 현재 전력 생산의 상당 부분이 화석 연료에 의존하고 있어, 이 과정에서 다량의 이산화탄소 및 메탄가스가 배출된다는 점도 우려된다. 이는 온실효과를 심화시킬 뿐만 아니라 기후 변화의 주범으로 작용할 수 있기 때문이다.

　하지만 비트코인 채굴이 환경에 미치는 영향을 논하기 전 다른 자산과 비교해볼 필요가 있다. 비트코인은 종종 '디지털 금'으로 불리며, 전통적인 안전자산인 금과 비교된다. 그렇다면 금 채굴이 환경에 미치는 영향은 어떤지 먼저 살펴보자. 금은 인류 역사에서 오랜 기간 동안 가치 저장 수단으로 사용되어왔다. 많은 중앙은행이 금을 보유하며 화폐 가치 하락에 대비하고 있다. 하지만 금을 채굴하고 정제하는 과정에서도 엄청난 전력이 사용된다는 사실을 아는 사람은 많지 않다. 금 채굴에서 발생하는 온실가스 배출량은 연간 약 1억 톤의 이산화탄소이며, 이를 전력 사용량으로 환산하면 약 240테라와트시TWh 정도가 된다. 여기에는 금을 채굴하고 정제하는 과정에서 직접 발생하는 온실가스 배출량만 포함되며, 금을 가공하는 2차 산업에서 발생하는 전력 소비는 포함되지 않았다. 예를 들어, 금을 채굴한 후 이를 대형트럭이나 트랙터에 실어 운반해야 하며, 이후 귀금속으로 가공하는 과정에서도 다양한 기계, 시설, 인력이 동원된다. 이 과정에서 발생하는 추가적인 전력 소비와 온실가스 배출량도 아마 엄청날 것이다.

그렇다면 비트코인은 얼마나 많은 전력을 사용할까? 현재 비트코인 채굴에 사용되는 전력 소비량은 연간 약 113TWh로 추산된다. 이는 금 채굴에 사용되는 전력의 절반에도 미치지 않는 수준이다. 비트코인의 전력 사용량은 시기에 따라 변동이 크다. 한때 180TWh까지 증가한 적도 있고 100TWh 수준까지 감소한 적도 있지만, 평균적으로 100~200TWh 범위에서 변동한다. 현재 추정치는 약 113TWh로 보고되고 있다.

비트코인의 연간 전력 소비량을 전 세계 전력 소비량과 비교했을 때 어느 정도일까. 전 세계 연간 에너지 공급량은 약 166,000 TWh다. 이는 비트코인 사용량의 1,458배다. 동시에 송전 과정에서 유실되는 연간 전력량은 약 2,205TWh다. 이는 비트코인 사용량의 19.4배나 된다. 즉, 매년 송전 과정에서 유실되는 전력량만 해도 비트코인이 사용하는 전력의 약 20배에 달한다. 또한, 냉장고 같이 미국 가정에서 24시간 가동되는 모든 전자제품의 연간 전력 사용량은 약 1,375TWh로 추정되며, 이는 비트코인 채굴에 사용되는 전력의 12배에 달한다.

비트코인 또한 대규모 전력을 소비하는 것은 사실이지만, 전력을 어디에 사용할 것인지가 중요한 문제다. 일부에서는 비트코인을 단순한 투기 수단이나 불법 금융 거래에 활용되는 기술로 간주하며, 이렇게 많은 전력을 소비할 이유가 없다고 주장한다. 하지만 비트코인은 단순한 투기 자산이 아니라, 분산형 금융 시스템을 구축하는 기술적 기반이 된다.

만약 비트코인이 단순한 자금 세탁 도구이거나 불법 거래를 위한 수단에 불과하다면, 113TWh에 달하는 전력 소비가 정당화되기 어려울 것이다. 그러나 비트코인은 금융 시스템의 새로운 패러다임을 제시하며, 탈중앙화된 가치 저장 수단으로 자리 잡고 있다. 이러한 점을 고려했을 때, 비트코인의 전력 사용을 단순한 낭비로 치부하는 것은 적절하지 않을 수 있다.

비트코인은 금보다 더 효율적인 가치 저장 수단인가?

앞서 이야기했듯, 비트코인은 '디지털 금'으로 불린다. 비트코인이 금과 비교했을 때 훨씬 적은 전력으로 네트워크가 유지될 수 있다면, 이는 비트코인이 더욱 효율적인 가치 저장 수단임을 의미하는 것이 아닐까?

비트코인의 전력 소비량은 금 채굴의 절반 이하이며, 글로벌 금융 인프라와 비교했을 때도 매우 적은 수준이다. 예를 들어, 비트코인 네트워크가 수행하는 역할(국경을 초월한 글로벌 결제 기능)을 감안하면, 이는 전 세계 100대 은행이 사용하는 전력의 절반 수준에 불과하다. 비트코인은 오히려 전통적인 금융 시스템보다 훨씬 더 나은 에너지 효율적인 대안이 될 수 있다.

캐나다 과학자 바클라브 스밀Vaclav Smil은 그의 저서 《에너지와 문명》에서 "에너지는 세상에서 유일무이한 보편적 통화다"라고 말했다. 이는 매우 의미 있는 개념이다. 에너지는 인류가 공통적으로 사용할 수 있는 가치 있는 자원이며, 새로운 기술을 발전시키는 데 필수적인 요소다. 인류는 과거부터 에너지를 활용해 혁신적인 기술을 발전시켜왔으며, 앞으로도 그러할 것이다. 비트코인 역시 단순히 전력을 소비하는 것이 아니라, 전 세계 80억 인구의 금융 포용성을 개선하는 혁신적인 기술 인프라를 유지하기 위해 전기가 사용되고 있는 것이다. 이는 지극히 정상적인 일이다.

비트코인 채굴 산업과 재생에너지의 활용

과거에는 비트코인 채굴 산업이 화석 연료 기반의 발전소(특히 화력 발전소)를 많이 사용했다. 이는 단순한 이유 때문이었다. 전력 비용이 채굴 수익성에 직결되기 때문에 채굴업자들이 가장 저렴한 전력을 찾아 나섰던 것이다. 그러나 최근에는 상황이 변했다. 과거에는 화력 발전이 가장 저렴한 전력원이었지만 최근에는 재생 에너지가 더 저렴한 전력원이 되고 있다. 이에 따라 비트코인 채굴자들은 점점 더 재생에너지를 활용한 채굴 방식을 도입하고 있다.

영국 케임브리지 대학교 리서치 팀의 최신 연구에 따르면, 현재 비트코인 채굴에 사용되는 재생에너지 비율은 52~59%에 달한다. 이는 과거보다 크게 증가한 수치이며, 향후 70~90%까지 증가할 것으로 전망된다.

비트코인 채굴은 낭비되는 에너지를 적극 활용한다

비트코인 채굴 산업이 단순히 많은 전력을 소비하는 것이 아니라, 버려진 발전소를 재활용하고 저장이 어려운 전력을 활용하는 등 기존에 버려지는 에너지를 사용하는 역할도 하고 있다는 점은 주목할 만하다.

전 세계 전력망의 특성을 보면 발전소를 운영하는 데 막대한 비용과 자원이 필요하다. 일반적으로 발전소는 전력을 공급할 도시 근처에 건설된다. 하지만 최근 들어 대도시로 인구가 집중되면서 지방 소도시들이 몰락하고 있으며, 이에 따라 지방의 전력 수요도 급격히 감소하고 있다. 예를 들어 미국의 미시간과 아이오와 등 러스트 벨트Rust Belt 지역처럼 과거 공업 중심지였던 곳들이 쇠퇴하면서, 이 지역에 있던 발전소들이 더 이상 전력을 공급할 필요가 없어졌다. 이에 따라 많은 발전소가 폐쇄되거나 방치된 상태였다.

그러나 최근 비트코인 채굴업자들이 이렇게 버려진 발전소를 인수해 재활용하는 사례가 늘고 있다. 채굴업자들은 기존 발전소의 전력 생산 인프라를 활용해 비트코인 채굴을 진행하고 있으며, 이 과정에서 지역 경제를 활성화하고, 남아 있는 주민들에게 안정적인 전력 공급을 제공하는 역할도 수행하고 있다.

또한 전력은 저장이 매우 어렵기 때문에, 대규모 에너지 저장 시스템이 없으면 남는 전력을 효과적으로 활용하기 어렵다. 현재 많은 지역에서 전력 공급과 수요의 불균형으로 인해 발전된 전력이 낭비되는 상황이 발생하고 있다. 특히 송전 과정에서 생산된 전력의 거의 50%가 손실되며, 이를 모두 합치면 연간 2,205TWh에 달한다.

이러한 문제를 해결하기 위해 비트코인 채굴 산업이 남는 전력을 활용하는 대안으로 떠오르고 있다. 예를 들어, 특정 지역에서 전력 수요가 낮아 남는 전력을 그대로 폐기하는 대신 이 전력을 비트코인 채굴에 활용해 경제적 가치를 창출하는 것이다.

비트코인 채굴이 단순히 전기를 소비하는 것이 아니라, 지역에서 발생하는 잉여 에너지를 활용해 즉시 수익으로 전환할 수 있는 시스템이라는 점을 이해하는 것이 중요하다. 예를 들어, 특정 지역에서 재생에너지가 생산되었지만 수요가 부족해 활용되지 못하는 경우, 비트코인 채굴장은 이 에너지를 활용해 즉시 수익을 창출할 수 있다. 이 과정에서 재생에너지 산업의 성장을 촉진하는 역할을 하는 것이다.

앞서 다뤘던 엘살바도르 또한 화산 지열(지열 발전)이 풍부한 국가로, 정부가 이 지열 에너지를 활용한 비트코인 채굴장을 직접 운영하고 있다. 즉, 화산 지열 발전으로 생산된 전력을 이용해 비트코인을 채굴함으로써 국가 경제에 직접적인 수익을 창출하고 있는 것이다.

이처럼 비트코인 채굴은 지역의 잉여 에너지를 효과적으로 활용하는 도구가 될 수 있으며, 재생에너지 발전소가 더 많이 건설되도록 유도하는 역할도 한다.

AI 산업과 비트코인 채굴의 접점

최근 AI 산업이 폭발적으로 성장하면서, AI 시스템을 운영하기 위한 대규모 데이터센터의 필요성이 커지고 있다. 하지만 AI 데이터센터는 막대한 전력을 소모하는 전기 집약적 인프라이며, 운영비 절감을 위한 혁신이 필수적이다. 다시 말해, AI 시스템을 구동하려면 대규모 데이터를 모델링할 수 있는 강력한 데이터센터가 필수적이며, 이 과정에서 엄청난 전력이 필요하다. AI 데이터센터는 대규모 전력 소모로 인해 '전기 잡아먹는 하마'로 불릴 정도다.

이렇게 전기가 많이 필요한 AI 데이터센터는 당연히 전기를 사올 돈도 많이 필요하다. 만약 이들이 특정 지역에서 발생하는 열에너지나 재생에너지를 활용해 비트코인 채굴을 진행하면 어떨까? 기존 AI 데이터센터를 더 효과적으로 운영하고 심지어 증설까지 할 수 있는 새로운 수익 모델을 만들 수 있다. 실제로, 최근 비트코인 채굴 기업들이 AI 데이터센터들과 협업하는 사례가 증가하고 있다. AI 데이터센터와 비트코인 채굴장은 기본적인 인프라 구조가 매우 유사하다. AI 데이터센터와 비트코인 채굴장은 모두 반도체 칩을 활용한다. 두 시설 모두 대량의 연산을 수행하며 엄청난 열을 발생시키고, 효율적인 냉각 시스템을 필요로 한다. 또한 두 시설 모두 엔지니어들이 지속적으로 하드웨어를 점검하고 관리해야 한다는 점도 비슷하다. 결국 데이터센터라는 물리적 공간을 어떻게 활용하는가에 따라 비트코인 채굴장이 될 수도 있고, AI 데이터센터가 될 수도 있는 것이다.

대표적인 사례로 미국 최대 비트코인 채굴 기업 '코어사이언티픽Core Scientific Inc'과 AI 기업 '코어위브CoreWeave'의 파트너십을 들 수 있다. 두 기업은 데이터센터 인프라를 공유하기로 결정했다. AI 데이터센터가 수익을 내기 어려운 시기에는 비트코인 채굴을 통해 전력 비용을 회수하고, AI 산업이 폭발적으로 성장하는 시기에는 AI 모델 훈련에 집중하는 방식으로 유연하게 운영하는 방안을 고안한 것이다.

이처럼 AI 데이터센터와 비트코인 채굴장은 필요에 따라 전환이 가능하며, 두 산업이 결합하면 수익성과 에너지 효율을 동시에 극대화할 수 있다.

비트코인 가격은
이미 너무 많이 올랐다?

비트코인의 가격

얼마 전 친한 대학교 동창에게 연락이 왔다. 코인 투자를 시작했는데 손해를 보고 있다며 어떻게 해야 할지 조언을 구했다. 무엇을 보유하고 있는지 물어보니 다양한 알트코인 10여 종에 분산 투자 중이라고 했다. 나는 왜 비트코인은 보유하지 않았는지 물었다. 그러자 그는 이미 너무 많이 올라서 투자 매력도가 떨어졌다고 답했다. 이제 와서 매수하기에는 너무 비싸다는 것이다. 그의 말을 듣고 2가지 의문이 떠올랐다. 첫째, 언제를 기준으로 너무 많이 올랐다는 것일까? 둘째, 무엇과 비교해서 너무 비싸다는 것일까?

비트코인 가격이 너무 많이 올랐다고 말할 때, 사람들은 보통 최근 1년 내의 가격 흐름을 기준으로 판단하는 경우가 많다. 예를 들어, 2020년 내내 비트코인 가격은 1,000만 원 수준에서 머물렀다. 그러나 9월부터 서서히 상승하기 시작하더니, 단 5개월 만에 8,000만 원까지 급등하는 슈퍼 랠리가 펼쳐졌다. 반년 만에 가격이 7~8배나 상승했으니, 누군가는 이를 보고 너무 많이 올랐다고 생각할 수도 있다. 하지만 이와 같은 판단이 항상 정확한 것은 아니다.

비트코인이 너무 비싸다는 말도 같은 맥락에서 볼 수 있다. 1코인당 가격이 높을 뿐만 아니라, 시가총액 기준으로도 비트코인은 다른 알트코인들보다 압도적으로 크다. 2025년 8월 현재 비트코인의 시가총액은 약 3,500조 원에 달하며, 이는 2~10위에 해당하는 알트코인들의 시가총액을 모두 합한 것보다도 크다. 그러나 단순히 가격이 높다고 해서 반드시 비싸다고 단정할 수는 없다. 투자에서 중요한 것은 절대 가격이 아니라 가치 대비 가격이기 때문이다. 비트코인이 여전히 성장 가능성이 크다면, 현재 가격이 고점이 아닐 수도 있다. 결국, 비트코인이 너무 많이 올랐다거나 비싸다고 말하기 전에 어떤 기준으로 평가하는지가 중요하다.

아마존 고평가 논란

미국 최대의 전자상거래 및 클라우드 데이터 기업인 아마존은 1997년 5월, 나스닥에 상장하며 세상에 이름을 알렸다. 당시 공모가는 주당 18달러(약 22,000원)였다. 1999년 닷컴 버블 시기, 아마존의 주가는 100달러까지 급등했지만, 이후 10년 동안 지루한 박스권을 형성하며 하락과 횡보를 반복했다. 심지어 주당 7달러까지 떨어지기도 했다. 그러나 2009년 3분기 실적 발표 후, 상황이 완전히 바뀌었다. 10월 23일, 전 분기 대비 무려 69% 증가한 실적이 발표되자 시장은 환호했다. 이날 아마존 주가는 단 하루 만에 27% 급등하며 10년간 유지되던 전고점(106달러)을 돌파했다.

하지만 당시에도 많은 애널리스트와 펀드매니저들은 아마존의 주식이 고평가되었다고 우려했다. 분기 매출이 급증한 것은 사실이지만, 이는 전자책 리더기 '킨들Kindle'의 반짝 인기 덕분이라고 평가했다. 게다가 2008년 금융위기로 인해 위축되었던 경제가 회복되면, 소비자들은 다시 월마트 같은 오프라인 유통 체인에서 식료품과 생필품을 구매할 것이라고 예상했다. 당시 전문가들에게 아마존은 여전히 미지의 영역이었다. 단순히 인터넷에서 중고 서적을 판매하던 회사가, 세계 최대 전자상거래 기업으로 성장할 것이라고 예상한 사람은 거의 없었다.

시간이 지나고 나서야, 사람들은 아마존의 진정한 성장 가능성을 깨닫기 시작했다. 2021년 기준, 아마존의 주가는 당시(2009년) 대비 약 3,000% 상승한 3,378달러에 거래되었다. 이는 단순한 주가 상승이 아니라, 아마존이 사업 영역을 끊임없이 확장하며 AI, 클라우드 서비스, 인공위성 사업 등 미래 산업을 선도하는 기업으로 변모했기 때문이다.

비트코인은 돈의 인터넷

아마존이라는 걸출한 전자상거래 기업은 인터넷이 있었기 때문에 태어날 수 있었다. 1990년대, 인터넷이 처음 등장했을 당시 인터넷이 향후 인류사에 어떤 영향을 미칠지 예측한 사람은 극히 드물었다. 당시 대부분의 사람이 인터넷이 제공하는 가치를 이해하지 못했기 때문이다. 인터넷은 인프라이자 기본 레이어다. 이 위에 건물을 짓고 층을 올리려면 안정성과 편의성이 필수적이다. 인터넷이 널리 보급될 수 있었던 이유도 신뢰할 수 있는 안정적인 네트워크와 누구나 쉽게 사용할 수 있는 인터페이스를 제공했기 때문이다.

만약 이메일이 우편처럼 자주 유실되거나 반송되었다면, 과연 사람들이 이메일을 사용했을까? 혹은 인터넷에서 사용되는 컴퓨터 언어가 너무 복잡해 소수의 전문가만 활용할 수 있었다면, 오늘날의 인터넷 생태계가 구축될 수 있었을까? 비트코인은 종종 '돈의 인터넷'이라 불린다. 이는 단순한 수식어가 아니라, 실제 비트코인의 발전 과정이 인터넷의 발전 과정과 매우 유사하기 때문이다.

오늘날 우리가 매일 사용하는 인터넷은 안정적이고 간편한 기본 레이어를 제공했다. 이 기본 레이어가 마련되자 이메일과 같은 2층 레이어가 등장했고, 그 위에 구글·아마존·페이스북과 같은 3층 레이어가 만들어지면서 인터넷 생태계는 다층 구조로 발전했다. 비트코인 생태계도 비슷한 방향으로 발전하는 중이다. 가장 안정적인 탈중앙성을 기반으로 한 비트코인 기본 레이어가 존재하며,

보다 빠르고 효율적인 거래를 가능하게 하는 2층 레이어, 다양한 금융 서비스 및 응용 프로그램을 담는 3층 레이어가 서서히 구축되고 있다.

이처럼 비트코인의 발전 과정은 과거 인터넷이 확장되었던 방식과 상당히 유사하다. 오늘날 비트코인을 단순한 디지털 자산으로만 볼 것이 아니라, 인터넷처럼 점진적으로 발전하는 '돈의 네트워크'로 이해하는 것이 중요한 이유다.

비트코인 생태계는 아직 초기 단계

비트코인의 대표적인 2층 레이어는 바로 라이트닝 네트워크다. 비트코인의 느린 처리 속도를 해결하고 번개처럼 빠른 속도를 구현하는 솔루션이다. 앞서 다루었던 엘살바도르가 비트코인을 공식화폐 및 결제 수단으로 채택할 수 있었던 핵심 배경에는 라이트닝 네트워크가 있었다. 비트코인 기본 레이어 위에서 작동하는 이 기술은, 제3자의 개입 없이 강력한 보안과 안정성을 유지하면서도 신용카드에 버금가는 빠른 송금 및 결제가 가능하도록 만들었다.

이 덕분에 엘살바도르 전 국민이 실생활에서 비트코인을 화폐로 사용할 수 있는 환경이 조성되었다. 또한, 라이트닝 네트워크의 확장에 힘입어 네트워크 내에 예치된 비트코인 자산 규모가 2021년 10월 들어 2억 달러를 돌파했다. 이는 2021년 7월 대비 불과 3개월 만에 2배 증가한 수치다.

라이트닝 네트워크가 본격적으로 작동하면서 이를 기반으로 한

다양한 애플리케이션들이 등장하기 시작했다. 이는 마치 인터넷의 2층 레이어 위에 다양한 3층 서비스(구글, 아마존, 페이스북 등)가 생겨난 과정과 유사하다. 아직까지는 비트코인 생태계에서 두각을 나타내는 인기 앱이 없지만, 이는 곧 새로운 기회가 존재한다는 의미이기도 하다.

비트코인 생태계는 지금 1990년대 인터넷 초기 단계와 같은 상황이다. 과거 1990년대에는 구글, 아마존, 페이스북 등이 어떤 모습으로 성장할지 아무도 예측하지 못했다. 마찬가지로, 현재 비트코인 생태계에서 '넥스트 아마존'이 누가 될지는 아무도 모른다. 다시 말해, 비트코인은 아직 초기 시장이며 엄청난 성장 가능성을 내포한 '기회의 땅'이라는 점에서 주목할 가치가 있다.

어쩌면 이미 와 있는 미래

현재 비트코인에 투자하는 것은 1990년대 정보기술IT 시장에 투자하는 것과 같다. 당시 아마존을 비롯한 블루칩 기업들이 막 태동하던 시기였다. 만약 2009년에 아마존 주식을 100만 원어치 매수했다면, 현재 약 3,000만 원 이상의 수익을 기록했을 것이다. 따라서 지금 비트코인의 개당 가격이 높거나, 알트코인 대비 시가총액이 크다는 것은 중요하지 않다. 중요한 것은 비트코인 위에서 구축되고 있는 상위 레이어들이 아마존처럼 혁신적인 변화를 만들어낼 수 있는가를 판단하는 것이다.

비트코인 트레이더 윌리 우Willy Woo에 따르면, 2022년 1월 기준

비트코인 사용자 수는 1997년 당시 인터넷 사용자 수와 비슷하다. 그러나 성장 속도는 인터넷보다 약 2배 빠르며, 앞으로 4년 안에 비트코인 사용자가 10억 명에 도달할 것으로 예상된다. 이는 2005년 인터넷 사용자 규모와 비슷한 수준이다.

1973년 빈튼 서프Vint Cerf와 밥 칸Bob Kahn이 TCP/IP 프로토콜을 정립한 이후, 인터넷은 1990년대 중반~후반에 상업적으로 확산되기 시작했다. 그러나 가정과 일상에서 완전히 자리 잡기까지는 더 긴 시간이 필요했다. 2000년대 초반 닷컴버블 붕괴를 거치고, 브로드밴드와 스마트폰이 확산된 2000년대 중후반이 되어서야 인터넷은 진정한 대중화 단계에 들어섰다.

비트코인이 인터넷보다 2배 빠른 속도로 성장한다면, 올해로 15년 된 비트코인은 현재 1990년대 말의 인터넷이 아니라 2000년대 초반, 즉 대규모 상업화 직전의 인터넷과 비슷한 단계에 있다고 볼 수 있다. 앞으로 실생활 적용이 더욱 빠른 속도로 진행될 가능성이 크다.

비트코인은 이제 막 대중 채택의 문턱에 서 있다. 인터넷이 전 세계를 바꾼 것처럼, 비트코인은 훨씬 더 빠른 속도로 금융·경제 시스템에 스며들 가능성이 높다. 지금 이 변화를 공부하고 준비하지 않는다면, 20년 만에 찾아온 가장 큰 기회를 놓칠 수 있다. 결국 미래는 준비하는 자의 몫이다.

양자 컴퓨터 나오면 비트코인은 없어진다?

비트코인의 암호화 체계

양자 컴퓨터가 등장하면 비트코인의 보안이 무력화될 것이라는 주장이 있다. 과연 양자 컴퓨터는 비트코인을 해킹할 수 있을까? 비트코인의 보안을 자세히 알아보자.

먼저, 비트코인은 2가지 암호화 체계를 사용한다. 하나는 EC-DSA_{Elliptic Curve Digital Signature Algorithm}, 즉 타원 곡선 암호화 알고리즘이고 다른 하나는 SHA-256_{Secure Hash Algorithm 256-bit}이다. ECDSA는 프라이빗 키(개인 키)를 생성할 때 사용되며, SHA-256은 퍼블릭 키(공개 키)를 생성할 때 사용된다. 즉, 개인 키를 생성하는 과정과 그 개인 키를 바탕으로 공개 키를 생성하는 과정에서 서로 다른 암호화 체계가 적용되는 것이다. 따라서 비트코인을 해킹하려면 2가지 암호화 체계를 모두 무력화해야 한다. 예를 들어, 특정 비트코인 지갑 주소의 개인 키를 알아내려면 먼저 SHA-256을 해독해야 하며, 이후 공개 키를 이용해 다시 ECDSA를 풀어야 한다. 현재의 추산에 따르면, 이를 해결하기 위해서는 수백만 큐비트 규모의 양자 컴퓨터가 필요하다.

양자 컴퓨터와 기존 컴퓨터의 차이

이 내용을 다루기 전에, 먼저 양자 컴퓨터의 원리를 알아보자. 양자 컴퓨터는 기존의 디지털 컴퓨터와는 전혀 다른 방식으로 작동한다. 디지털 컴퓨터는 0과 1의 조합으로 이루어져 있으며, 전기 신호를 보내거나 차단하는 방식으로 데이터를 처리한다. 기존 컴퓨터는 전기가 흐르는지(1), 흐르지 않는지(0)를 구분해 명령을 수행한다. 반면, 양자 컴퓨터는 '큐비트$_{Qubit}$'라는 개념을 사용한다. 큐비트는 단순한 0과 1의 조합이 아니라 0과 1이 동시에 존재하는 상태를 활용한다. 예를 들어, 기존의 컴퓨터는 0에서 1로 가는 순서를 지켜야 하지만, 양자 컴퓨터는 0과 1을 동시에 계산해 가장 높은 확률로 최적의 경로를 찾아낸다. 마치 평면에서 한 점에서 다른 점으로 이동할 때는 정해진 경로를 따라야 하지만, 3D 공간에서는 곧장 최단 경로를 찾을 수 있는 것과 같다. 이러한 원리 덕분에 양자 컴퓨터는 특정 문제를 기존 컴퓨터보다 훨씬 빠르게 해결할 수 있다.

그러면 양자 컴퓨터의 성능은 어떻게 판단하는 걸까? 이는 바로 큐비트의 수이다. 큐비트가 많을수록 연산 속도와 성능이 향상되기 때문이다. 구글이 최근 발표한 '윌로우 칩'은 기존 컴퓨터로 10자(10의 25제곱)년이 걸리는 계산을 단 5분 만에 수행했다고 한다. 이때 사용된 큐비트의 수는 105개였다.

과거 디지털 컴퓨터가 8비트, 16비트, 32비트, 64비트로 발전해 왔듯이, 양자 컴퓨터 역시 큐비트의 개수가 증가할수록 성능이 향상된다. 하지만 SHA-256과 ECDSA를 동시에 해킹하려면 최소 수백만 개의 큐비트가 필요하다는 것이 현재의 추정이다. 즉, 현재 수준의 양자 컴퓨터로는 비트코인의 보안을 무너뜨리기 어렵다. 비트코인을 무력화하려면 양자 컴퓨터 기술이 지금보다 수십만 배 이상 발전해야 하며, 이는 단기간에 이루어지기 어려운 일이다. 설령 미래에 양자 컴퓨터의 성능이 급격히 발전해 비트코인 보안을 위협한다고 가정해보자. 가장 최악의 시나리오는 사토시 나카모토의 지갑에 보관된 100만 개의 비트코인과 유실된 것으로 알려진 약 350만 개의 비트코인이 해킹될 가능성이다. 사토시 나카모토의 지갑 주소는 공개되어 있기 때문에 만약 양자 컴퓨터로 개인 키를 추출할 수 있다면 이 비트코인들이 해킹될 수 있다. 그렇게 되면 100만 개 이상의 비트코인이 시장에 한꺼번에 풀리면서 가격이 폭락할 위험이 있다.

딜로이트가 발표한 보고서에 따르면, 이러한 블랙스완 이벤트가 발생할 경우 비트코인 가격이 최대 85%까지 하락할 가능성이 있다고 분석했다. 하지만 이는 어디까지나 가정일 뿐이며, 현재의 기술 수준에서는 현실적으로 발생하기 어려운 시나리오다. 현재 비트코인의 개인 키를 유추하는 데 필요한 최소 큐비트 수는 약 500큐비트로 추정된다. 이는 즉각적인 해킹이 가능하다는 의미가 아니라, 지속적인 공격을 가할 경우 일주일에서 열흘 내에 개인 키를 유추할 수도 있다는 의미다. 그러나 안정적으로 비트코인 네트워크를 해킹하려면 수백만 큐비트가 필요하다. 현재 구글의 윌로우 칩이 105큐비트 수준이라는 점을 고려하면, 2030년에서 2040년까지는 양자 컴퓨터가 비트코인의 보안을 위협할 가능성이 매우 낮다는 것이 업계의 컨센서스다.

무엇보다 중요한 사실은, 아직까지 오류 보정 큐비트$_{\text{error-corrected qubit}}$가 단 한 개도 구현되지 않았다는 점이다. 여기서 말하는 오류 보정 큐비트란, 불안정한 물리적 큐비트 수십~수백 개를 묶어 하나의 안정적인 논리적 큐비트$_{\text{logical qubit}}$를 만들어내는 방식이다. 즉, 큐비트가 스스로 오류를 고친다는 의미가 아니라, 여러 개의 큐비트를 조합하여 오류를 감지하고 보정하는 알고리즘을 통해 안정성을 확보한다는 뜻이다.

하지만 지금까지 세계 최고의 연구소와 구글, IBM 같은 대형 IT 기업들이 수백억 달러의 예산을 쏟아부었음에도 불구하고, 여전히 단 하나의 오류 보정 큐비트도 만들어내지 못했다. 실용적인 양자 컴퓨터를 만들려면 수십만 개 이상의 물리적 큐비트를 동시에 제어해야 겨우 수십 개의 오류 보정 큐비트를 확보할 수 있다는 점을 감안하면, 아직 갈 길이 매우 멀다.

따라서 저명한 비트코인 오픈소스 개발자 지미 송의 지적처럼, 양자 컴퓨터는 현재로서는 이론적 가능성에 불과한 기술일 수 있다. 아직 컴퓨터 스스로 오류를 멈추지 않고 안정적으로 연산을 이어갈 수 있는 방법조차 확립되지 않은 상황에서, 비트코인이 양자 컴퓨터에 의해 곧 해킹될 것이라고 걱정하는 것은 지나친 시기상조라 할 수 있다.

비트코인은 양자 컴퓨터 위협에 대응할 준비가 되어 있다

양자 컴퓨터가 발전하더라도, 비트코인은 이에 빠르게 대응할 수 있는 유연한 시스템을 갖추고 있다. 그 이유는 비트코인 네트워크가 오픈소스 기반이라는 점 때문이다.

비트코인은 전 세계 개발자들이 자유롭게 기여하는 네트워크다. 즉, 양자 컴퓨터 기술이 발전할 때마다 비트코인 코드를 유연하게 업그레이드할 수 있는 환경이 이미 구축되어 있다. 일반적으로 기업들은 혁신을 이루기 위해 내부적으로 연구 개발을 진행하지만, 비트코인은 전 세계 수많은 개발자들이 집단 지성을 통해 대응책을 마련하는 방식으로 운영된다. 따라서 양자 컴퓨터가 실질적인 위협이 된다면 비트코인 개발자들이 이에 대응할 보안 업데이트를 즉시 진행할 것이다.

비트코인은 이미 세그윗SegWit과 탭루트Taproot 업그레이드를 성공적으로 마친 바 있다. 세그윗 업그레이드는 비트코인의 블록 용량이 지나치게 작아 트랜잭션을 충분히 담지 못하는 문제를 해결하기 위한 것이었다. 이 업그레이드를 통해 보다 효율적으로 트랜잭션을 기록할 수 있게 되었으며, 세그윗 주소를 사용하면 더 적은 수수료로 빠르게 전송할 수 있는 효과가 생겼다. 한편, 탭루트 업그레이드는 프라이버시 보호를 강화하는 역할을 한다. 기존의 비트코인 트랜잭션은 보내는 자와 받는 자의 신원이 쉽게 노출될 수 있었으나, 탭루트 업그레이드를 통해 지갑 주소나 공개 키 등의 정보를 가릴 수 있게 되었다. 이를 통해 개인 정보 보호가 한층 강화되었을 뿐만 아니라, 양자 컴퓨터의 공격에도 더 높은 방어력을 갖추게 되었다. 양자 컴퓨터가 비트코인을 해킹하려면 특정 지갑을 표적으로 삼아야 한다. 그러나 탭루트 업그레이드를 통해 지갑 정보가 보호되면, 특정 대상 자체를 식별하는 것조차 어려워진다. 따라서 이 업그레이드는 이미 양자 컴퓨터 공격에 대한 방어력을 높이기 위한 기능을 포함하고 있다고 볼 수 있다.

비트코인이 털리면 다른 서비스도 털린다

비트코인이 이 정도 수준의 보안을 갖추고 있다면, 다른 온라인 서비스들은 어떨까? 인터넷에서 사용하는 모든 웹사이트, 이메일, 모바일 애플리케이션, 은행 시스템, 정부 데이터베이스 등도 암호화 기술을 기반으로 작동한다. 하지만 이들이 사용하는 암호화 기술은 비트코인보다 훨씬 취약하다. 비트코인이 채택하고 있는 ECDSA와 SHA-256은 현존하는 암호화 기술 중에서도 극강의 보안성을 자랑한다. 반면, 일반적인 웹사이트나 금융 시스템이 사용하는 암호화 체계는 상대적으로 낮은 보안 수준을 유지하고 있다. 따라서 양자 컴퓨터가 실질적인 위협이 된다면, 가장 먼저 해킹될 대상은 비트코인이 아니라 기존의 금융 및 정부 시스템일 것이다.

그렇기 때문에 정부나 기업들은 양자 컴퓨터가 현실적인 위협이 되기 전에 먼저 '양자 내성 암호화 기술'을 개발할 수밖에 없다. 사실 이미 이러한 기술들은 연구 및 개발 단계에 있으며 양자 내성 기술이 먼저 실용화된 후 비트코인 네트워크도 자연스럽게 이를 적용하게 될 것이다.

결과적으로, 양자 컴퓨터가 먼저 등장해 비트코인을 위협할 가능성은 현실적으로 낮으며 오히려 양자 내성 암호화 기술이 먼저 실용화될 가능성이 훨씬 크다. 따라서 양자 컴퓨터가 비트코인을 무력화할 것이라는 우려는 과장된 공포일 뿐만 아니라, 비트코인은 충분한 대응 능력을 갖추고 있다.

개인이 할 수 있는 보안 강화 방법

그래도 혹시나 보안이 걱정된다면, 몇 가지 방법을 통해 더욱 안전하게 비트코인을 보호할 수 있다. 먼저, 오래된 주소를 사용하지 말고 최신 주소 체계를 이용하는 것이 좋다. 과거의 비트코인 주소 방식인 P2PK(Pay to Public Key)를 사용하는 대신, 세그윗과 탭루트 업그레이드를 거친 P2PKH(Pay to Public Key Hash) 방식의 주소를 활용하는 것이 더욱 안전하다.

이렇게 새로운 주소 체계를 활용하면 공개 키가 직접 노출되지 않기 때문에 양자 컴퓨터의 공격에서도 비교적 자유로울 수 있다. 앞서 이야기했듯 양자 컴퓨터가 지갑을 해킹하려면 우선 특정 지갑 주소를 타기팅해야 한다. 하지만 P2PKH 방식의 주소는 공개 키를 바로 노출하지 않으므로 공격 대상이 될 가능성을 현저히 줄여준다.

그 다음으로 중요한 것은 비트코인 주소를 재사용하지 않는 것이다. 대부분의 사용자들은 개인 지갑이나 거래소를 이용할 때 같은 지갑 주소를 반복해서 사용하는 경향이 있다. 하지만 이는 보안 측면에서 상당히 위험한 습관이 될 수 있다.

만약 콜드월렛을 사용하면 매번 새로운 비트코인 주소를 생성해 자산을 보호할 수 있다. 콜드월렛을 이용하면 비트코인을 전송할 때마다 새로운 지갑 주소가 발급되므로, 특정 지갑 주소에 계속해서 자산이 쌓이는 일이 줄어든다. 해커들은 거액이 보관된 지갑을 찾기 마련이므로, 특정 주소에 자산을 집중시키는 것은 보안상 매우 위험한 행동이 될 수밖에 없다. 그러나 비트코인을 보관할 때마다 새로운 주소를 활용하면, 해커들이 특정 지갑을 타기팅하는 것이 훨씬 어려워진다.

CBDC가 비트코인을
대체할 것이다?

CBDC는 비트코인을 대체할 수 없다

CBDC Central Bank Digital Currency가 비트코인을 대체할 수 있을까? 이 질문은 최근 몇 년간 금융 업계에서 뜨거운 논쟁거리가 되어왔다. 특히 유럽중앙은행 ECB 총재 크리스틴 라가르드 Christine Lagarde가 2025년 10월, 디지털 유로를 공식적으로 발행할 것이라고 발표하면서 이 논의는 더욱 활발해졌다.

CBDC, 즉 중앙은행 발행 디지털 화폐는 기존의 법정화폐를 디지털화한 형태로, 비트코인과 같은 디지털 화폐와 비교될 수밖에 없다. 중앙은행 입장에서는 비트코인의 발행 주체가 없으며, 통화정책을 조정할 수 없고, 가격 변동성이 지나치게 크다는 점을 주요 문제로 보고 있다. 따라서 보다 안정적인 통화 공급과 정책을 실행할 수 있도록 CBDC를 직접 발행하려는 움직임이 강해지고 있다.

현재 중국을 포함한 여러 국가가 CBDC 개발을 적극적으로 추진하고 있다. 중국은 이미 여러 도시에서 디지털 위안화 시범 사업을 완료했으며, 2022년 베이징 동계올림픽에서는 실제 결제 시스템으로 활용하기도 했다. 마찬가지로, 유럽이 2025년 10월 디지털 유로를 도입한다면, 유럽 내 비트코인 수요가 줄어들고, 정책적으로 비트코인을 견제하는 움직임이 더욱 거세질 가능성이 높아진다.

그러나 CBDC가 비트코인을 완전히 대체하기는 어려울 것이다. 그 이유는 CBDC가 본질적으로 중앙 집중화된 시스템이기 때문이다. CBDC는 중앙은행이 완전히 통제하는 화폐이며, 설령 블록체인 기술을 도입한다고 해도 그것이 곧 탈중앙화를 의미하는 것은 아니다. 비트코인은 탈중앙화된 노드들이 네트워크를 유지하는 방식으로 운영된다. 그 누구도 특정 노드를 강제로 통제할 수 없으며, 모든 참여자는 자율적으로 네트워크를 운영하는 독립적인 역할을 수행한다. 하지만 CBDC의 노드들은 중앙은행의 통제 아래에서만 운영될 가능성이 높다.

예를 들어, 한국은행 역시 현재 CBDC 도입을 위한 연구를 진행하고 있다. 네이버·카카오·게임사 등 대기업들이 노드 운영자로 참여할 가능성이 크다. 겉으로 보기에는 분산된 형태를 띠고 있지만, 결국 이들 기업은 중앙은행의 정책에 따라 움직일 수밖에 없다. 만약 특정 기업이 정부의 통화 정책에 반대한다면 언제든지 노드 운영에서 배제될 수 있으며, 심지어 기업 활동에 불이익이 가해질 수도 있다.

　CBDC는 결국 블록체인을 사용한다고 해도 기존의 법정화폐와 다를 바 없는 중앙 집중적인 구조를 유지할 가능성이 높다. 중앙은행이 모든 발행량을 조절하고, 거래 내역을 감시하며, 필요에 따라 특정 사용자의 계정을 동결하는 등의 조치를 취할 수도 있다. 따라서 비트코인이 가진 검열 저항성, 탈중앙화된 가치 저장 수단, 그리고 제한된 공급량이라는 특성은 CBDC가 도입된다고 해서 쉽게 대체될 수 있는 것이 아니다. CBDC가 비트코인의 존재 이유를 약화시키기는커녕, 오히려 비트코인의 필요성을 더욱 부각시키는 계기가 될 수도 있다.

　안타깝게도 많은 정부와 중앙은행은 여전히 CBDC가 비트코인을 대체할 수 있다고 믿고 있지만, 비트코인의 본질적인 가치가 CBDC와 근본적으로 다르다는 점을 이해하지 못하고 있는 듯하다. 결국 CBDC는 중앙은행이 통제할 수 있는 디지털 화폐일 뿐, 비트코인의 역할을 대체하기에는 한계가 명확하다.

프로그래머블 머니, CBDC

　CBDC는 단순히 중앙 집중화된 화폐일 뿐만 아니라, 현금보다 더욱 통제적인 시스템을 갖춘다는 점에서 심각한 문제를 안고 있다. 겉으로 보기에는 기존 법정화폐를 디지털화한 형태로 보이지만, 실상은 '프로그래머블 머니Programmable Money', 즉 프로그램이 가능한 화폐라는 점에서 기존 화폐와는 전혀 다른 성격을 가진다. 현금과 달리 CBDC는 중앙은행이 직접 발행할 뿐만 아니라, 소프트웨어 기반으로 작동하기 때문에 코드로 다양한 기능을 추가할 수 있다. 단순한 디지털 화폐처럼 보일 수 있지만 그 안에는 정부와 중앙은행이 설정한 정책에 따라 돈의 사용을 제한할 수 있는 기능이 내재되어 있다. 우리가 사용하는 현금은 매우 단순하다. 돈을 사용해 상품이나 서비스를 구매하거나 저축하는 것이 전부다. 하지만 만약 돈이 프로그램을 통해 특정 기능을 수행할 수 있도록 설정된다면 어떨까? CBDC는 사용자의 모든 결제 내역을 추적할 수 있을 뿐만 아니라 특정한 방식으로 사용하도록 제한될 수도 있다.

예를 들어, 과거에는 ATM에서 10만 원을 인출하면 중앙은행이 그 돈이 어디에서 어떻게 사용되는지까지는 알 수 없었다. 하지만 CBDC가 도입되면 상황이 완전히 달라진다. CBDC에는 거래 내역이 실시간으로 추적되는 '꼬리표'가 붙어 있어 돈이 언제, 어디에서, 누구에게 이동했는지 모두 기록된다. 이러한 추적 기능은 불법 자금 세탁이나 범죄 자금 추적에는 유용할 수 있다. 하지만 일반적인 시민들의 금융 활동까지 감시하는 수준으로 확대된다면 이야기는 달라진다. 금융 거래 내역은 엄연히 개인의 사생활에 해당하는데도 CBDC가 도입되면 사람들의 모든 소비 패턴과 거래 내역이 감시 대상이 될 가능성이 높아질 것이다.

이는 오히려 지하 금융을 더욱 활성화시킬 가능성이 크다. 사람들은 누구나 자유를 원한다. 어느 누구도 기존에 누리던 자유를 쉽게 포기하지 않는다. 만약 CBDC가 개인의 소비 활동을 지나치게 통제하는 방향으로 운영된다면, CBDC 사용을 기피하고 현금 사용을 선호하는 사람들이 증가할 가능성이 높다. 결과적으로 정부가 의도했던 것과는 반대로 현금 수요가 폭증하고, 암시장이 확대되는 역효과를 불러올 수도 있다.

그뿐만 아니라, CBDC는 특정 구매를 차단하는 기능도 가질 수 있다. 예를 들어, 정부가 특정 정책을 시행하면서 재난지원금을 CBDC 형태로 지급한다고 가정해보자. 이 경우, CBDC를 특정 지역에서만 사용 가능하도록 설정하거나 특정 품목(예: 술, 담배)에는 사용할 수 없도록 제한할 수도 있다. 예를 들어 재난지원금을 받은 사람이 이를 술을 사는 데 사용하려고 하면, CBDC 시스템에서 자동으로 해당 결제를 차단할 수 있다. 또한 특정 업종에서의 사용을 금지하는 정책이 적용될 경우, 사용자가 원하더라도 지정된 범위를 벗어난 곳에서는 사용할 수 없게 된다.

CBDC는 현금보다 더 심각한 수준으로 통제할 수 있는 돈이며 이는 개인의 자유와 금융 주권을 심각하게 위협할 수 있다. 결국 CBDC는 정부와 중앙은행이 '어디에서, 누구에게, 어떻게 돈을 써야 하는지'까지 결정하는 도구가 될 위험이 크다. 기존 현금보다 더욱 강력한 통제력이 부여된 CBDC는 오히려 사람들에게 자유를 제한하는 도구로 작용할 가능성이 높으며, 이는 장기적으로 금융 시스템 전반에 예상치 못한 부작용을 초래할지도 모른다.

기존의 자유가 사라질 수도 있다

CBDC가 가진 또 하나의 문제는 개인의 금융 자율성이 심각하게 제한될 가능성이 크다는 점이다. 예를 들어, 세금을 납부하는 방식에서도 기존의 자유가 사라질 수 있다. 현재는 5월 종합소득세 신고 기간이 되면 세무사와 상담을 거쳐 절세 전략을 세운 후 세금을 납부할 수 있다. 하지만 CBDC가 도입되면 중앙은행이 모든 거래 내역을 실시간으로 파악하고 있기 때문에, 이러한 절세 전략을 세울 기회조차 사라질 가능성이 크다. CBDC 시스템에서는 세금이 자동으로 계산되어 즉시 징수될 수도 있다. 예를 들어, '올해 소득세는 얼마, 투자 수익에 대한 자본이득세는 얼마'라는 식으로 시스템에서 자동 산출된 후 바로 차감되는 방식이다. 개인이 절세를 위해 활용할 수 있는 합법적인 전략들이 무시되고, 정부가 설정한 기준대로 강제적으로 세금이 부과되는 구조로 변할 가능성이 높다.

CBDC는 편리함을 제공한다고 하지만 그 대가로 프라이버시를 심각하게 침해할 수 있다. 비트코인이 누구도 통제할 수 없는 개방된 네트워크에서 작동하는 것과는 본질적으로 다르다. CBDC는 중앙은행이 개인의 거래를 직접 통제할 가능성이 높다. 특정 송금을 차단하거나 사용자의 금융 활동을 제약하는 방식으로 운영될 수도 있다. 예를 들어, '이 사람에게는 송금할 수 없다'거나 '이 거래는 불법이다'라고 시스템이 자동으로 판단해 결제를 차단하는 방식이 가능해진다.

게다가, CBDC는 기존 법정화폐처럼 무제한 발행될 가능성이 크다. 중앙은행이 발행량을 자유롭게 조절할 수 있기 때문에, 초기에는 '100만 개만 발행하겠다'고 선언하더라도 시간이 지나면서 '더 많은 공급이 필요하다'는 이유를 들어 1천만 개, 1억 개, 10억 개로 발행량이 증가할 수 있다. 결국 CBDC 역시 인플레이션을 피할 수 없는 구조를 갖게 된다.

돈은 자유를 좋아한다

자금이 자유롭게 이동해야 부가 자연스럽게 형성된다. 전 세계적으로 법인세나 개인소득세가 낮고, 자금 이동에 대한 규제가 적은 국가에 자산이 몰리는 현상은 변함없는 사실이다. 금융 시스템이 지나치게 통제되면, 사람들은 자연스럽게 자산을 보호할 수 있는 다른 방법을 찾게 된다.

유럽중앙은행 총재 크리스틴 라가르드는 2025년 10월에 디지털 유로를 도입하겠다고 선언했다. 하지만 실제로 성공할 가능성은 크지 않다고 본다. 물론 소규모 파일럿 프로그램을 운영하는 것은 가능하겠지만, CBDC를 광범위하게 확장하는 순간 치명적인 문제점들이 드러날 가능성이 크다. 이미 우리는 정부가 운영하는 디지털 시스템이 얼마나 비효율적인지를 알고 있다. 연말정산 시즌에 홈택스 사이트가 서버 과부하로 다운되는 모습을 떠올려보면 정부가 운영하는 시스템이 얼마나 불안정한지 쉽게 알 수 있다. 마찬가지로 정부가 만든 앱이나 디지털 시스템은 사용자 경험이 좋지 않으며, 관료주의적인 절차가 우선시되기 때문에 혁신적인 서비스와는 거리가 멀다.

CBDC는 단순한 디지털 화폐가 아니라 24시간 365일 실시간으로 작동해야 하는 금융 인프라 시스템이다. 수억 명의 사용자가 초 단위로 거래를 실행할 경우, 네트워크 과부하 문제를 해결할 수 있어야 한다. 그러나 정부가 이 같은 고도의 기술을 제대로 운영할 수 있을지 의문이다.

결국 CBDC는 기술적인 문제뿐만 아니라, 경제적·사회적·정치적 문제까지 복합적으로 얽혀 있는 프로젝트다. 단순히 '중앙은행이 디지털 화폐를 발행하면 비트코인을 대체할 것이다'라는 가정은 현실적으로 맞지 않으며, 오히려 CBDC의 도입이 기존 법정화폐 시스템의 문제점을 더욱 부각시킬 가능성이 높다.

저점에 사고 고점에 팔아야
최고 수익을 낸다?

우리는 항상 파도를 거꾸로 탄다

비트코인 투자의 핵심은 저점에서 사고 고점에서 판다고 해서 반드시 최고의 수익을 낼 수 있는 것이 아니라는 데 있다. 많은 사람이 싸게 사서 비싸게 파는 것이 최적의 투자 전략이라고 생각하지만, 실제로 시장의 저점과 고점을 정확히 예측하는 것은 거의 불가능하다. 대부분의 투자자들은 저점에서 매수하려고 기다리다가 상승장을 놓치고, 고점에서 매도하려다가 하락을 맞는 경우가 많다. 즉, 시장은 우리가 원하는 타이밍에 맞춰 움직이지 않으며 오히려 예측과 반대로 흘러가는 경우가 더 많다. 그 결과, 많은 투자자들이 '이쯤이면 저점이겠지'라고 생각하면서 기다리다 가격이 회복되면 결국 더 높은 가격에 매수하게 되고, '이제 고점이니 팔아야겠다'라고 판단했을 때는 이미 가격이 하락해 손실을 보게 된다.

투자의 세계에서 흔히 하는 실수 중 하나가 시장 타이밍을 맞출 수 있다는 환상에 사로잡히는 것이다. 가격이 오르고 내리는 변동성 자체를 이용하려는 것이 아닌, 오랜 시간 인내한 대가로 받아들이는 것이 성공적인 투자자의 자세다. 하지만 많은 투자자들은 이 점을 간과하고 변동성을 이용해 단기적인 차익을 얻으려 한다.

언제 사고 언제 팔아야 하나요?

'어깨에서 팔고 무릎에서 사라'는 말이 있지만, 실제로 어깨와 무릎이 어디인지 정확히 예측할 수 있는 사람은 없다. 누군가는 '이 가격이면 무릎이다'라고 생각할 수 있지만, 시장이 예상과 다르게 움직이면 더 낮은 가격이 나오기도 하고, 반대로 가격이 빠르게 반등해 기회를 놓치기도 한다. 이런 불확실성을 극복하는 방법은 저점을 맞추려는 시도를 줄이고, 장기적인 투자 전략을 유지하는 것이다. 그렇기 때문에 달러 코스트 에버리징 DCA, Dollar-Cost Averaging 전략이 유리하다. DCA는 일정한 금액을 정기적으로 투자해 자산을 꾸준히 모아가는 방식으로, 장기적으로 평균 매수 단가를 낮추는 데 초점을 맞춘다.

우리나라에서 흔히 '물타기'라고 부르는 전략과 DCA는 다소 차이가 있다. 물타기는 보유 자산의 가격이 하락했을 때 추가 매수를 통해 손실을 줄이려는 성격이 강하다. 반면, DCA는 단순히 손실을 줄이기 위한 것이 아니라 장기적으로 평단가를 최적화하고 자산을 꾸준히 축적하는 것에 집중하는 전략이다. 비트코인은 4년 주기로 강세장이 찾아오며, 저점과 고점을 높여가며 상승하는 패턴을 반복해왔다. 많은 투자자들은 이 패턴을 인식하고, 4년마다 찾아오는 대세 상승장에서 최적의 타이밍에 맞춰 매도하려고 한다. 그러나 과연 4년 주기 내에서 가장 낮은 저점과 마지막 피날레를 장식하는 고점을 정확히 맞힐 수 있을까?

비트코인의 15년 가격 차트를 보면 4년 주기가 존재한다는 것은 명확하다. 예를 들어 2024년에 반감기가 있었고, 이듬해인 2025년에는 강한 상승장이 한 번은 올 가능성이 크다. 하지만 2025년이라는 한 해를 좁혀서 보면, 그 안에서 고점을 정확히 예측하기란 거의 불가능하다.

과거 사례를 보더라도, 2021년 한 해 동안 비트코인은 두 차례 정점을 기록했다. 4월에 가격이 급등했다가 하락하면서 많은 사람이 이번 상승장은 끝났다고 생각했지만, 11월에 다시 한 번 신고점을 돌파했다. 문제는 이를 정확히 예측한 사람이 거의 없었다는 것이다. 온체인 지표, 거시경제 지표를 모두 고려해도 이런 움직임을 예상하기란 쉽지 않았다. 결국, 고점과 저점을 예측하려는 시도 자체가 투자 성과를 오히려 악화시킬 수 있다.

비트코인의 전체 역사에서 일간 수익률을 분석해보면 더 명확해진다. 지난 15년간, 하루 단위로 보면 비트코인 가격이 전일 대비 횡보하는 날이 전체의 60%였다. 나머지 40% 중 20%는 하락했고, 오직 20%의 기간만 상승했다. 즉, 비트코인은 80%의 기간 동안 횡보하거나 하락하며 단 20%의 기간 동안만 상승한다.

이제 중요한 점은, 이 20%의 상승 구간을 정확히 맞혀서 투자하는 것이 가능한가 하는 문제다. 단순 확률로만 계산해도 5분의 1의 확률이다. 시장 타이밍을 맞추려다 보면 결국 80%의 기간 동안 실수할 확률이 높아지고, 장기적으로 보면 손실을 입을 가능성이 커진다. 반면, 80%의 기간 동안 꾸준히 비트코인을 모아가면 자연스럽게 20% 상승 구간에서 수익을 극대화할 확률이 높아진다. 이러한 원리는 비트코인뿐만 아니라 전통적인 주식 시장에도 그대로 적용된다. 다우존스 지수는 1950년부터 2019년까지 70년 동안 연평균 11% 상승했다. 단순히 장기 보유만 했어도 엄청난 수익을 얻을 수 있었던 것이다. 흥미로운 점은, 이 70년 동안 다우존스 지수가 전고점보다 5% 이상 낮은 가격에 거래된 기간이 전체의 90~95%에 해당한다는 사실이다.

비트코인도 마찬가지다. 4년 주기로 상승과 하락을 반복하지만, 결국 장기적으로는 우상향하는 흐름을 보여왔다. 주식 시장에서도 이러한 패턴이 지속적으로 나타나는데, 예를 들어 넷플릭스는 2002년부터 2018년까지 무려 35,000% 상승했다. 하지만 그 기간 동안 94%의 날이 전고점보다 낮은 가격에서 거래되었다.

변동성은 벌금이 아닌 수수료다

투자자들은 흔히 변동성을 피해야 할 벌금처럼 여긴다. 가격이 출렁이면 불안해하며 서둘러 매도하거나, 변동성이 적은 자산으로 옮겨가려는 충동을 느낀다. 하지만 변동성은 피해야 할 대상이 아니라 투자 시장이 요구하는 수수료에 가깝다. 이 수수료를 감내할 수 있어야 장기적인 수익을 얻을 수 있다.

모닝스타Morningstar라는 펀드 성과 분석 기관이 발표한 데이터를 보면, 시장 타이밍을 맞추기 위해 적극적으로 매매하는 전략적 뮤추얼 펀드 112개 중 103개가 시장 평균보다 낮은 성과를 기록했다. 다시 말해, 단순히 보유만 했어도 10%를 벌 수 있었던 기간 동안 적극적으로 사고팔았던 전략적 펀드는 오히려 수익률이 낮았다. 반대로, 단순히 60 대 40 포트폴리오를 유지한 펀드는 변동성을 감내한 덕분에 더 높은 수익을 기록했다.

흥미로운 점은, 개인 투자자의 연평균 실적이 자신이 투자한 펀드보다 0.5% 낮다는 사실이다. 모닝스타의 조사에 따르면, 투자자들은 연초에 펀드를 매수한 후 연말까지 보유했을 때보다 중간에 불필요한 매매를 반복한 경우 평균적으로 연 0.5% 낮은 수익을 거뒀다. 이는 투자자들이 변동성에 흔들려 섣불리 매매를 반복한 결과다. 국내 주식 시장에서도 동일한 패턴이 나타난다. 가장 낮은 투자 성과를 기록하는 그룹은 20대 남성이고, 가장 높은 성과를 기록하는 그룹은 40대 여성이다. 20대 남성은 높은 위험을 감수하며 잦은 매매를 시도하지만 오히려 수익률을 갉아먹는다. 반면, 40대 여성 투자자들은 매매를 자제하고 장기 보유 전략을 취하며 꾸준한 수익을 기록한다.

이러한 패턴은 비트코인 투자에서도 그대로 적용된다. 비트코인은 저점과 고점을 맞히는 것이 아니라 꾸준히 모으고 버티는 것이 답이다. 변동성은 피해야 할 벌금이 아니라, 장기적인 수익을 얻기 위한 수수료라고 생각하는 것이 올바른 접근 방식이다.

비트코인은 불신을
조장하는 기술이다?

불신이 아니라 검증이다

　비트코인은 정말 불신을 조장하는 기술일까? 《사피엔스》의 저자 유발 하라리_{Yuval Noah Harari}는 비트코인이 정부와 은행에 대한 신뢰를 약화시키고, 인간 사회에서 불신을 조장하는 기술이라고 주장했다. 그러나 비트코인은 본질적으로 신뢰를 해체하는 것이 아니라 검증을 가능하게 하는 시스템이다. 단순히 신뢰를 거부하는 것이 아니라 신뢰 없이도 투명하게 거래할 수 있도록 설계된 기술이라는 점에서 기존의 금융 시스템과는 접근 방식이 다르다. 기존 금융 시스템에는 '이 은행은 크니까 믿을 만하겠지', '이 거래소는 안전할 거야', '정부가 보호해줄 거야' 같은 막연한 믿음이 작용한다. 하지만 이러한 신뢰는 때때로 무지_{ignorance}에 기반한다. 비트코인은 신뢰 대신 검증을 강조한다. '스스로 검증하라'는 비트코인의 철학은 바로 여기에서 출발한다.

2008년 금융위기는 우리가 은행과 정부를 신뢰했을 때 어떤 일이 벌어지는지를 극적으로 보여줬다. 당시 은행들은 위험한 모기지 담보부 증권MBS을 무분별하게 거래하며 거품을 키웠고, 이를 감추기 위해 더욱 복잡한 파생상품CDO을 만들어내며 금융 시장을 왜곡시켰다. 이 과정에서 은행들은 어마어마한 부를 축적했지만, 거품이 터지자 손실은 고스란히 일반 시민들에게 전가되었다. 많은 사람이 정부를 믿었지만, 정부는 리만브라더스Lehman Brothers Holdings Inc와 같은 은행을 파산시키면서도, 다른 은행들은 구제 금융을 통해 살려냈다. 일반 국민들은 예금 인출이 막혀 경제적 타격을 입었지만, 구제 금융을 받은 은행의 경영진들은 여전히 거액의 보너스를 챙겼다. 이처럼 기존 금융 시스템에 대한 신뢰는 종종 남용되었으며 비트코인은 이러한 문제를 해결하기 위한 대안으로 등장했다.

비트코인은 단순히 불신을 조장하는 것이 아니다. 오히려, 중앙 기관을 신뢰해야만 유지될 수 있는 시스템의 취약점을 해결하기 위해 등장한 기술이다. 중앙은행과 정부가 무제한으로 돈을 찍어낼 수 있는 법정화폐 시스템과 달리 비트코인은 총 발행량이 2,100만 개로 제한되어 있다.

많은 비트코인 투자자는 "1BTC는 1BTC다"라는 말을 자주 한다. 이는 비트코인의 가치가 법정화폐처럼 지속적으로 희석되지 않는다는 의미다. 예를 들어, 과거에 1BTC로 30평짜리 집을 살 수 있었다면, 미래에는 100평, 나아가 1,000평짜리 집도 살 수 있게 될 가능성이 크다. 반면, 법정화폐는 시간이 지날수록 구매력이 감소한다. 과거에는 6천 원으로도 한 끼 식사를 든든히 해결할 수 있었지만, 요즘은 1만 원으로도 먹을 수 있는 음식이 많이 없다. 즉 1천 원의 가치는 시간이 흐를수록 1천 원이 아닌 반면, 1 비트코인의 가치는 시간이 흘러도 1 비트코인이다.

비트코인은 신뢰를 파괴하는 것이 아니다. 오히려 개인들에게 신뢰를 분산시키는 역할을 한다. 앞서 중앙은행의 역할에 대해 살펴보았듯이, 중앙은행은 화폐 발행을 독점하며 우리가 그들의 통화 정책을 신뢰하도록 만든다. 우리는 중앙은행이 화폐 공급을 적절히 조절해 경제를 안정적으로 성장시키고, 나아가 개인들도 그 성장의 혜택을 누릴 수 있도록 하길 바란다. 그러나 과연 중앙은행은 그 역할을 제대로 수행하고 있을까? 그렇지 않다.

신뢰를 저버린 중앙은행

중앙은행들은 지속적으로 통화를 무분별하게 발행해왔다. 2020년 코로나19 팬데믹 당시, 세계 각국의 중앙은행들은 유동성을 대거 공급했다. 위기 상황에서 경기 부양을 위해 돈을 푸는 것은 어느 정도 이해할 수 있다.

하지만 팬데믹이 점차 마무리되고 경제가 회복될 조짐을 보일 때도 중앙은행들은 여전히 유동성을 과하게 공급했다. 정부는 선심성 재정 지출을 지속했고, 중앙은행들은 국채를 매입하며 시중에 돈을 계속 풀었다. 기준금리는 0% 수준에서 유지되었고, 결국 2022년에 이르러 급격한 인플레이션이 발생했다.

인플레이션이 심화되자 중앙은행은 갑작스럽게 기준금리를 5%까지 끌어올렸다. 그 결과, 저금리 기조에서 대출을 받아 자산을 늘려온 개인들과 기업들은 극심한 경제적 타격을 입었다. 불과 몇 년 전의 일이지만, 우리는 중앙은행이 인플레이션이 심하지 않을 것이라며 안심시키던 때를 떠올릴 필요가 있다. 결국, 중앙은행의 예측은 빗나갔고 금리 정책의 급격한 변화로 인해 서민들과 중소기업들이 가장 큰 피해를 보게 되었다.

왜 이런 일이 반복되는 것일까? 경제학자들은 이를 캔틸론 효과Cantillon Effect라고 설명한다. 캔틸론 효과란 '돈의 수도꼭지에 가까운 사람이 가장 큰 혜택을 본다'는 개념이다. 중앙은행이 돈을 찍어내면, 그 돈은 가장 먼저 대형 금융기관과 정부기관에 흘러간다. 다시 말해, 중앙은행과 긴밀한 관계를 맺고 있는 대형 은행과 금융 거물들은 새로운 유동성 공급에서 가장 큰 이익을 얻는다. 미국의 대표적인 대형 은행들과 금융권의 주요 인물들은 중앙은행과 긴밀한 관계를 맺고 있다. JP모건J.P. Morgan의 제이미 다이먼Jamie Dimon, 블랙록BlackRock의 래리 핑크Larry Fink, 골드만삭스Goldman Sachs의 주요 경영진들은 중앙은행의 정책에 직접적인 영향을 미칠 수 있는 위치에 있다. 이들은 중앙은행이 계속해서 돈을 찍어내기를 원한다. 그 돈을 바탕으로 신용을 창출하고, 더 많은 대출을 제공함으로써 자신들의 수익을 극대화할 수 있기 때문이다. 반면, 일반 대중은 이러한 시스템에서 항상 불리한 입장에 놓일 수밖에 없다. 결국, 중앙은행의 통화 정책은 일부 소수에게만 유리하게 작용한다. 대다수의 사람은 지속적으로 불리한 경제 환경에서 살아가야 한다.

투명하고 예측 가능한 통화 시스템

그러나 비트코인은 이러한 권력 집중을 분산시키는 역할을 한다. 비트코인은 중앙은행이 발행하는 법정화폐와 달리, 어떤 주체도 통화 발행을 조작할 수 없다. 오직 코드가 화폐의 공급을 결정한다. '코드가 곧 법이다'라는 개념이 바로 비트코인의 핵심 철학이다. 비트코인은 2,100만 개라는 총량이 정해져 있으며, 새로운 비트코인이 채굴되는 속도도 네트워크가 자동으로 조정한다. 이 때문에 비트코인의 공급은 투명하고 예측 가능하며 캔틸론 효과가 발생할 여지도 없다. 어떤 특정 주체가 수도꼭지를 틀어 유동성을 조절할 수도 없고 가장 먼저 혜택을 볼 수도 없다. 따라서 비트코인은 역사상 가장 공정한 통화 시스템 중 하나라고 볼 수 있다.

이제 정부가 왜 비트코인을 불신하는지 이해할 수 있다. 비트코인은 기존 금융 시스템의 근본적인 문제를 해결하는 혁신적인 기술이지만, 동시에 기존 권력 구조에 대한 거대한 위협이기도 하다. 중앙은행과 대형 은행들은 오랫동안 법정화폐 시스템을 통해 경제를 통제해왔다. 그들은 필요할 때마다 통화를 늘렸다 줄였다 하며, 경제가 어떻게 되든 자신들의 이익을 지켜왔다. 하지만 비트코인은 이러한 권력 구조를 흔든다.

비트코인이 대중화되면, 사람들이 더 이상 은행에 예금을 맡기지 않을 수도 있다. 비트코인을 직접 보관할 수 있는 '셀프 커스터디self-custody'가 가능하기 때문이다. 또한, 비트코인은 시간이 지날수록 가치가 상승하는 경향이 있기 때문에 단순히 보유하는 것만으로도 개인의 부가 증가할 수 있다. 이런 상황에서 은행이 제공하는 저금리 예금 상품은 점점 매력을 잃게 된다. 게다가, 비트코인이 법정화폐를 대체하는 수준까지 발전하면 은행들은 더 이상 대출을 통해 수익을 창출하기 어려워진다.

결과적으로 비트코인은 단순히 신뢰를 해체하는 것이 아니라 금융 시스템에서 개인들에게 신뢰를 되돌려주는 역할을 한다. 기존의 제도적 신뢰는 중앙기관이 부여하는 것이지만, 비트코인은 코드와 네트워크를 기반으로 한 투명한 시스템을 통해 개인이 스스로 신뢰를 구축할 수 있도록 한다.

실제로, 금융 시스템이 불안정한 국가에서는 사람들이 자발적으로 비트코인을 선택하고 있다. 터키, 아르헨티나, 베네수엘라 같은 나라에서는 법정화폐의 가치가 급격히 하락하면서 사람들이 현금을 비트코인이나 스테이블코인으로 교환하기 위해 줄을 서고 있다. 이는 단순한 유행이 아니라 사람들이 정부가 제공하는 신뢰보다 비트코인이 더 신뢰할 만한 금융 시스템임을 체감하고 있기 때문이다.

이렇듯, 유발 하라리가 주장한 것처럼 비트코인은 불신을 조장하는 기술이 아니다. 오히려 비트코인은 기존 금융 시스템이 무너지는 것을 막고, 개인들에게 금융 주권을 돌려주는 혁신적인 기술이다. 비트코인은 신뢰를 파괴하는 것이 아니라 신뢰를 강화시키는 도구다.

MSTR 주식이 비트코인보다 낫다?

마이크로스트래티지

　마이크로스트래티지MSTR 주식이 비트코인보다 나은 투자 수단일까? 최근 주변에서 MSTR에 대한 관심이 높아지고 있다. 많은 사람이 'MSTR 주식을 사는 것이 비트코인을 직접 사는 것보다 더 좋은 투자일까?'라는 질문을 던진다.

　우선, MSTR이라는 기업에 대해 간략히 살펴보자. 2025년 8월 18일 기준 MSTR 주가는 366달러, 시가총액은 1,030억 달러에 달한다. 일반적으로 회사의 가치는 매출, 영업이익, 순이익, 그리고 성장 가능성을 바탕으로 평가된다. 하지만 MSTR의 경우는 조금 다르다. 이 회사의 시가총액은 비트코인 보유량과 비트코인의 가격 변동에 따라 크게 영향을 받는 구조를 가지고 있다.

2025년 8월 18일 기준 MSTR이 보유한 비트코인 개수는 62만 8,946개로, 이는 전체 비트코인 유통량의 약 2.99%에 해당한다. 이 비트코인을 매수 하는 데 총 461억 달러를 사용했으며, 평균 매수 단가는 73,301달러다. 현재 MSTR이 보유한 비트코인의 총 가치는 726억 달러에 달하며, 이에 따른 투자 수익률은 약 57.5%다. 즉, MSTR은 사실상 비트코인 보유를 중심으로 가치를 평가받는 회사이며, 비트코인을 매개로 투자 수익을 창출하는 일종의 펀드처럼 작동하고 있다.

MSTR의 NAV 프리미엄

여기서 중요한 개념이 하나 더 있다. 순자산 가치$_{\text{Net Asset Value}}$ 프리미엄이다. MSTR의 가치는 단순히 보유한 비트코인의 가치에 의해 결정되지 않는다. 일반적으로 회사의 순자산 가치는 보유한 자산의 총 가치에서 부채를 제외한 금액을 의미한다. MSTR의 경우, 보유한 비트코인 가치가 726억 달러라면, 최소한 이 금액만큼은 회사의 순자산 가치로 인정받을 수 있다. 하지만 MSTR의 실제 시가총액은 1,030억 달러로, 보유한 비트코인의 가치보다 훨씬 높다. 이 차이를 NAV 프리미엄이라고 부른다. 다시 말해, MSTR 주식이 단순히 비트코인 보유량을 반영하는 것이 아니라 추가적인 가치가 시장에서 반영된다는 의미다. 이러한 프리미엄은 MSTR의 비즈니스 모델, 경영진의 전략, 그리고 시장의 기대감 등에 의해 형성된다.

이제 중요한 질문으로 돌아가보자. 그렇다면, MSTR 주식을 사는 것이 비트코인을 직접 보유하는 것보다 더 나을까?

MSTR의 가장 독특한 특징

현재 MSTR이 보유한 비트코인의 가치는 726억 달러에 달하지만, 회사의 시가총액은 1,030억 달러로 약 1.41배 이상 높다. 즉, MSTR의 주식은 보유한 비트코인의 가치보다 훨씬 높은 프리미엄을 받고 있다.

과거에는 MSTR의 시가총액이 보유한 비트코인의 가치보다 낮았던 적도 있었다. NAV 비율이 1 밑으로 떨어지는 경우 시가총액이 보유한 비트코인 가치보다 낮아진다는 의미이며, 이런 시기에는 MSTR 주식이 상대적으로 저평가되었다고 볼 수 있다. 하지만 MSTR의 mNAV는 2025년 내내 1.4 수준을 꾸준히 유지하고 있으며, 한때 주가가 가파르게 오를 때는 2~3.5배까지 상승한 적도 있었다. 이는 투자자들이 MSTR의 주식을 비트코인보다 높은 가치로 평가하고 있다는 뜻이다.

이러한 현상은 일반적인 기업의 주가순자산비율(Price to Book Ratio)과도 비교할 수 있다. 한국에서는 PBR이 1 이하인 기업이 많다. 이는 장부가치보다 낮은 주가를 반영하는 것이다. 하지만 MSTR은 보유 비트코인의 가치보다 훨씬 높은 가격을 형성하고 있으며, 이 점이 투자자들에게 큰 관심을 받고 있다. MSTR 주식의 2024년 수익률은 476%로, 비트코인의 125%보다 3배 이상 높다.

과거 4년 동안의 상승률을 보면, MSTR은 2,828% 상승하여 엔비디아(1,212%), 비트코인(774%), 테슬라(324%), 메타(143%)보다 훨씬 높은 수익률을 기록했다.

이는 MSTR이 단순한 비트코인 보유 기업이 아니라, 비트코인을 레버리지로 활용하는 기업이라는 점에서 기인한다. MSTR은 비트코인을 적극적으로 매수하고 있으며, 기업의 본업보다 비트코인 투자에서 가치를 창출하고 있는 것이 특징이다. 투자자들이 이를 긍정적으로 평가하며 높은 프리미엄을 부여하고 있다. MSTR은 단순히 가격이 많이 오를 뿐만 아니라, 변동성이 매우 높은 주식이기도 하다. 내재 변동성을 보면 MSTR은 171.8%로, 코인베이스·테슬라·엔비디아·팔란티어 등과 비교해도 압도적으로 높은 변동성을 보인다.

기관 투자자들은 변동성이 높은 자산을 선호한다. 변동성이 크면 단기적인 롱/숏 포지션을 활용해 수익을 극대화할 수 있기 때문이다. 헤지펀드와 월가의 스마트 머니들은 이러한 변동성을 이용해 적극적으로 트레이딩을 하며, 이는 MSTR의 거래량 증가로 이어진다.

테슬라와 엔비디아를 넘보는 MSTR

MSTR의 일일 거래량은 테슬라, 엔비디아, 메타에 이어 4위를 기록하고 있다. 심지어 어떤 날에는 테슬라보다 높은 거래량을 기록한 적도 있다. 이것은 MSTR이 단순한 기술주가 아니라, 옵션과 파생상품 시장에서도 적극적으로 활용되는 종목이라는 뜻이다. 콜옵션과 풋옵션 거래도 활발한데, 이는 기관 투자자들이 MSTR을 적극적으로 매매하고 있다는 증거다. 높은 거래량은 변동성을 더욱 강화하며, 투자자들이 단기적인 기회를 노릴 수 있도록 만든다.

MSTR은 비트코인을 전환사채와 영구 우선주 발행을 통해 조달한 자금으로 매수한다. 즉, 빚을 내서 비트코인을 사는 구조다. 이렇게 시장에서 조달한 자금을 비트코인 매수에 사용하기 때문에, 레버리지 비트코인 ETF와 유사한 효과를 낸다고 볼 수 있다. 예를 들어 2배, 3배 레버리지 비트코인 ETF는 비트코인 현물보다 가격 상승과 하락 폭이 훨씬 더 크게 움직인다. 마찬가지로 MSTR 역시 레버리지를 활용해 비트코인에 투자한 종목이기 때문에, 주가가 오를 때도 내릴 때도 비트코인보다 더 큰 폭으로 변동한다.

이런 구조 덕분에 투자자들은 자신이 가진 돈보다 훨씬 더 많은 비트코인을 간접적으로 보유하는 효과를 볼 수 있다. 예를 들어, 1만원어치 비트코인을 살 수 있는 사람이 MSTR 주식을 매수하면, 이 회사의 시가총액이 비트코인 보유 가치보다 1.4배 높기 때문에 마치 1만4천원어치 비트코인을 보유하는 것과 같은 효과를 얻는다. 이는 단기 급등 시 추가 수익을 기대할 수 있는 장점이지만 동시에 큰 변동성을 감당해야 하는 리스크도 동반한다.

최근 MSTR 주식에는 상당한 쏠림 현상이 발생하고 있다. 2024년 초 주가가 68달러에서 387달러까지 상승했고, 11월 한 달 동안 서학개미 순매수 상위 종목 4위에 오를 정도로 인기가 높아졌다. 심지어, MSTR의 2배 롱 ETF와 2배 인버스 ETF도 각각 9위, 31위에 랭크될 정도로 개인 투자자들이 단기 수익을 노리고 몰려들고 있는 상황이다.

이처럼 극단적인 쏠림 현상이 발생할 때는 항상 조심해야 한다. 개인 투자자들이 특정 주식에 과도하게 집중할 경우, 단기적인 과열 신호일 가능성이 높다. 역사적으로 미국 시장에서 특정 종목이 크게 유행한 후 기관 투자자에서 개인 투자자들로 관심이 이동하면, 그 다음은 국내 기관들, 그리고 마지막으로 한국의 개인 투자자들까지 관심을 갖게 된다. 이렇게 투자 트렌드가 흐르다 마지막 단계에서 개인 투자자들이 몰려들면, 이미 사이클의 끝자락일 가능성이 크다.

테슬라처럼 장기적으로 전망이 좋은 기업들은 다소 다를 수 있다. 하지만 MSTR은 혁신적인 제품을 만들어내는 기업이 아니라, 기본적으로 비트코인에 레버리지를 활용해 투자하는 회사다. 즉, 장기적인 성장보다는 단기적인 가격 상승을 노리고 투자하는 사람들이 많을 가능성이 크다. 이 점을 조심해야 한다.

MSTR 투자, 내가 감당할 수 있을까?

MSTR에 투자할지 고민하는 사람이라면 자신이 이 변동성을 버틸 수 있는지 먼저 자문해봐야 한다. 예를 들어, 2024년 12월 6일, 비트코인 가격이 하루 만에 10만 달러에서 8% 하락하는 동안 MSTR 주가도 급락했다. 11월 말과 11월 20일에도 비트코인이 하락할 때마다 MSTR은 더 큰 낙폭을 기록했다. 비트코인의 변동성이 크다고 생각할 수도 있지만, 실제로 MSTR은 그보다 훨씬 더 심한 변동성을 보인다. 즉, 단기간에 크게 오르기도 하지만, 하락할 때는 비트코인보다 더 급격하게 떨어진다. 따라서 이러한 변동성을 감당할 자신이 없다면 MSTR 투자는 피하는 것이 좋다.

또한 MSTR이 안정적으로 성장하려면 몇 가지 조건이 충족되어야 한다. MSTR이 계속해서 비트코인을 적극적으로 매수해야 한다. CEO인 마이클 세일러Michael Saylor가 구설수에 오르지 않고, 비트코인에 대한 신념을 유지해야 한다. 회사 운영이 원활해야 하며, 시가총액이 보유한 비트코인의 가치보다 높은 상태(NAV 프리미엄 1 이상)를 계속 유지해야 한다. 비트코인 가격이 7만3천 달러 (MSTR의 평균 매수 가격) 이하로 떨어지지는 않아야 한다. 만약 비트코인 가격이 그 아래로 떨어지면, MSTR의 비트코인 투자 수익도 마이너스로 전환되면서 주주들이 비트코인을 매도할 것을 요구할 가능성이 높다. 이처럼 여러 가지 리스크가 존재하기 때문에, 이 모든 변수들을 감안했을 때 MSTR이 여전히 투자할 가치가 있다고 믿는다면, 비트코인과 함께 분산 투자하는 것도 고려해볼 수 있다.

단기 변동성이 크지만 장기적으로 투자 가치가 높다고 믿는다면 MSTR을 장기 투자 대상으로 생각해볼 수도 있다. 예를 들어, 테슬라도 장기적으로 성장 가능성이 높다고 평가받았지만 일론 머스크Elon Musk가 구설수에 오르거나 실적이 예상보다 저조한 경우, 주가가 급락한 적이 많았다. 테슬라 주식을 보유한 투자자 중에는 머스크의 행동이나 시장 변동성을 감당하지 못해 중도에 매도한 사람들도 많았지만, 장기적으로 보유한 투자자들은 큰 수익을 얻었다. 이런 측면에서 MSTR도 비트코인을 꾸준히 축적하는 전략을 유지하고, 경영진이 흔들리지 않으며, 비트코인 가격이 지속적으로 상승할 것이라고 믿는다면, 장기 투자할 가치가 있을 수 있다.

현물 ETF 옵션 승인 때문에
비트코인 가격이 오르지 않는다?

옵션은 기관자금 유입을 이끈다

비트코인 현물 ETF 승인에 이어 미국 증권거래위원회SEC가 비트코인 ETF 옵션을 승인했다. 이에 따라 뉴욕증권거래소NYSE와 시카고옵션거래소CBOE에서 현물 ETF 옵션 거래가 가능해질 전망이다. 이 소식은 국내외 언론에서도 크게 다루어졌으며, 기관 투자자들의 관심이 한층 더 커질 것이라는 분석이 나오고 있다.

비트와이즈Bitwise의 최고투자책임자CIO인 매트 호건Matt Hougan은 "비트코인 ETF 옵션 승인이 기관들의 시장 참여를 더욱 용이하게 만들 것"이라며, 더 많은 기관 투자자들이 비트코인 시장에 유입될 것이라고 평가했다. 이는 단순한 예측이 아니라, 기존 비트코인 ETF 승인 이후 기관들이 빠르게 유입되었던 사례를 바탕으로 볼 때 충분히 타당한 전망이다.

실제로, 2024년 1월 비트코인 현물 ETF가 승인되면서 기관들의 투자가 본격적으로 시작되었고, ETF를 통한 비트코인 보유량이 600억 달러를 돌파했다. 이는 비트코인 가격 상승의 주요 요인이 되었으며, 2024년 말까지 강한 상승장을 이끄는 원동력이 되었다. 이제 기관 투자자들이 단순히 ETF 매수뿐만 아니라 옵션 상품을 활용한 투자 전략까지 가능해지면서 시장 참여도가 더욱 증가할 가능성이 크다.

어떻게 옵션 시장이 작동하는가?

비트코인 옵션 시장을 이해하려면 현재 옵션이 어떻게 거래되고 있는지를 먼저 살펴볼 필요가 있다. 그래야 뉴욕증권거래소NYSE와 시카고옵션거래소CBOE에 상장된 비트코인 ETF 기반 옵션이 기관 투자자들에게 얼마나 매력적인지 설명할 수 있기 때문이다.

현재도 비트코인 옵션을 거래할 수 있는 시장은 존재한다. 대표적인 곳이 데리빗Deribit 거래소다. 데리빗은 바이낸스처럼 운영되는 거래소지만, 특정 국가에서 정식 인가를 받은 거래소는 아니다. 이곳은 암호화폐만을 기반으로 하는 C2CCoin-to-Coin 거래소로, 법정화폐를 통한 거래가 불가능하다. 반대로, 우리가 일반적으로 이용하는 업비트 같은 거래소는 F2CFiat-to-Crypto 거래소다. 여기서는 현금을 입금하고 암호화폐를 구매할 수 있는 구조이지만, 데리빗은 그런 방식이 아니다. 비트코인이나 USDT 같은 코인을 예치한 후 옵션을 거래하는 방식을 채택하고 있다.

이 때문에 기관 투자자들이 데리빗 거래소를 선호하지 않았다. 거래소 자체의 신뢰성이 부족할 뿐만 아니라 해킹 위험, '먹튀' 가능성 등 여러 불안 요소가 많았기 때문이다. 원래 전통 금융 시장에서 옵션은 주로 기관 투자자들이 거래하는 금융 상품이다. 그러나 비트코인 옵션 시장은 데리빗 거래소에 대한 신뢰 문제로 기관의 비중이 미미한 대신 개인 투자자들 위주로 형성되었다. 데리빗은 아직까지도 비트코인 옵션 시장 점유율의 60~70%를 차지하는 대형 거래소로 자리 잡고 있다.

데리빗 외에도 비트코인 옵션을 거래할 수 있는 곳이 있다. 바로 시카고상품거래소CME다. CME는 미국 내에서 정식 인가를 받은 선물 거래소로, 전통적인 원자재 선물 상품과 함께 비트코인 선물 및 이더리움 선물도 거래된다. 기관 투자자들은 주로 CME를 통해 비트코인 선물 투자를 하고 있으며, 비트코인 선물을 기반으로 한 옵션 상품도 존재한다.

여기서 중요한 차이점이 있다. 데리빗에서 거래되는 비트코인 옵션은 '비트코인 가격' 자체를 예측하는 상품이지만, CME의 옵션은 '비트코인 선물 가격'을 기반으로 한 옵션이라는 점이다. 즉, CME의 옵션은 비트코인 선물 가격이 어떻게 움직일지 예측하는 방식으로 투자된다. 비트코인 선물 가격은 현물 가격과 괴리가 발생할 수 있다. 이 괴리가 커지면 옵션 가격도 변동성이 커지기 때문에, 기관 투자자 입장에서는 선물 기반 옵션보다는 현물 기반 옵션이 더 직관적인 투자 방식이 된다. 그러나 지금까지는 기관 투자자들이 직접적으로 투자할 수 있는 '현물 기반 옵션'이 사실상 데리빗 같은 역외 거래소에만 있었기 때문에, 아예 투자하지 않거나 어쩔 수 없는 경우에는 CME 거래소의 선물 기반 옵션을 사용해야만 했다.

하지만 NYSE와 CBOE에 상장된 비트코인 현물 ETF 기반 옵션은 다르다. 기관 투자자들이 기존에 투자하던 주식 옵션들처럼 현물 비트코인 가격을 좀 더 밀접하게 추종하는 옵션을 거래할 수 있는 환경이 마련된 것이다.

그동안 기관들은 비트코인 ETF는 NYSE에서 투자하고, 옵션은 CME 거래소에서 투자해야 했다. 2개의 시장에서 거래해야 했기 때문에 비효율적인 자금 운영이 발생할 수밖에 없었다. 하지만 이제는 NYSE라는 단일 시장에서 비트코인 현물 ETF와 그 ETF를 기반으로 한 옵션을 동시에 투자할 수 있는 환경이 조성되었다.

기관 투자자들은 투자 환경의 단순화를 선호한다. 같은 시장에서 거래할 수 있다면, 굳이 다른 시장을 이용하지 않는다. 이런 점에서 보면, 이번 비트코인 ETF 옵션 상장은 기관 투자자들의 접근성을 획기적으로 낮춘 결정적인 변화라고 할 수 있다.

어렵고 복잡한 옵션 시장

비트코인 옵션 상품이 등장하면 가격 변동성이 안정될 것이라는 전망이 있지만, 실제로는 정반대의 결과가 나올 가능성이 크다. 2021년 비트코인 시장이 과열되었을 때 유사한 사례를 찾아볼 수 있다. 그해에는 비트코인뿐만 아니라 특정 주식들도 광풍을 일으켰는데, 대표적인 사례가 게임스톱GameStop과 AMC 같은 '밈 주식'이었다. 당시 레딧 커뮤니티 '월스트리트베츠WallStreetBets'에서 개인 투자자들이 결집해 게임스톱과 AMC 주식을 집중적으로 매수했다. 이들이 주가를 끌어올린 주요 원인 중 하나는 바로 콜옵션이었다. 이때 많은 개인 투자자들이 단순히 주식을 매수하는 것이 아니라 주가 상승에 베팅하는 콜옵션까지 함께 매수했다.

콜옵션과 풋옵션

옵션은 기본적으로 미래의 특정 가격을 예측해 매매할 수 있는 파생 상품이다. 예를 들어, 한 달 후 비트코인 가격이 오를 것이라고 예상한다면 콜옵션을 매수할 수 있다. 옵션의 가격은 일정한 프리미엄을 지불하는 방식으로 결정된다. 10달러짜리 콜옵션을 매수했다고 가정해보자. 만약 한 달 후 비트코인 가격이 예상보다 많이 올랐다면 옵션을 행사해 차익을 실현할 수 있다. 상승한 가격과 옵션 행사 가격의 차이가 곧 수익이 된다. 이론적으로 비트코인 가격이 끝없이 오를 수 있기 때문에 상방은 무한대로 열려 있다. 반면, 한 달 후 비트코인 가격이 하락했다면 옵션을 행사하지 않으면 된다. 이 경우 손실은 최대한 내가 지불한 옵션 가격인 10달러로 제한된다. 즉, 콜옵션 매수자는 손실은 제한적이지만 수익은 무한대로 열려 있는 구조다. 이러한 특성 때문에 옵션 시장에서는 콜옵션 매수세가 항상 더 강하게 형성되는 경향이 있다.

반대로, 누군가가 콜옵션을 매도하거나 풋옵션을 매수하는 방식으로 숏 포지션을 잡으면 그 사람은 반대 입장이 된다. 이 경우 하방이 무한대로 열리고 상방은 제한적이므로 높은 리스크를 감수해야 한다. 그래서 옵션 시장에서는 개인 투자자들이 콜옵션을 주로 매수하는 반면, 콜옵션을 매도하는 쪽은 자본력이 큰 기관 투자자들이 담당하는 경우가 많다.

옵션 시장이 활성화되면 비트코인 가격의 변동성이 줄어들까? 그렇지 않다. 오히려 2021년 게임스톱 사태처럼, 콜옵션 가격이 상승하면 현물 시장에도 영향을 미쳐 비트코인 가격이 더 큰 폭으로 출렁일 가능성이 크다. 게임스톱 사례를 다시 보면, 주가가 오르면서 개인 투자자들이 더 많은 콜옵션에 투자했고, 반대편에서 콜옵션을 매도했던 기관 투자자들의 손실이 눈덩이처럼 불어났다. 이들은 콜옵션 매도 포지션 청산을 막기 위한 헤지Hedge 차원에서 게임스톱 주식 현물을 더 매수해야만 했는데 이것이 오히려 주가 상승에 더욱 기름을 붓는 상황이 되었다. 이렇게 콜옵션 수요가 증가하면 옵션 가격이 오르고 그에 따라 현물 가격도 상승하는 피드백 루프가 형성된다. 비트코인 옵션 시장에서도 유사한 상황이 나타날 수 있다. 비트코인 가격 상승에 베팅하는 개인 투자자들이 현물 ETF와 더불어 콜옵션까지 대거 투자하면 비트코인 가격의 상승 폭과 변동성이 더욱 커질 수 있다.

비트코인 옵션 시장과 쇼트 스퀴즈의 가능성

비트코인 옵션 시장이 열리면서 가장 주목해야 할 점은 쇼트 스퀴즈Short Squeeze의 발생 가능성이다. 이는 시장 조성자들이 콜옵션 매도 포지션을 유지하려다 비트코인 현물을 대량 매수할 수밖에 없는 상황을 의미한다. 옵션 시장이 형성되면 개인 투자자들은 자유롭게 콜옵션과 풋옵션을 사고팔 수 있다. 하지만 반대 포지션에서 이 옵션을 매도하는 역할은 주로 기관 투자자들이 맡는다. 특히 유동성 공급자 또는 마켓메이커라고 불리는 전문 기관들이 이 역할을 담당한다. 이들은 거래소와 계약을 맺고 시장에 유동성을 원활하게 공급하는 역할을 한다. 투자자들이 언제든지 옵션을 사고팔 수 있도록 호가를 촘촘하게 유지하고 시장의 흐름을 안정적으로 유지하는 것이 이들의 역할이다.

콜옵션 시장이 열리면 개인 투자자들이 적극적으로 매수에 나설 가능성이 크다. 이렇게 되면 콜옵션의 수요가 급증하면서 옵션 가격이 상승하고, 자연스럽게 비트코인의 현물 가격도 따라 오른다. 문제는 이 상승이 단순히 투자자들의 매수 때문이 아니라 유동성 공급자들의 손실 회피 전략 때문에 더욱 심화될 가능성이 있다는 것이다.

쇼트 스퀴즈는 어떻게 발생하는가?

콜옵션 매수세가 강해지면, 시장 조성자들은 개인 투자자들에게 계속해서 옵션을 매도해야 한다. 문제는 콜옵션을 매도하는 순간, 비트코인 가격이 상승하면 이들이 엄청난 손실을 볼 수밖에 없다는 점이다.

이를 방지하기 위해 유동성 공급자들은 콜옵션 매도 포지션을 헤지_hedge_하기 위한 전략을 사용한다. 가장 일반적인 방법은 비트코인 현물을 직접 매수하는 것이다. 즉, 옵션 시장에서 콜옵션 매도 포지션이 늘어나면 이를 상쇄하기 위해 유동성 공급자들은 비트코인 현물을 사들일 수밖에 없는 구조가 된다. 그리고 비트코인 현물 가격이 오르면 이들은 더 비싼 가격에 추가 매수를 해야 한다. 이 과정이 반복되면서 비트코인 가격 상승이 더욱 가속화되는 현상이 발생하게 된다.

2021년 게임스톱 사태에서도 비슷한 일이 벌어졌다. 당시 개인 투자자들은 게임스톱 주식을 대량 매수하면서 콜옵션까지 함께 매수했다. 이에 따라 주가가 급등했고 숏 포지션을 잡고 있던 기관 투자자들은 엄청난 손실을 입기 시작했다. 손실을 줄이기 위해 기관들은 게임스톱 주식을 직접 매수하면서 포지션을 조정했고, 이 과정에서 주가가 더욱 급등하는 쇼트 스퀴즈 현상이 발생했다. 결과적으로 게임스톱 주가는 단기간에 수십 배 급등하며 월스트리트 전체를 충격에 빠뜨렸다.

비트코인 쇼트 스퀴즈는 더 강력할 가능성이 크다

게임스톱 사태와의 가장 큰 차이점은 비트코인은 추가 발행이 불가능한 자산이라는 점이다. 게임스톱이나 AMC 같은 주식은 기업이 추가로 주식을 발행해 유통량을 늘릴 수 있다. 실제로 당시 게임스톱과 AMC는 주가가 급등하자 추가 주식을 발행하며 시장의 과열을 일부 완화했다. 하지만 비트코인은 공급이 제한된 자산이다. 하루에 채굴되는 비트코인의 양도 2024년 4월 반감기 이후 기준 약 450BTC로 고정되어 있으며, 총 공급량은 2,100만 개로 고정되어 있다. 즉, 수요가 급증해도 누군가가 비트코인을 추가로 발행해 공급량을 늘릴 수 없다. 이 말은 곧, 옵션 시장이 활성화되고 콜옵션 매수세가 강해지면 비트코인 가격이 게임스톱보다 훨씬 더 급격하게 상승할 가능성이 크다는 뜻이다.

이번 사이클 비트코인 가격 상승 폭은 이전 대비 줄어든다?

여전히 사이클 패턴은 반복된다

비트코인 사이클에 대한 논의는 항상 투자자들 사이에서 중요한 주제다. 많은 사람들이 지난 비트코인 사이클과 비교하면서 2025년이 비트코인 가격의 정점이 될 가능성이 높으며 이후에는 다시 폭락할 것이라는 전망을 하고 있다. 그렇다면 현재 상황을 점검해보고, 실제로 이러한 예상이 얼마나 신뢰할 만한지 살펴보자.

비트코인의 가격을 예측하는 대표적인 모델 중 하나로 스탁투플로우Stock to Flow, S2F가 있다. 이 모델은 비트코인 분석가인 플랜비가 만든 모델로, 금이나 은 같은 희소 자산과 비교해 비트코인의 가치를 산정하는 방식이다. 이 모델은 기본적으로 비트코인의 공급량 대비 유통량Stock to Flow Ratio을 기준으로 가격을 예측한다. 비트코인은 4년에 1번씩 반감기를 거치면서 신규 발행량이 절반으로 줄어든다. 즉, 공급량이 줄어들면 희소성이 증가하고 이에 따라 가격이 상승할 가능성이 높아진다는 원리다.

스탁투플로우 모델에 따르면, 2025년 말이 이번 사이클 비트코인 가격의 정점이 될 가능성이 크다. 상승 후에는 다시 1년간 가격이 하락하는 긴 조정장이 나올 것으로 보인다. 다만, 이 모델이 항상 정확한 것은 아니므로 참고자료로 활용하는 것이 중요하다.

비트코인 투자자들의 심리를 분석하는 또 다른 지표가 미실현 손익 비율Net Unrealized Profit and Loss, NUPL이다. 이는 현재 비트코인을 보유한 투자자들의 미실현 수익과 손실을 분석해 시장이 어느 정도 과열되었는지를 판단하는 지표다. 2025년 3월 현재 NUPL 지표를 보면, 비트코인 투자자들이 과거 상승장과 유사한 패턴을 보이고 있다. 현재 NUPL 값이 상승하면서 점점 더 많은 투자자들이 수익 구간에 진입하고 있는 상황이다. 과거 데이터를 보면, 이런 상황이 지속되다가 일정 지점에 도달하면 투자자들이 수익 실현을 위해 매도하면서 가격이 하락하는 패턴이 반복되었다. 즉, 2025년 8월 기준 현재 시점에서 투자자 심리를 고려할 때도 비트코인 가격은 앞으로 좀 더 상승할 가능성이 높고, 이후에는 그동안 오른 만큼 조정이 올 가능성이 크다.

한편, 글로벌 유동성과 비트코인은 밀접한 관계를 가지고 있다. 각국 중앙은행이 돈을 많이 풀면 비트코인의 가격이 상승하는 경향이 있다. 이는 비트코인이 법정화폐의 인플레이션을 헤지할 수 있는 자산으로 간주되기 때문이다. 최근 몇 년간 중앙은행들은 경기 부양을 위해 막대한 유동성을 공급했다. 그러나 2022년부터 긴축정책이 본격적으로 시작되면서 시장의 유동성이 줄어들었고, 이는 비트코인 가격에도 직접적인 영향을 미쳤다. 하지만 장기적으로 보면, 경기가 다시 둔화되고 중앙은행이 다시 유동성을 공급하는 국면이 오면 비트코인 가격 상승에 유리한 환경이 조성될 가능성이 크다.

비트코인의 사이클은 글로벌 유동성과 밀접한 관계가 있다

2021년 불장을 떠올려 보면 당시 코로나 팬데믹으로 인해 전 세계적으로 막대한 유동성이 풀렸다. 각국 정부와 중앙은행이 경제를 부양하기 위해 대규모로 돈을 풀었고 이는 비트코인의 가격 상승을 촉진하는 주요 요인이 되었다. 현재 2025년에도 비슷한 흐름이 감지되고 있다. 글로벌 유동성이 바닥을 찍고 다시 상승하는 조짐을 보이고 있으며, 연간 증가율$_{YoY}$이 다시 5%까지 올라온 상황이다. 유동성이라는 것은 한 번 풀리기 시작하면 기하급수적으로 증가하는 경향이 있다. 정치인들이 인기 영합적인 정책을 펼치면서 각국 정부가 앞다투어 돈을 풀고 있기 때문이다.

중국은 이미 수조 위안 규모의 경기 부양책을 발표하여 침체된 부동산 경기와 증시를 살리기 위해 안간힘을 쓰고 있다. 미국도 부채한도를 41조 달러까지 늘리며 공격적인 국채 발행을 예고한 상태다. 트럼프 행정부 차원에서 경기부양을 위한 추가적인 정책이

나올 가능성도 있다. 돈이 풀리면 유럽도 따라가고, 중국도 따라가고, 한국도 따라가고, 일본도 따라가게 된다. 결국 법정화폐의 구매력이 낮아지는 상황에서 투자자들은 비트코인 같은 인플레이션 헤지 자산으로 몰릴 수밖에 없다.

이제 핵심 질문이 남는다. 이번에도 4년 주기 사이클이 반복될 것인가? 비트코인은 역사적으로 상승과 하락을 반복하는 패턴을 보여왔다. 2013년, 2017년, 2021년 불장 이후 비트코인은 각각 86%, 84%, 77%의 조정을 겪었다. 만약 이번 사이클이 반복된다면, 2025년 최고점을 찍고 2026년에 대폭락이 올 가능성이 높다.

시장의 관심도 확인하기

구글 트렌드는 시장의 관심도를 확인할 수 있는 좋은 지표다. 비트코인의 경우도 마찬가지다. 나는 가격의 흐름을 예측할 때마다 구글 트렌드를 확인한다. 단순히 가격 차트만 보는 것보다 대중의 관심도를 함께 살펴보면 훨씬 더 유용한 인사이트를 얻을 수 있기 때문이다. 2024년 비트코인의 검색량이 다시 급등했다. 11월 11일부터 16일 사이, 검색량이 2021년 수준까지 상승한 것을 확인할 수 있다. 다만, 검색량은 한 번 상승한 뒤 다시 떨어졌다가 오르기를 반복하는 패턴을 보인다. 현재의 검색량이 완전히 고점에 도달한 것은 아니지만, 분명히 시장의 관심이 증가하고 있다는 신호다.

2021년 불장과 비교해보면 더욱 흥미로운 점을 발견할 수 있다. 비트코인의 검색량이 가장 많았던 시점은 2021년 6월이었다. 당시 비트코인의 가격은 64,000달러 수준이었다. 하지만 2024년 비트코인의 검색량이 아직 그 정도 수준까지 올라오지 않았는데도 가격은 이미 96,000~97,000달러에 도달했다. 즉, 대중의 관심이 2021년만큼 뜨겁지는 않지만 가격은 그때보다 훨씬 더 높은 수준까지 올라와 있는 상태다. 만약 비트코인의 가격이 앞으로 2배, 3배 상승하게 되면 어떨까?

검색량은 더 폭발적으로 증가할 가능성이 크다. 이전 불장에서 비트코인이 상승할 때마다 새로운 투자자들이 유입되면서 검색량이 폭발적으로 증가했다. 검색량의 급등은 단기 투자자의 유입을 의미하며, 이는 곧 비트코인의 가격 상승을 더욱 가속화하는 요인이 된다. 이런 흐름을 보면, 나는 아직 비트코인의 가격 변동성이 본격적으로 줄어드는 시점이 아니라고 생각한다. 비트코인이 언젠가 화폐로 자리 잡고 변동성이 낮아질 것이라는 점은 나도 동의한다. 그러나, '지금'이 그 시점인지에 대해서는 확신할 수 없다.

비트코인의 변동성이 줄어들면서 점점 시장이 안정화될 것이라는 주장이 있지만 현재로서는 여전히 거대한 가격 변동이 예상된다. 이번 상승장에서 가격이 이전과 다르게 완만하게 눕고 있다고 생각할 수도 있지만 나는 인간의 심리가 가격을 결정한다고 본다. 비트코인은 단순한 차트나 수치로 설명될 수 없는 자산이다. 비트코인의 가격이 '예상대로' 움직이지 않는 이유는 결국 인간의 탐욕과 공포가 시장을 좌우하기 때문이다. 대중의 심리가 기대 이상으로 뜨거워지면 가격은 기존의 예측을 뛰어넘을 수도 있다. 반대로,

시장이 갑작스럽게 공포에 빠지면 예상보다 훨씬 더 큰 폭락이 찾아올 수도 있다.

4년 주기 사이클을 보면서 '이제 시장이 안정화되고 있다' 생각할 수도 있다. 하지만 진짜 중요한 것은 인간의 심리 변화다. 우리가 예상한 대로 흘러가면 좋겠지만 비트코인이 어떻게 움직일지는 차트가 아니라 시장에 참여하는 사람들의 감정과 행동이 결정한다는 사실을 잊으면 안 된다.

연준은 비트코인을
싫어한다?

비트코인과 연준은 상극

제롬 파월 연준 의장은 공식적으로 비트코인에 대해 중립적인 입장을 유지하고 있다. 공식 석상에서 비트코인 관련 질문이 나오면 "그건 연준이 결정할 문제가 아니다. 의회의 지침을 따를 것이다"라는 식으로 답변을 피한다. 연준의 공식적인 스탠스도 마찬가지다. "비트코인은 금융 시스템에 직접적인 위협이 아니다."

하지만 이 말이 정말 연준의 본심일까? 사실 연준은 단순한 금리 조정 기관이 아니다. 미국의 금융 시스템을 감독하는 '은행들의 은행'이다. 연준의 핵심 역할 중 하나는 미국 내 은행 시스템이 안정적으로 유지되도록 관리하는 것이다.

그런데 비트코인은 금융 시스템을 재구성하려는 기술이다. 지금까지 은행들이 담당해온 결제, 예금, 대출, 송금 등의 기능을 탈중앙화된 네트워크로 옮겨 놓으려는 것이다. 만약 이 변화가 현실이 된다면, 중앙은행의 역할 자체가 크게 축소될 수도 있다. 그러니 연준이 겉으로는 비트코인을 무시하는 듯한 태도를 보이더라도, 실제로는 신경을 곤두세울 수밖에 없는 것이다.

은행 시스템이 비트코인을 견제하는 방식

연준뿐만이 아니다. 기존 은행 시스템도 비트코인이 성장하는 것을 원치 않는다. 그래서 보이지 않는 곳에서 견제를 계속하고 있다. 대표적인 사례가 연방예금보험공사FDIC를 통한 압박이다.

미국의 실버게이트와 시그니처 은행은 암호화폐 전문 은행으로 출발했다. 이들은 비트코인 예금을 받아주고, 암호화폐 담보 대출을 제공했으며, 디지털 자산 기반의 금융 서비스를 운영했다. 하지만 2023년 이 두 은행은 모두 파산했다. 표면적인 이유는 미국 국채 가격 폭락과 이로 인한 손실이었다. 하지만 업계에서는 FDIC가 이들 은행을 압박한 것이 파산의 결정적 원인이 되었다고 보고 있다.

FDIC는 암호화폐 예금이 전체 예금의 15%를 넘지 못하게 제한하는 규정을 강요했다. 이를 어기면 강력한 제재를 받게 될 거라는 메시지를 보냈다. 암호화폐 전문 은행을 표방했던 실버게이트와 시그니처는 고객을 늘리기가 어려워졌고, 기존 고객들이 맡긴 예금만으로 수익을 내야 하는 압박에 미국 단기채에 예금을 대거 투자했다, 국채 가격 하락에 손상차손이 눈덩이처럼 불어나 뱅크런을 겪으면서 무너졌다. 이 사례는, 연준과 금융 당국이 은행을 이용해 비트코인 산업을 간접적으로 압박하고 있음을 보여주는 대표적인 사례다.

비트코인의 약점

비트코인의 가장 큰 약점 중 하나는 온램프_{법정화폐를 비트코인으로 바꾸는 것}와 오프램프_{비트코인을 법정화폐로 바꾸는 것}의 존재다. 비트코인을 사고팔려면 결국 은행 계좌가 필요하다. 법정화폐가 암호화폐로 바뀌려면, 그리고 다시 현금으로 인출하려면, 반드시 은행을 거쳐야 한다. 이 점을 활용해 은행과 정부는 비트코인의 성장을 견제한다.

몇 년 전까지만 해도 한국에서 비트코인 거래소와 연결된 계좌를 개설하는 것이 어려웠다. 은행에 계좌 개설을 요청하면 '비트코인 거래소 이용 목적이라면 계좌를 개설해줄 수 없다'는 답변이 돌아왔다. 지금은 비트코인 가격이 오르면서 대중적인 관심이 높아졌기 때문에 규제가 일부 완화됐지만, 언제든 다시 강화될 수 있다.

온램프를 통제하는 것과 더불어, 정부가 비트코인을 견제하는 가장 강력한 방법 중 하나가 세금 부과다. 미국과 유럽에서는 비트코인을 조금만 거래해도 양도소득세를 부과하는 법안이 추진 중이다. 한국 역시 2025년부터 비트코인에 세금을 부과할 예정이었지만, 반발이 심해 2년 연기했다. 세금을 부과하는 것은 단순한 수익 회수가 아니다. 비트코인의 거래 자체를 위축시키는 효과가 있다. 세금 부담이 커지면 투자자들이 거래를 망설이게 되고, 그러면 결과적으로 시장의 유동성이 줄어든다. 정부와 금융 당국 입장에서는 비트코인을 합법적으로 규제할 수 있는 수단이 되는 것이다.

비트코인은 단순한 투자 상품이 아니다

비트코인을 바라보는 시각은 크게 2가지로 나뉜다. 하나는 투자 자산으로서의 비트코인이다. 많은 사람이 비트코인을 가격이 오르면 팔고 떨어지면 다시 사는 방식으로 거래한다. 다른 하나는 비트코인을 금융 시스템의 대안으로 바라보는 시각이다. 비트코인은 기존 금융 시스템의 대체 가능성을 가진 자산이다. 단순히 주식처럼 사고파는 것이 아니라 새로운 부의 저장 방식으로 볼 수도 있다.

예를 들어, 금 가격이 올랐다고 해서 사람들이 금을 쉽게 팔아버리지는 않는다. 금의 본질적인 가치가 변하지 않기 때문이다. 비트코인도 마찬가지다. 비트코인을 쉽게 팔지 않는 사람이 많아질수록 기존 금융 시스템과의 충돌이 더욱 뚜렷해질 것이다.

연준과 기존 금융 시스템은 비트코인을 견제하면서도 완전히 배척하지는 못할 것이다. 한편으로는 비트코인을 규제하고 온램프를 제한하며 세금 부담을 높이겠지만, 다른 한편으로는 시장의 요구에 따라 비트코인 ETF를 승인하고, 금융 상품으로 수용하는 모습도 보일 것이다. 이는 비트코인의 성장을 막을 수 없다는 것을 연준도 알고 있기 때문이다. 비트코인은 이제 단순한 디지털 자산이 아니다. 기존 금융 시스템을 변화시키는 거대한 흐름이며 금융의 미래가 될 수도 있는 기술이다. 그렇기 때문에 연준은 비트코인을 싫어할 수밖에 없으면서도 동시에 받아들일 수밖에 없는 딜레마 속에 있다.

비트코인 사이클만
믿고 투자하면 성공한다?

사이클은 반복되지만 정확한 타이밍을 맞출 수 있을까?

많은 투자자들의 궁극적인 목표는 '적정한 타이밍에 사서, 적정한 타이밍에 팔아 최대한의 수익을 내는 것'이다. 그리고 비트코인은 그 목표를 이루기에 아주 매력적인 자산처럼 보인다. 비트코인에는 4년 주기 반감기라는 독특한 구조가 있다. 공급량이 절반으로 줄어들면서 희소성이 높아지는 이벤트가 4년마다 발생한다. 과거 사이클을 보면 반감기를 전후로 가격이 급등하는 패턴이 반복되었다.

이런 역사가 반복된다는 전제하에 '그럼 이번에도 비트코인은 반드시 오른다'라고 믿는 사람들이 많다. 하지만 정말 그럴까?

비트코인 사이클을 믿고 투자하는 것은 충분히 합리적인 전략처럼 보인다. 실제로 2013년, 2017년, 2021년 3번의 반감기 이후 가격이 급등했던 경험이 있다. 이런 패턴이 반복되는 것을 보면서 사람들은 확신을 가지게 된다. '2025년에도 비트코인 가격이 폭등할 것이다', '나는 반감기 직후에 사서 최고점에서 팔고 나올 것이다.' 그리고 몇 번 성공하면 이렇게 생각한다. '나는 투자에 소질이 있는 것 같다', '비트코인 사이클은 정말 정확하다', '이제부터는 돈벌이가 쉬워진다.' 그렇게 자신감이 자만으로 변하는 순간, 그 어느 때보다 위험해지게 된다.

3번 연속으로 패턴이 반복되었으니 네 번째도 반드시 반복될 거라고 믿는다면, 그건 투자가 아니라 도박이다. 역사가 반복될 가능성이 높을 수는 있다. 하지만 '그 패턴이 언제든 깨질 수 있다'는 사실을 절대 잊어서는 안 된다.

비트코인의 4년 주기 사이클은 생각보다 역사가 길지 않다. 딱 3번 반복되었을 뿐이다. 경제 환경이 변하면 사이클도 변할 수 있다. 이번 반감기 이후에도 동일한 패턴이 반복될 것이라는 보장은 없다. 그리고 설령 가격이 오른다고 해도 그 상승 속도와 변동성, 조정의 강도는 과거와 다를 수 있다. 비트코인 시장에는 단순한 반감기 외에도 경제적·정치적 변수, 시장의 과열 수준, 글로벌 금융 흐름, 지정학적 불확실성 같은 수많은 변수들이 영향을 미친다. 따라서 사이클을 참고하는 것은 좋지만, 그것만 믿고 맹목적으로 투자하면 큰 실수를 할 수 있다.

자만하는 순간, 시장은 당신을 가차없이 박살낸다

투자 시장에서 가장 위험한 것은 시장을 완전히 이해했다는 착각이다. 비트코인 투자에서도 마찬가지다. '과거 데이터를 분석해 보니 2025년 이맘때쯤 최고점을 찍고 2026년 이맘때쯤부터 본격적으로 하락할 것이다, 그러니까 이때 사서 이때 팔면 된다.' 이렇게 생각하는 순간 시장은 그 기대를 가차없이 배신할 것이다. 투자 시장은 결코 쉬운 게임이 아니다. 과거 데이터를 기반으로 세운 전략이 몇 번 맞을 수도 있다. 하지만 한두 번 성공했다고 해서 자신이 천재 투자자가 된 것처럼 착각하면 네 번째, 다섯 번째에는 반드시 무너지기 마련이다. 이 시장에서는 누구도 정확한 매수·매도 타이밍을 예측할 수 없다. 그것을 안다고 착각하는 순간, 계좌는 녹아내리기 시작한다.

비트코인은 단순한 도박이 아니다. 단기적인 차트 분석이나 사이클 예측만으로 이때 사서 이때 팔면 성공한다라고 생각하는 것은 위험한 접근 방식이다. 대신 다양한 요소들을 고려하고, 리스크를 관리하며, 장기적인 관점에서 접근해야 한다. 비트코인의 기본적인 가치를 이해하고, 시장의 흐름과 경제적 변수를 분석하며, 지나친 욕심을 버리고 꾸준한 투자 원칙을 세우는 것이 필수적이다. 이런 태도가 여러분의 자산을 지킬 뿐만 아니라 부를 축적하게 만들 것이다.

Chapter 5

비트코인은
디지털 세상의 석유다

비트코인과
웹 3.0

지금은 탈중앙화의 시대

웹 3.0, 혹은 웹3, 쉽게 말하면 인터넷의 다음 세대라고 이해하면 된다. 그렇다면, 웹3란 무엇이며 왜 지금 만들어지고 있는 걸까? 왜 많은 사람들이 웹3를 미래라고 부르는 걸까? 그 핵심 이유 중 하나는 비트코인과 깊은 연관이 있기 때문이다.

최근 경험을 하나 소개해보겠다. 친구 집들이에 갔다가 향도 좋고 사용감도 훌륭한 비누를 발견했다. 어디 제품인지 물어보니 처음 들어보는 브랜드였다. 흥미로웠던 점은 비누를 하나 구매할 때마다 회사의 일부 매출이 지역사회에 기부된다는 것이었다. 이 사실을 알고 나니 더 사고 싶어졌고, 결국 인터넷에서 찾아내 여러 개를 구매했다. 이 작은 경험이 보여주는 것이 무엇일까? 바로 요즘 소비자들이 더 이상 아무거나 대량으로 사지 않는다는 사실이다. 마트에서 계란 하나를 살 때도 유정란인지, 동물 복지가 고려된 제품인지 꼼꼼히 따져본다. 자동차를 구매할 때도 남들이 흔히 타는 검은색, 흰색, 회색이 아니라 자신만의 개성을 드러낼 수 있는 색상과 스타일을 선택하는 사람들이 늘어나고 있다. 자동차 튜닝이 보편화되어 있는 해외 특히, 일본이나 홍콩 등지에서는 테슬라를 소위 '순정' 그대로 타는 경우가 거의 없다. 모두 개성에 맞게 커스터마이징을 한다.

이는 반짝 유행이 아니다. 개인화, 맞춤화, 탈중앙화라는 거대한 흐름의 연장선에서 봐야 할 이슈다. 우리는 지난 200년 동안 집단화와 군집화의 시대를 살아왔다. 조직에 속하는 것이 중요했고, 대기업에 다니면서 정년퇴직까지 안정적인 삶을 사는 것이 목표였으며, 개인의 개성보다는 조직의 규모와 효율성이 더 중요한 가치였다. 그러나 이제는 다르다. 유튜브, 틱톡 등으로 개인 크리에이터들이 생겨났고, 우버 같은 공유경제 모델이 확산되었으며, 프리랜서·원격 근무·창업 등 다양한 형태의 경제 활동이 가능해졌다. 이제 더 이상 대기업이나 조직이 필수적인 시대가 아닌 것이다.

사람들은 직장에 다니는 것만이 답이 아니라는 사실을 깨닫고 있다. 누군가는 카페를 창업하고, 누군가는 부업으로 유튜브를 하며, 또 누군가는 자신의 재능을 살려 책을 출간하기도 한다. 즉, 개인이 주도하는 시대가 열리고 있는 것이다.

인터넷 역시 중앙화에서 탈중앙화로 바뀌고 있다

인터넷도 지금까지는 집단화, 중앙화된 형태였다. 검색 엔진은 구글(우리나라에서는 네이버), 메신저는 페이스북, 스마트폰은 애플과 안드로이드 등 소수의 거대 기업들이 인터넷을 지배하고 있다. 이들은 압도적인 네트워크 효과를 통해 경쟁자가 등장할 수 없는 구조를 만들었다.

하지만 이제 이 중앙화된 인터넷 구조가 깨지기 시작했다. 특히, 2020년 미국 대선에서 트럼프 대통령의 트위터 계정이 강제로 삭제된 사건은 큰 충격을 주었다. 사람들이 현직 대통령조차 한 기업의 결정에 의해 온라인에서 사라질 수 있다는 사실을 목격한 것이기 때문이다. 이후 일론 머스크가 인수한 트위터는 X로 이름을 바꾸었고 표현의 자유를 보장하는 공간으로 변화했다. 하지만 이는 단순히 트위터의 변화가 아니라, 인터넷 전체가 중앙화에서 탈중앙화로 전환되는 흐름의 일부라고 볼 수 있다.

웹3는 기존의 기업 중심 인터넷이 아니라 개인이 주도하는 인터넷이다. 지금처럼 카카오톡, 페이스북, 유튜브 등에 내 정보를 입력하고 기업이 그것을 관리하는 방식이 아니다. 대신, 각 개인이 직접 자신의 데이터를 관리하고, 서버를 운영하며, 원하는 서비스를 이용할 수 있는 구조다. 내 개인 서버에서 데이터를 저장하고, 중앙화된 기업이 아니라 개인 간 네트워크를 통해 데이터를 주고받고, 기업은 중간에서 통제하는 것이 아니라 단순히 연결만 도와주는 역할을 한다.

이렇게 되면 기업이 사용자의 정보를 수집하고 검열하는 것도 불가능해진다. 그렇다면 이런 환경에서 기존 기업들은 어떻게 돈을 벌게 될까?

광고 중심 경제에서 '가치 중심 경제'로 변화

이해를 돕기 위해 자세히 구분하자면 지금 우리가 쓰고 있는 인터넷은 2세대 인터넷이다. 원래 인터넷은 정적인 웹페이지 형태라 글을 읽거나 재미있는 사진을 보더라도 '좋아요'를 누른다거나 댓글을 다는 등 상호작용을 할 수가 없었다. 지금은 구글, 페이스북, 넷플릭스, 유튜브 등 우리가 매일같이 사용하는 플랫폼 서비스들이 생겨나 사용자에게 훨씬 다양하고 즐거운 경험을 제공하고 있다.

그러나 동시에 앞서 열거한 플랫폼들은 전 세계 모든 사용자의 데이터를 수집하고 금전적인 이익을 위해 악용하기도 한다. 친구와 점심을 먹으며 이번 주말에 차박 캠핑을 가는 것에 대한 대화를 나눈 후 페이스북 앱을 열어본 적이 있는가? 십중팔구 캠핑 도구나 차박 캠핑장 광고가 뜨는 것을 경험했을 것이다. 플랫폼 기업들은 광고를 '더 잘 타깃'하기 위해 마케팅 회사에 당신의 일상 대화까지 판매하고 있다. 현재 구글, 페이스북, 유튜브 같은 IT 기업들은 광고 수익이 매출의 80~90%를 차지한다. 사용자는 무료로 서비스를 이용하고, 기업은 사용자 데이터를 수집해 맞춤형 광고를 제공하며 돈을 번다. 하지만 웹3에서는 이 구조가 불가능하다.

데이터가 중앙 서버에 저장되지 않기 때문에 기업이 정보를 수

집할 수 없다. 맞춤형 광고 또한 제공할 수도 없고, 기존의 알고리즘 기반 광고 시스템이 무력화된다. 대신, '가치 대 가치'의 경제가가 등장한다. 즉, 기업이 광고 수익에 의존하는 것이 아니라, 사용자가 직접 서비스에 기부하거나, 이용료를 지불하는 방식으로 운영되는 것이다.

중앙화된 플랫폼들이 사용자의 데이터를 독점하고, 검열을 강화하고, 알고리즘을 조작하는 등의 문제들이 불거지면서 이에 대한 반발이 커지고 있다. 그 결과, 기존 인터넷 시스템을 벗어나려는 움직임이 점점 가속화되고 있다. 이러한 흐름 속에서 웹3가 대안으로 떠오르고 있는 것이다. 여기서 비트코인이 중요한 역할을 한다. 웹3에서는 크리에이터가 직접 수익을 얻고, 사용자가 콘텐츠를 소비한 만큼 가치 교환이 이루어지는 구조가 필요하다. 광고 기반 경제가 아닌, 사용자가 직접 금전적 가치를 제공하는 방식이기 때문이다. 이때 기존의 법정화폐 시스템을 활용하면 국경의 장벽, 금융 규제, 거래 수수료 등의 문제들이 발생할 수밖에 없다. 따라서 국경을 초월하고, 검열이 불가능하며, 탈중앙화된 네트워크에서 자유롭게 사용될 수 있는 화폐가 필요해진다. 바로 비트코인이 가장 적합한 대안이 되는 이유가 여기에 있다.

비트코인은 가장 강력한 블록체인 네트워크를 기반으로 한다. 비트코인에는 이미 가장 많은 사용자와 노드가 존재한다. 끊김 없이, 국경의 제한 없이 자산을 전송할 수 있다는 점에서 웹3 경제에서는 필수적인 재화로 자리 잡을 가능성이 크다. 마치 현재의 산업

사회에서 석유가 필수적인 원료로 사용되는 것처럼, 웹3에서는 비트코인이 그런 역할을 하게 될 것이다. 웹3가 점차 확산되고, 개인의 자유에 대한 열망이 커질수록 비트코인의 가치는 더욱 상승할 가능성이 높다. 단순한 투자 자산을 넘어, 실제 결제 수단이자 디지털 경제의 핵심 요소로 자리 잡을 것이다. 우리의 생활 속에서 점점 더 비트코인을 사용하는 순간들이 많아질 것이며, 웹3 시대가 본격적으로 도래할 때 그 영향력은 더욱 강해질 것이다.

디지털 화폐를 대하는
잭 도시와 마크 저커버그의 차이

웹3란?

지난 상승장 암호화폐 시장의 메타였던 디파이^{탈중앙화금융}과 NFT^{대체불가능토큰}를 이을 차세대 메타로 지목된 것이 바로 웹3다. 우리말로 해석하면 '3세대 인터넷'쯤 된다. 구분하자면 지금 우리가 쓰고 있는 인터넷은 2세대 인터넷이다. 원래 인터넷은 정적인 웹페이지 형태라 글을 읽거나 재미있는 사진을 보더라도 '좋아요'를 누른다거나 댓글을 다는 등 상호작용을 할 수가 없었다. 지금은 구글, 페이스북, 넷플릭스, 유튜브 등 우리가 매일같이 사용하는 플랫폼 서비스들이 생겨나 사용자에게 훨씬 다양하고 즐거운 경험을 제공해준다. 이제는 '좋아요'나 댓글뿐만이 아니라 지구 반대편에 있는 사람과도 실시간으로 대화를 나눌 수 있다.

그러나 2세대 인터넷에는 문제점이 있다. 앞서 열거한 기업들이 전 세계 모든 사용자의 데이터를 수집하고 금전적인 이익을 위해 악용하기 때문이다. 인터넷상에서 우리가 하는 모든 행동은 거대 플랫폼 기업들에 실시간으로 추적당하고 있다. 3세대 인터넷은 이런 문제를 탈중앙화를 통해 해결하려는 시도라고 보면 된다. 예를 들어, 사용하는 플랫폼마다 아이디와 비밀번호를 만들어 기업에 넘기는 대신 인터넷 ID라는 공용 인터넷 신분증 같은 것을 만들어 모든 웹사이트에 로그인하는 것이다. 마치 집안에 있는 모든 가전제품을 하나의 리모컨으로 켜고 끌 수 있는 것처럼 편리할 것이다.

첫 단추를 잘못 끼운 저커버그

인터넷판 공용 리모컨을 만들 수 있는 근본 기술이 바로 블록체인이다. 좀 더 정확히는 블록체인의 특성 중 하나인 분산 원장이라는 시스템이 그렇다. 분산 원장은 중앙서버나 중앙관리자의 제어 없이 네트워크의 참여자노드들이 데이터를 공유하고 계속 동기화하는 기술이다. 쉽게 말해 페이스북에 따로 계정을 만들지 않아도 로그인하고 쓸 수 있는 기술이라고 보면 된다. 그뿐일까? 점심시간에 친구와 나눈 차박 캠핑 관련 광고로 내 피드가 도배되는 일도 더 이상 없을 것이다. 페이스북의 서버에 내 정보가 저장되지 않으니까 말이다.

한데 정작 이 문제를 제일 잘 알고 있을 당사자인 페이스북현 '메타'의 창업자인 마크 저커버그Mark Zuckerberg 본인은 3세대 인터넷의 모습을 약간 다르게 생각하고 있는 듯하다. 그는 사명까지 메타로 고쳐가며 자신들이 메타버스 회사임을 천명했지만, 여전히 모든 사용자의 데이터를 저장하고 관리하는 플랫폼의 형태에서 어떻게 벗어날 것인지 설명하지 않고 있다. 아니 어쩌면 그럴 계획 자체가 없는 것일 수도 있다.

메타에서 2018년 신설한 블록체인 전담 부서는 자기들 자신의 데이터 독점 권력을 분산하는 블록체인을 개발하기보다는 엉뚱한 곳의 권력을 분산하려다 정치권과 여론의 거센 역풍을 맞았다. 메타의 암호화폐 프로젝트인 '디엠리브라' 이야기다. 디엠은 국경을 넘나드는 거래에서 국가가 발행하는 화폐를 대체하고 은행 계좌가 없는 수십억 명에게 지불 네트워크를 제공한다는 원대한 출사표를 던졌지만, 2년이 넘는 시도 끝에 결국 자체 암호화폐를 출시하지 못했다. 미국과 유럽의 정부가 강력하게 규제하고 나섰기 때문이다. 공식 출시를 하기도 전에 7개의 파트너사가 탈퇴했고, 설상가상으로 그동안 디엠 프로젝트를 이끌던 메타의 부사장 데이비드 마커스David Marcus까지 사표를 냈다.

국가가 독점하던 발권력을 차지하려 했던 저커버그의 계획은 실패했다. 어쩌면 그는 애초에 첫 단추를 잘못 끼운 것일 수도 있다. 자신들의 플랫폼 권력은 그대로 유지한 채 남(국가)의 권력만 빼앗으려 했으니 말이다.

비트코인을 활용하는 잭 도시

트위터와 스퀘어의 창업자인 잭 도시Jack Dorsey는 저커버그와는 조금 다른 방법으로 3세대 인터넷에 도전하는 중이다. 그는 2021년 6월 미국 마이애미에서 열린 '비트코인 2021 컨퍼런스'에 연사로 참여해 필요하다면 트위터와 스퀘어를 떠나 비트코인에 전념할 수 있다고 말했는데, 그로부터 7개월 뒤에 정말로 트위터의 최고경영자CEO 직을 사임했다.

트위터를 나온 잭 도시는 곧바로 스퀘어의 사명을 '블록Block'으로 바꾸고, 스퀘어의 비트코인 전담 사업인 스퀘어 크립토Square Crypto는 '스파이럴Spiral'로 이름을 바꿨다. 다른 알트코인들과는 최대한 거리를 두면서 비트코인에 대한 애정만 드러내온 그의 행보로 볼 때 결제 솔루션 기업인 스퀘어의 기존 사업 인프라를 이용해 비트코인 생태계 발전에 올인하겠다는 포부를 밝힌 것으로 보인다. 2021년 당시 블록은 탈중앙 거래소 TBD 백서 공개, 라이트닝 개발자 키트 배포 등 비트코인 인프라 구축을 위한 다양한 시도를 이어갔다. 하지만 최근 들어 블록은 보다 실질적이고 대중적인 비트코인 서비스 확장에 나서고 있다.

무엇보다도 자사의 핵심 사업모델인 스퀘어포스기Square POS에 비트코인 결제 기능을 탑재했다는 점이 주목할 만하다. 북미, 호주, 영국 등 서구권 전역에서 널리 사용되는 이 포스기를 통해 자영업자 누구나 손쉽게 비트코인 결제를 받을 수 있게 된 것이다. 더 나아가 점주는 고객이 비트코인으로 결제할 경우 그대로 비트코인으로 받을지, 아니면 결제 즉시 현지 통화로 환전해 받을지를 직접 설정할 수 있다. 이는 비트코인을 실생활 결제 수단으로 확산시키는 데 있어 중요한 진전이라 할 수 있다.

또한 블록은 자사 대표 서비스인 캐시앱Cash App에 비트코인 매매 기능과 라이트닝 네트워크 전송 기능을 탑재했다. 이를 통해 5천만 명 이상의 캐시앱 사용자가 싼 값에, 빠르게 비트코인 전송을 이용할 수 있게 되었다. 이는 기존 송금·결제 인프라와 비교해 속도와 비용 측면에서 압도적인 경쟁력을 보여준다.

여기에 더해 블록은 최근 '비트키Bitkey'라는 이름의 하드웨어 콜드월렛을 출시했다. 비트키는 기존 지갑과 달리 복잡한 시드 구문seed phrase을 따로 보관할 필요 없이 안전하게 셀프 커스터디Self-Custody를 가능하게 한다. 이는 '내 비트코인은 내가 지킨다'라는 비트코인의 철학을 더 많은 대중에게 실현 가능하게 해주는 장치다.

결국 블록은 결제, 송금, 보관이라는 비트코인 활용의 3대 축을 자사 주요 서비스에 단계적으로 통합하면서, 단순한 결제 기업을 넘어 비트코인 대중화를 선도하는 금융 플랫폼으로 진화하고 있다.

잭 도시는 다가오는 3세대 인터넷의 주인공으로 '비트코인'을 낙점했다. 비트코인은 전 세계에 퍼져 있는 6만 개가 넘는 노드가 실시간으로 데이터를 동기화하고 있는 명실상부 세계 최대의 완전히 탈중앙화된 네트워크다. 주인이 없으므로 그 어떤 국가의 정부도 없앨 수가 없다. 각국 정부의 반대에 막혀 여태 출시조차 못하고 있는 디엠과 비교하면 천양지차다.

우리가 지금 즐겨 쓰는 유튜브, 페이스북, 넷플릭스가 비트코인 네트워크를 기반으로 등장한다면 어떨까? 서두에 소개한 것처럼 사용자가 플랫폼마다 일일이 아이디와 비밀번호를 만들지 않아도 되고, 플랫폼에서 하는 모든 행동을 감시당하지 않을 수 있는 진정한 웹3가 등장하게 된다.

웹3를 선점하기 위한 두 실리콘밸리 천재의 경쟁은 이제 막 시작되었다. 하나는 내가 혼자 심판도 보고 해설도 하고 선수로도 뛰겠다고 나섰고, 다른 하나는 유명한 심판과 캐스터를 데려왔으니 자기는 선수로 뛰는 데만 전념하겠다고 나섰다. 감히 인터넷의 미래를 예견할 정도의 혜안을 가지고 있는 것은 아니지만 스타트업을 운영하는 사람으로서 이거 하나는 확실히 안다. 한 가지에 집중하는 사업이 성공할 확률이 높다는 것을 말이다.

따라서 전반전은 잭 도시의 승리다. 만약 아직 경기가 열린 줄도 몰랐다면 이제부터라도 앞으로 펼쳐질 후반전과 연장전, 그리고 승부차기를 흥미진진하게 관람해보자. 그리고 후반전 중간에라도 누가 이길 것인지 예상이 된다면 꼭 미리 투자하자. 먼 훗날 손주들에게 '할아버지는 그때 거기에 투자 안 하고 뭐했어?'라는 소리를 듣지 않으려면 말이다.

느리지만 올바른 방향으로
발전하는 비트코인

웹3에서도 반복되는 실수

1998년 11월, 샌프란시스코에서 설립된 펫츠닷컴Pets.com은 반려동물 관련 용품을 온라인에서 판매하는 혁신적인 서비스를 표방했다. 기존 반려동물 용품 회사들은 브랜드 인지도가 부족하고 오프라인 매장에 의존하는 구시대적 모델을 유지하고 있었기 때문에 이를 대체할 온라인 플랫폼이 필요하다고 본 것이다. 펫츠닷컴의 비전은 많은 투자자들을 매료시켰고, 심지어 아마존의 창업자 제프 베이조스Jeff Bezos도 이 회사에 투자할 정도였다. 그러나 펫츠닷컴의 성장 전략은 매우 허술했다. 원가보다 최대 70% 저렴한 가격으로 제품을 판매하면서 매출이 늘어날수록 손실이 쌓였고, 광고에 지나치게 많은 비용을 지출했다. 2000년 1월에는 엄청난 광고비를 들여 슈퍼볼 황금시간대에 TV 광고를 내보냈고, 브랜드 이미지를 강화한다며 유명 광고회사에 거액을 지불해 '양말 인형'이라는 마스코트를 만들었다. 이 인형은 한때 피플지와 인터뷰를 할 정도로 큰 인기를 끌었지만, 정작 펫츠닷컴의 매출 증가로는 이어지지 않았다.

당시 소비자들은 아직 온라인 쇼핑에 익숙하지 않았고, 결제 및 배송 인프라도 부족했다. 결국 안정적인 수요와 서비스 확장에 필요한 인프라가 갖춰지지 않은 상태에서 무리한 사업 확장을 진행한 것이 문제였다. 2000년 2월, 펫츠닷컴은 나스닥에 상장하며 무려 990억 원을 조달하는 데 성공했지만, 단 9개월 만인 2000년 11월에 파산을 신청했다. 불과 2년 만에 '닷컴 벤처기업의 신화'로 떠올랐던 기업이 순식간에 역사 속으로 사라진 것이다.

이 이야기를 들으면 암호화폐 투자자들에겐 떠오르는 것이 하나 있다. 바로 NFT_{Non-Fungible Token} 시장이다. 2022년 초, NFT 시장은 총 45억 달러 규모까지 성장했지만, 불과 반년 만에 7억 5,000만 달러로 쪼그라들었다. 특히 PFP_{Profile Picture} NFT는 단순한 디지털 이미지 인증서에 불과했음에도 디자인이 독특하다거나 유명인이 투자했다는 이유로 가격이 폭등했다.

이 NFT들은 기본적으로 하나의 재력 과시 도구였다. 암호화폐로 큰돈을 번 젊은 투자자들은 이 새로운 자산에 열광했고, 유명 연예인과 스포츠 스타들이 자신의 NFT를 SNS에 자랑하자 투자 열기는 더욱 뜨거워졌다. 하지만 이러한 시장은 상승장이 끝나면 언제든 붕괴될 수밖에 없다. 미국 연준이 금리를 인상하며 유동성을 축소하자 암호화폐와 NFT 가격은 순식간에 폭락했다. 돈이 많은 투자자들은 장기 보유할 여유가 있었지만 뒤늦게 뛰어든 일반 투자자들은 큰 손실을 감당해야 했다.

이러한 패턴은 반복된다. 2017년 ICO 붐이 일었을 때 수많은 토큰 프로젝트가 등장했지만 대부분 사라졌고, 2020년 디파이 열풍 때도 비슷한 일이 벌어졌다. 이 모든 것들은 시장이 감당할 준비가 되기 전에 너무 빨리 성장한 결과였다. 아직 충분한 인프라와 규제 환경이 마련되지 않은 상태에서 기술에 대한 과도한 기대감이 형성되었고 마케팅에 휘둘린 일반 투자자들이 큰 피해를 봤다.

2000년대 초반의 닷컴버블이 '메타버스', '웹 3.0'이라는 이름으로 다시 반복되고 있다. 결국, 중요한 것은 유행을 좇는 것이 아니라 기술의 본질과 실질적인 필요성에 집중하는 것이다.

비트코인에 집중해야 하는 이유

현재 웹3 생태계에서는 이더리움을 비롯한 다양한 블록체인들이 비트코인보다 더 많이 활용되고 있다. 스마트 컨트랙트, 디파이, NFT 등 부가기능이 많기 때문이다. 이에 따라 많은 자금과 서비스들이 이더리움 블록체인 위에서 움직이고 있지만, 이것이 과연 웹3의 올바른 방향인지에 대한 의문이 남는다.

이유는 간단하다. 이더리움과 같은 블록체인들은 탈중앙성을 희생해야만 다양한 기능을 구현할 수 있기 때문이다. 예를 들어,

이더리움은 스마트 컨트랙트와 디파이를 운영하기 위해 대량의 데이터를 처리해야 하는데, 이를 위해서는 고사양 컴퓨터가 필요한 검증 노드가 필요하다. 결과적으로, 소수의 노드가 블록체인을 운영하게 되고 이는 네트워크의 중앙화를 초래한다. 이런 구조는 결국 검열과 통제의 가능성을 높이며, 장기적으로 신뢰받기 어렵다.

반면, 비트코인은 탈중앙성과 검열 저항성을 가장 중요하게 여긴다. 전 세계적으로 분산된 노드들이 독립적으로 운영되기 때문에 정부나 기업이 개입할 수 없다. 즉, 비트코인 위에 만들어지는 서비스들은 어떤 기관의 입맛에 따라 운영이 좌지우지될 가능성이 없다. 예를 들어, 비트코인 기반 트위터가 만들어진다면, 특정 발언이 기업의 기준에 의해 검열되거나 계정이 정지될 일이 없다. 비트코인 기반 유튜브가 있다면, '노란 딱지' 같은 문제도 발생하지 않는다.

비트코인 네트워크는 지금도 레이어 방식으로 발전하고 있다. '라이트닝 네트워크'는 비트코인의 트랜잭션 속도를 신용카드 결제보다 빠르게 만들었고, 트위터의 전 CEO 잭 도시가 이끄는 '블록'은 비트코인 네트워크 위에 탈중앙 신원증명 시스템DID과 탈중앙 거래 시스템TBDex을 구축하고 있다.

이러한 기술이 완전히 자리 잡으면, 비트코인은 단순한 투자 자산이 아니라 글로벌 디지털 경제의 핵심 인프라로 자리 잡게 될 것이다. 무엇보다 중요한 점은 비트코인은 인터넷이 발전한 방식과 동일한 경로를 따라가고 있다는 것이다.

알트코인은
주도주가 될 수 없다

누가 진짜 주도주일까

제롬 파월 Jerome Powell 연준 의장이 자주 언급하는 '불확실성'이라는 단어에 주목할 필요가 있다. 최근 금값이 사상 최고치를 기록하고 있다는 점도 인상 깊다. 금이 고점을 돌파한 상황에서 비트코인은 비교적 가격을 잘 유지하고 있으나, 알트코인들은 급격히 하락하는 흐름을 보였다. 하지만 이는 단지 코인 시장만의 문제는 아니라고 본다. 금값이나 비트코인만을 보고 현재 시장을 해석하기에는 부족한 면이 있다.

우리가 가장 많이 투자하고 있는 분야는 어디인가? 바로 주식이다. 한국의 서학개미들, 즉 해외 주식에 투자하는 개인 투자자 입장에서는 지금 시장에서 무슨 일이 벌어지고 있는지 파악하는 것이 중요하다. 2025년 3월 현재의 트렌드를 다음과 같이 정리해보았다.

먼저 AI 반도체, 특히 HBM_{고대역폭 메모리} 섹터에서 가장 두드러지는 기업은 SK하이닉스였다. 이 시장은 SK하이닉스가 사실상 주도하고 있다고 봐도 무방하다. 실제로 SK하이닉스의 주가는 최근 1년 기준으로 약 50% 상승했다. 반면, 같은 섹터의 마이크론테크놀로지와 삼성전자는 그 흐름을 따라가지 못하고 소외되는 모습을 보였다. 특히, 삼성전자는 SK하이닉스에 비해 HBM 경쟁력에서 밀리며 주가가 부진을 면치 못했다. 영업이익 8조 원에 달하는 SK하이닉스의 분기 실적은 그 누구도 쉽게 예상하지 못했던 결과였다.

자동차 섹터는 전반적으로 매우 부진했다. 하지만, 페라리는 예외였다. 페라리 혼자 유일하게 선방하며 연간 기준 약 17% 상승을 기록했다. 반면 포르쉐, 폭스바겐, 벤츠, 도요타, BMW 등 주요 브랜드는 줄줄이 하락세를 면치 못했다.

다음은 러닝화 섹터다. 내가 운영 중인 <비트맥시 투자 클럽>에서도 이 트렌드를 자주 언급해왔다. 해당 섹터에서 눈에 띄는 종목은 '아식스_{Asics}'였다. 아식스는 독보적인 성장을 보이며 다른 브랜드들을 압도했다. 물론 '온홀딩스_{On Holdings}'와 '데커스_{Deckers}'도 좋은 성과를 보였지만, 상승세가 막강한 아식스에 비해 상대적으로 부진해 보일 정도였다. 데커스의 주가는 2025년 1월을 정점으로 하락세로 돌아서 2025년 8월 현재까지 무려 -51% 손실을 기록하고 있다. 같은 기간 나이키는 +5%로 간신히 플러스를 유지하고 있으며, 아디다스는 -28%의 하락세를 보이고 있다. 반면, 러닝화 섹터의 주도주인 아식스는 연초 대비 +35% 상승하며 독주하는 모습이다.

즉, 러닝화 시장 안에서도 승자와 패자가 극명하게 갈리고 있으며, 주도주가 전체 섹터의 수익률을 끌어올리는 전형적인 구도가 나타나고 있다. 현재 글로벌 주식시장 전반에서도 비슷한 현상이 반복되고 있다. 어떤 섹터를 보더라도 단 1~2개의 주도주가 시장을 압도적으로 이끌고, 나머지 후발 기업들은 상대적으로 부진한 흐름을 보인다.

이런 구조는 암호화폐 시장에서도 그대로 관찰된다. 2024년부터 2025년 8월 현재까지 전체 암호화폐 시가총액을 사실상 홀로 이끌어온 자산은 비트코인이다. 시가총액 2위인 이더리움은 2022년 이후 3년간 내리막길을 걸으며 주도주 자리를 잃었고, 최근에야 가까스로 전고점 부근까지 반등하는 데 그쳤다.

왜 이런 현상이 벌어질까? 이유는 단순하다. 고인플레이션, 고금리, 고불확실성이라는 '3고高' 환경 속에 있기 때문이다. 자금은 안전성과 신뢰를 최우선으로 따지며, 결국 검증된 리더만이 자본을 빨아들이는 구조가 굳어지고 있는 것이다.

기준금리 인상은 통상 12~18개월 후 인플레이션에 영향을 미친다. 과거 15년의 비트코인 역사를 보면 대체로 기준금리 인하기에 큰 상승을 보여왔다. 미국이 2017년부터 2019년까지 기준금리를 0%에서 2.5%까지 올리긴 했지만, 이는 1980년대부터 이어진 장기적인 금리 하락 추세 속에서 잠깐 반등한 수준이었다.

1990년대 초 기준금리가 20%에 달했던 것과 비교하면, 이후 고점이 계속 낮아지며 하락하는 흐름이었음을 알 수 있다. 따라서 2017년처럼 기준금리가 다소 상승한 시기를 금리 인상기라고 보기에는 무리가 있다.

연준 의장 제롬 파월은 트럼프 대통령의 관세 정책이 물가에 어떤 영향을 줄지 지켜보며 금리 인하 속도를 조절하겠다고 말했다. 기준금리를 가파르게 인하하는 방향으로 가는 것은 이제 어려워졌고, 오히려 금리가 더 오를 가능성도 배제할 수 없다. 실제로 JP모건의 CEO 제이미 다이먼은 금리가 7%까지 올라갈 수도 있다고 전망했다. 물론 이 예측이 반드시 맞는다고 단정할 수는 없으나, 이런 가능성 자체가 불확실성의 확대를 의미한다.

기준금리는 예측 대상이 아니다. 그동안 항상 강조해온 말이다. 그러나 비트코인 시장에서는 2025년이 반드시 상승장일 것이라는 기대가 퍼져 있는 것도 사실이다. 2013년, 2017년, 2021년에 이어 2025년 역시 '4년 주기 사이클'의 정점이라는 이유 때문이다. 그러나 기준금리가 여전히 높은 상황에서, 과연 2021년처럼 급등이 다시 나타날지는 의문이라고 생각한다. 그럼에도 불구하고 나는 비트코인 가격의 장기적 상승에는 의심이 없다. 금값이 오르듯, 비트코인 역시 '디지털 금'으로서 불확실성이 커질수록 점진적으로 상승하는 자산이기 때문이다.

주식 시장의 섹터별 흐름을 보면 3고 환경에서 주도주만 오르는 구조는 명확하다. AI 반도체 섹터에서는 SK하이닉스가 주도하고 있고, 러닝화 섹터에서는 아식스가, 자동차 섹터에서는 페라리가 주도하고 있다. 그렇다면 암호화폐 섹터에서는 누가 주도주인가? 말할 것도 없이 비트코인이다. 트럼프코인인가? 리플인가? 아니다. 알트코인은 주도주가 아니다. 진짜 주도주는 비트코인이다. 경제가 전반적으로 성장을 지속하고 전 세계적으로 불확실성이 계속된다면 주도주는 계속 간다. 명품도 가고, 자동차도 가고, 러닝화도 간다. 하지만 알트코인은 그 흐름을 따라가지 못한다.

이제 기준금리 인상 효과가 본격적으로 나타날 시점이다. 2022년, 2023년 내내 금리를 올렸으니, 그 여파는 2024년부터 2025년에 걸쳐 점차 드러날 것이다. 파월도 이제 금리를 내리기 어렵다고 밝혔을 뿐만 아니라 인플레이션에 대한 경계심은 여전히 높다. 그렇다면 앞으로도 시장은 주도주 위주의 상승을 이어갈 가능성이 높다고 판단한다.

지난 2025년 1월 FOMC 결과를 보고 나름의 결론을 내려보았다. 물론 향후 FOMC 발표, 경제 지표, 인플레이션 수치 등에 따라 판단은 바뀔 수 있다. 하지만 현재로서는 2024년에 이어 2025년, 그리고 2026년에도 계속 비트코인이 이끄는 주도주 위주의 장세가 이어질 것으로 본다.

물론 알트코인 중에서도 상승하는 종목은 일부 있을 수 있다. 러닝화 섹터에서도 온홀딩스와 데커스가 한동안 선방한 것처럼, 비트코인을 따라가는 알트코인 중에도 유망한 종목은 존재할 수 있다. 다만 그것이 무엇인지 미리 예단하는 것은 매우 어렵다.

비트코인처럼 상대적으로 안정성과 지속성이 있는 자산을 제쳐두고 불확실한 알트코인에 투자하는 것은 현재 시점에서 위험한 선택일 수 있다고 생각한다. 다시 한 번 강조하자면, 미래를 단정하는 것은 어렵고 우리의 판단은 언제든 틀릴 수 있다. 앞으로도 경제 지표와 시장 흐름을 지속적으로 관찰해야 하는 이유다.

하지만 2025년 8월 기준, 나는 비트코인에 대해 그 어느 때보다 확신한다. 반면, 다수의 알트코인에 대해서는 의심이 든다.

비트코인 덕분에 기대되는
미래 인터넷 세상

변화하는 금융 시스템

흔히 비트코인을 '디지털 금'이라고 부르지만 사실 금은 활용성이 제한적이다. 금의 가치는 주로 오랜 역사 속에서 가치 저장 수단으로 인정받아 형성된 것이지, 실질적인 쓰임새에서 오는 것은 아니다. 반면, 석유는 산업 전반에서 필수적인 원료로 활용되며 이로 인해 강한 경제적 가치를 지닌다. 현대 사회에서 석유는 자동차 연료뿐만 아니라 항공기 급유, 선박 연료, 플라스틱 및 폴리에스터 생산 등 다양한 곳에 사용된다. 석유가 없다면 우리가 일상적으로 사용하는 페트병, 플라스틱 용기 등도 존재할 수 없다. 이처럼 필수적인 자원인 석유와 같은 역할을 디지털 세계에서 수행하는 것이 바로 비트코인이다. 인터넷이 점점 더 우리 삶의 중심이 되어

가면서, 디지털 세상에서도 필수적인 경제적 윤활유가 필요하게 되었다.

마이클 세일러는 비트코인을 "사이버 스페이스의 부동산, 디지털 맨해튼"이라고 표현한다. 이 말처럼 디지털 세상에서 우리가 살아가기 위해서는 필수적인 경제적 시스템이 필요하며, 그중 가장 중요한 것이 바로 돈 거래다. 금융 활동은 디지털 세계에서 필연적으로 이루어질 것이며, 이에 따라 인터넷에서 어떻게 돈을 거래할 것인가는 중요한 이슈가 될 것이다.

오늘날 금융 시스템은 점점 더 디지털화되고 있다. 핀테크Fin-Tech라는 개념이 등장하면서, 기존의 은행이나 증권사가 아닌 IT 기업들이 금융 서비스를 제공하는 시대가 열렸다. 카카오페이, 네이버페이, 토스 등이 대표적인 예다. 원래 이런 흐름을 '테크핀TechFin'이라고 불렀는데, 이제는 핀테크라는 단어가 모든 기술 기반 금융 서비스를 포괄하는 용어로 자리 잡았다. 금융산업은 여전히 대형 은행과 카드사들이 장악한 영역이다. 이들은 오랫동안 강력한 카르텔을 형성하며 자본과 결제 시스템을 독점해왔다. 그러나 디지털화의 물결은 서서히 이들의 권력을 흔들고 있다.

특히, 비트코인의 등장은 결정적 전환점이었다. 블록체인을 기반으로 한 탈중앙 디지털 화폐는 기존 은행 카르텔이 독점하던 금융 인프라를 대체할 수 있는 가능성을 보여주었다. 디지털 화폐 경제가 확장되면서 개인과 기업은 더 이상 은행을 통하지 않고도 가치를 저장하고, 전송하고, 결제할 수 있게 되었다.

이 과정에서 금융은 점점 더 개방적이고 투명한 생태계로 변모하고 있다. 기존 금융권의 장벽을 뛰어넘는 새로운 혁신이 가능해진 것이다. 결국 금융의 디지털화는 단순한 기술의 발전이 아니라, 오랫동안 굳어져 있던 은행 카르텔의 독점 권력에 대한 도전으로 이해할 수 있다.

인터넷은 막을 수 없는 현상이다. 우리는 점점 더 많은 시간을 온라인에서 보내고 있다. 스마트폰, 컴퓨터, TV까지도 인터넷에 연결되어 있다. 앞으로 자율주행차가 보편화되면, 이동 중에도 인터넷을 통해 다양한 콘텐츠를 소비하게 될 것이다. 자율주행차 내부에서 동영상을 스트리밍하거나 실시간 정보를 주고받으며 시간을 보내는 것이 자연스러워질 것이다. 그리고 이 과정에서 인터넷 경제는 더욱 커질 것이고, 금융 시스템도 새로운 방식으로 변화할 수밖에 없을 것이다.

앞으로 우리는 자연스럽게 AI 서비스를 활용하는 삶을 살아갈 것이다. AI는 인터넷과 긴밀하게 연결되면서 우리가 살아가는 방식을 근본적으로 바꾸어가고 있다. 테슬라가 개발 중인 휴머노이드 로봇 옵티머스Optimus를 시작으로, 가정마다 개인 AI 비서를 둔 우리의 미래를 가볍게 예상해볼 수 있다. AI 비서는 단순한 음성 명령을 수행하는 수준을 넘어 실제 생활에서 필요한 다양한 업무를 처리하는 수준으로 발전할 것이다.

이처럼 AI 비서가 일상에 자리 잡게 되면, AI들끼리도 금융 거래를 해야 하는 시대가 올 것이다. 예를 들어, AI가 사용자의 대리인 역할을 하며 정기 결제나 송금을 자동으로 수행하는 방식이다. 하지만 기존 금융 시스템은 국경과 여러 제한에 의해 비효율적이다. 이 문제를 해결할 수 있는 것 또한 비트코인 네트워크로 귀결된다.

현재 AI 서비스들은 개별 기업의 시스템에서 작동하고 있다. 구글은 제미나이 AI, 엑스x는 그록, 마이크로소프트는 오픈AI, 메타는 라마LLaMA라는 독자적인 AI 모델을 사용한다. 그러나 이는 마치 1990년대 초반, 기업들이 각자의 인트라넷을 구축하던 시기와 비슷하다. 결국 시간이 지나면서 모든 인트라넷이 단일한 인터넷 네트워크로 통합된 것처럼 AI도 단일 네트워크 위에서 작동할 가능성이 크다.

이와 같은 흐름에서 금융 시스템도 하나의 단일 네트워크로 통합될 가능성이 높다. 현재 암호화폐 산업 내에서는 멀티체인Multi-Chain과 모노체인Mono-Chain에 대한 논쟁이 계속되고 있다. 멀티체인 세상을 주장하는 사람들은 여러 블록체인이 공존할 것이라고 보지만, 인터넷의 역사에서 볼 때 결국 하나의 네트워크가 승리하는 모노체인 세상이 자연스러운 흐름이다.

비트코인은 이미 가장 강력한 네트워크 효과를 지닌 암호화폐다. 지금도 수백만 개의 알트코인이 존재하지만, 비트코인은 시가총액 1위의 자리를 한 번도 놓친 적이 없다. 비트코인의 지배력은 항상 50% 이상을 유지하고 있으며, 이는 비트코인이 이미 블록체인 세계에서 승자 독식을 향해 가고 있음을 보여준다. 또한, 비트코인은 단순한 자산이 아니라 하나의 네트워크로서 기능한다. 우리가 매일같이 사용하는 비자나 마스터카드 같은 신용카드도 사실 알고 보면 해당 회사들의 결제 네트워크를 우리가 수수료를 내고 사용하는 것이다. 같은 원리로, 비트코인 네트워크는 AI 시대에 우리가 매일같이 사용하는 결제 네트워크가 될 가능성이 높다. 비트코인의 레이어 2 기술인 라이트닝 네트워크는 이미 초고속 비트코인 전송을 가능하게 만들었으며, USDT 같은 스테이블코인이 비트코인 네트워크에서 발행되는 것도 기술적으로 가능해졌다.

이러한 흐름을 종합해보면, 비트코인은 AI가 주도하는 미래 디지털 경제에서 단일 금융 네트워크의 중심이 될 가능성이 크다. AI 기술이 발전하면서 우리의 일상은 점점 더 자동화되고 있으며, 개인뿐만 아니라 AI 비서들끼리의 거래가 필연적으로 이루어질 것이다. 그러나 지금의 금융 시스템은 여전히 국경과 규제에 의해 단절되어 있으며, 서로 다른 네트워크 안에서 제한적으로 작동하고 있다.

그렇다면, 완전한 디지털 경제 시대에서 가장 적합한 금융 인프라는 무엇이 될 것인가? 그것은 중앙기관의 개입 없이 누구나 자유롭게 참여할 수 있고, 전 세계 어디서든 접근 가능한 비트코인 네트워크일 것이다. 과거 석유가 산업 혁명의 핵심 동력이었듯이, 비트코인은 디지털 혁명의 중심이 될 것이다. 인터넷이 하나의 거대한 네트워크로 세상을 연결했던 것처럼 비트코인은 AI, 금융, 경제 활동이 원활하게 이루어지는 디지털 세계의 단일 경제 네트워크로 자리 잡을 것을 예측해볼 수 있다.

변화는 이미 시작되었으며, 앞으로 다가올 미래는 상상보다 훨씬 빠르게 우리 곁으로 다가올 것이다. 비트코인은 단순한 투자 자산이 아니다. 그것은 곧 우리가 살아갈 미래의 기반이며 완전히 새로운 경제의 패러다임을 여는 문이다.

나만 몰랐던 비트코인 용어 모음집

공급량 대비 유통량 Stock to Flow Ratio
자산의 총공급량 Stock을 연간 생산량 Flow으로 나눈 값으로, 비트코인의 희소성을 나타내 가격 예측에 자주 사용

기업용 지갑
기업이 디지털 자산을 안전하게 보관·관리하기 위해 사용하는 전용 지갑으로, 보안성 및 관리 편의성을 강화한 형태

노드 Node
비트코인 네트워크를 유지하는 참여자(컴퓨터)로 거래 검증과 기록 역할을 수행하는 존재. 노드가 많을수록 네트워크의 보안성과 안정성이 높아지며 분산화가 강화됨

노시스 세이프 Gnosis Safe
이더리움 기반 멀티 시그 지갑으로, 여러 사람이 함께 승인해야 자산을 이동할 수 있게 하여 보안을 높인 솔루션

달러 코스트 에버리징 DCA, Dollar-Cost Averaging
투자금을 일정 주기로 나누어 꾸준히 매수해 가격 변동 위험을 낮추고 평균 매입단가를 안정화하는 투자 방법

데리빗 Deribit 거래소
비트코인과 이더리움의 선물 및 옵션 거래를 전문으로 하는 암호화폐 파생상품 거래소

디파이 DeFi
중앙화된 금융기관 없이 블록체인을 기반으로 작동하는 탈중앙화된 금융 시스템

디페깅
스테이블코인의 가치가 기준(ex: 1달러)과 달라져 고정된 가격에서 벗어나는 현상

라이트닝 네트워크 Lightning Network
비트코인 거래를 더 빠르고 저렴하게 처리하기 위한 레이어 2 솔루션으로, 소액 거래에 유리

락앤민트 lock and mint
자산을 특정 체인에 잠그고lock 다른 체인에서 같은 가치를 가진 토큰을 발행mint하는 방식의 크로스체인 기술

레이어 1
독립적이며 자체 블록체인 네트워크를 가진 기초 프로토콜(ex: 비트코인, 이더리움, 솔라나)

레이어 2
레이어 1 위에서 작동하며 성능과 확장성을 개선하는 별도의 프로토콜이

나 네트워크

롱/숏 포지션
롱 포지션은 가격 상승을 예상하고 매수하는 투자, 숏 포지션은 가격 하락을 예상하고 매도하는 투자 방식. 2가지 모두 가격 변동 예측을 통해 수익을 내는 투자 전략

리플 XRP
국제 결제를 빠르게 처리하기 위해 설계된 암호화폐로, 금융기관 간 송금과 결제에 주로 사용

스트래티지 MSTR
대량의 비트코인을 보유한 미국의 상장기업으로, 기관 투자자들의 비트코인 투자 사례로 유명

마진콜
차입금으로 투자한 자산의 가격 하락으로 담보 가치가 부족해질 때 추가 담보나 상환을 요구받는 상황

마켓메이커 MM
시장에 매수와 매도 주문을 동시에 제공하여 거래가 원활히 이루어지도록 돕는 참여자. 거래소 내 유동성을 공급하고 급격한 가격 변동을 방지하며, 이 과정에서 수익을 창출

멀티체인 Multi-Chain
여러 블록체인을 연결하거나 여러 체인 간에 자산 이동이 가능한 구조나 프로젝트를 의미

모노체인 Mono-Chain
단일 체인에서 모든 기능과 활동을 수행하며, 별도의 체인과 연결되지 않

는 블록체인 구조

미실현 손익 비율 Net Unrealized Profit and Loss, NUPL
투자자가 아직 매도하지 않은 보유 자산의 손익 상태를 나타내는 지표로 시장의 심리를 파악하는 데 쓰임

밈주식
온라인에서 유행하는 밈meme이나 SNS 등 소셜미디어를 통해 급격히 인기를 얻어 가격이 급등한 주식

밈코인
인터넷 밈에서 출발해 주목받고 급격히 가격이 변동하는 암호화폐로, 투자보다는 투기적 성격이 강함

바벨론 Babylon
비트코인을 다른 PoS 블록체인에 예치해 스테이킹 이자를 지급받는 크로스체인 프로토콜

바이낸스 Binance
글로벌 최대 암호화폐 거래소로 다양한 코인 거래, 파생상품, 금융 상품 서비스를 제공

밸리데이터 Validator
블록체인 네트워크에서 거래의 유효성을 검증하고 새로운 블록을 추가하는 참여자

법정화폐
정부나 중앙은행이 발행하고 법으로 인정받아 강제 통용되는 화폐(ex: 달러, 원화 등)

본원통화 M0
중앙은행이 직접 발행한 지폐와 동전, 그리고 금융기관이 중앙은행에 맡긴 지급준비금

블랙스완
예측 불가능하고 극히 드물지만 발생 시 시장에 심각한 충격을 주는 사건

블록체인
거래 기록을 블록 형태로 만들어 연결하고 분산된 다수의 컴퓨터에서 공유·관리하는 데이터 저장 기술

블록체인 트릴레마 Blockchain Trilemma
블록체인이 '확장성, 보안성, 탈중앙화' 3가지를 동시에 만족시키기 어렵다는 이론

비트코인
2009년 나카모토 사토시가 만든 최초의 탈중앙화 암호화폐로, 디지털 금이라 불리며 희소성을 특징으로 함

비트코인 기반 POS Proof of Stake 레이어 2 프로토콜
비트코인 위에서 POS 방식으로 작동하여 확장성과 효율성을 개선한 레이어 2 네트워크

비트코인 도미넌스
전체 암호화폐 시가총액 중 비트코인이 차지하는 비율을 나타내며, 시장의 중심성을 평가할 때 사용됨

비트코인 레이어 2 프로젝트
비트코인 네트워크의 성능을 향상시키기 위해 만들어진 부가적 프로젝트 및 기술(ex: 라이트닝 네트워크)

비트코인 캐시 Bitcoin Cash
비트코인에서 하드포크된 암호화폐로 거래 처리 속도와 수수료 개선을 목표로 탄생

비트코인 코어 Bitcoin Core
비트코인의 대표적인 오픈소스 소프트웨어로, 가장 많이 쓰이는 노드 소프트웨어

비트코인 SV Satoshi Vision
비트코인에서 하드포크한 암호화폐로, 원래의 비트코인 철학을 지향한다고 주장하는 프로젝트

세그윗 SegWit
비트코인의 거래 데이터를 압축하고 구조를 개선해 거래 속도와 네트워크 용량을 늘리는 기술

셀프 커스터디 self-custody
암호화폐 보관·관리를 거래소나 제3자에 맡기지 않고 본인이 직접 관리하는 방식

소프트포크 Soft Fork
블록체인의 업데이트 방식 중 하나로 이전 버전과 호환성을 유지하면서 블록체인의 규칙을 변경하는 것

솔라나 SOL
빠른 처리 속도와 저렴한 수수료로 인기를 얻은 레이어 1 블록체인 플랫폼

솔브 프로토콜 SOLV Protocol
비트코인을 예치하면 다른 알트코인으로 이자를 주는 스테이킹 레이어 프로토콜

쇼트 스퀴즈 Short Squeeze
가격 상승 시 숏(매도) 투자자들이 손실을 줄이기 위해 급하게 매수하며 가격이 급등하는 현상

순자산 가치 Net Asset Value
투자 대상의 총자산에서 부채를 뺀 순자산으로, 주식이나 펀드의 내재 가치를 평가할 때 사용됨

스마트 컨트랙트 smart contract
블록체인상에서 조건이 충족되면 자동으로 실행되는 프로그램이며 주로 금융 거래와 계약 실행에 사용됨

스탁투플로우 Stock to Flow, S2F
자산의 희소성을 평가하는 모델로 비트코인의 가격 예측에 자주 사용되는 지표

스테이블코인
가격이 특정 자산(대부분 달러)에 고정돼 가격 변동이 최소화된 암호화폐

시카고상품거래소 CME
암호화폐 파생상품 거래가 이루어지는 세계적 금융거래소로 기관 투자자의 참여가 활발

아발란체 AVAX
높은 속도와 확장성을 가진 레이어 1 블록체인 플랫폼으로, 다양한 디파이 프로젝트를 지원

알트코인
비트코인을 제외한 모든 다른 암호화폐를 뜻하며, 대체 코인이라는 의미

암호화폐
암호화 기술을 이용해 보안성을 유지하고, 탈중앙된 디지털 화폐

앵커 프로토콜
탈중앙화 금융 플랫폼 중 하나로, 안정적인 수익률을 제공하며 인기를 끌었던 프로젝트

양자 내성 암호화 기술
양자 컴퓨터의 해킹 공격을 견딜 수 있도록 설계된 차세대 암호화 기술

어피니티 스캠
공통된 소속감이나 신뢰를 악용해 사람들에게 사기 행각을 벌이는 행위

오르빗 체인 Orbit Chain
다양한 블록체인을 연결하여 서로 다른 자산 간 자유로운 이동을 지원하는 크로스체인 프로젝트. 2024년 1월 1,000억 원 상당의 코인을 해킹당해 국내 거래소들에서 상장 폐지됨

오프램프
암호화폐를 법정화폐로 전환해 현실 경제로 인출하는 과정이나 방법을 의미

온램프
법정화폐를 암호화폐로 전환해 암호화폐 시장으로 진입하는 과정이나 방법

온체인 지표
블록체인 내 데이터를 분석해 시장 흐름과 투자자 행동을 분석하는 지표

웹 2.0
플랫폼 중심의 인터넷 환경으로, 사용자가 콘텐츠를 생성하고 공유하는 현재의 인터넷 구조

웹 3.0
블록체인을 기반으로 한 탈중앙화 인터넷 환경으로, 사용자가 콘텐츠와 데이터를 직접 통제

윌로우 칩
구글이 개발한 양자 컴퓨팅 전용 반도체로, 큐비트 수를 늘려 규모를 확장할 때 오류를 기하급수적으로 줄이는 데 특화되어 있음

유틸리티 토큰
특정 플랫폼이나 서비스 내에서 특정 기능이나 혜택을 얻기 위해 사용되는 암호화폐

이더리움 ETH
스마트 컨트랙트를 최초로 구현한 대표적인 블록체인 플랫폼이며, 가장 활발히 사용됨

이더리움 스마트 컨트랙트
이더리움 블록체인 위에서 작동하며 계약 조건에 따라 자동 실행되는 프로그램을 말함

작업 증명 Proof of Work, PoW
컴퓨터가 연산 작업을 통해 블록을 생성하고 거래를 검증하는 방식으로, 비트코인이 사용하는 방식

제3세대 블록체인
속도, 확장성, 상호운용성을 강화하여 이전 세대의 한계를 극복한 최신 블

록체인(ex: 카르다노, 솔라나)

채굴 노드
작업 증명PoW 방식의 블록체인에서 거래를 검증하고 블록을 추가하는 과정(채굴)을 수행하는 컴퓨터

청산
선물·마진 거래에서 투자 손실이 일정 수준을 초과할 경우 강제로 포지션을 종료시키는 행위

카르다노
과학적 검증과 보안을 강조한 제3세대 블록체인 플랫폼으로, 확장성과 안정성이 강점

코스모스 아톰ATOM
독립적인 여러 블록체인을 연결하고 상호운용성을 높이는 멀티체인 플랫폼

콜드월렛Cold Wallet
인터넷에 연결되지 않은 지갑으로 암호화폐를 가장 안전하게 보관하는 방식

콜옵션
미래 특정 시점에 특정 가격으로 자산을 살 수 있는 권리를 거래하는 금융상품

큐비트Qubit
양자 컴퓨팅의 기본 단위로, 0과 1의 상태를 동시에 가질 수 있어 병렬 연산이 가능함

크로스체인 브리지
서로 다른 블록체인 간에 암호화폐나 데이터를 자유롭게 이동시키는 기술

또는 서비스

탈중앙화
중앙기관 없이 다수 참여자가 함께 결정하고 운영하는 구조로 블록체인의 핵심 개념

탭루트 Taproot
비트코인의 프라이버시와 거래 효율성을 높이는 기술 업데이트로, 복잡한 거래 구조를 숨길 수 있음

토큰
블록체인 위에서 발행된 디지털 자산으로, 특정 용도나 권리를 나타낼 수 있음

토큰 언락 Token Unlock
사전 판매 등으로 묶여 있던 토큰이 정해진 일정에 따라 시장에 풀리는 현상

트랜잭션 transaction
암호화폐 거래나 데이터 전송을 위해 블록체인에 기록되는 모든 거래 행위

퍼블릭 키
암호화폐를 전송하거나 받을 때 사용하는 공개 주소이며, 누구나 접근할 수 있음

폴리곤 네트워크 Polygon Network
이더리움의 확장성 문제를 개선하는 레이어 2 블록체인 플랫폼으로 저렴한 수수료와 빠른 속도가 특징

폴카닷 DOT
여러 블록체인을 연결하여 자산과 데이터를 교환할 수 있게 하는 멀티체

인 플랫폼

풀 노드
블록체인의 전체 데이터를 보유하고 거래를 직접 검증하며 네트워크에 기여하는 노드

풋옵션
미래 특정 시점에 특정 가격으로 자산을 팔 수 있는 권리를 거래하는 금융상품

프라이빗 키
암호화폐 지갑에 접근하고 거래를 승인하기 위한 비밀 키이며, 본인만 알고 있어야 함

프로그래머블 머니 Programmable Money
스마트 컨트랙트를 통해 특정 조건에 따라 자동 실행되는 프로그래밍 가능한 디지털 화폐

플래시론 flash loan
담보 없이 단일 거래 안에서 빌리고 바로 상환해야 하는 디파이 전용 초단기 대출

피드백 루프
특정 현상이 다른 현상을 자극하고 다시 처음 현상으로 되돌아가 증폭되는 순환 구조

하드캡
ICO 등에서 설정된 최대 모금 목표액 또는 암호화폐의 최대 발행량

하드포크 Hard Fork
기존 블록체인에서 완전히 분리되어 이전 버전과 호환되지 않는 새 블록체인을 만드는 방식

BIP Bitcoin Improvement Proposal
비트코인의 개선과 변화를 제안하는 공식적인 문서나 프로세스

C2C Coin-to-Coin
암호화폐 간 직접 교환 거래 방식

CBDC Central Bank Digital Currency
중앙은행이 발행하는 디지털 형태의 공식 법정화폐

CEL 토큰
암호화폐 대출 플랫폼인 셀시어스 네트워크 Celsius Network 의 유틸리티 토큰

ECDSA Elliptic Curve Digital Signature Algorithm
암호화폐에서 거래 인증과 보안을 위해 사용하는 디지털 서명 알고리즘

F2C Fiat-to-Crypto
법정화폐로 암호화폐를 구매하는 거래 방식을 의미

FTT 토큰
FTX 거래소가 만든 자체 코인으로 사용자가 이 코인을 사서 거래소에 예치하면 금액에 따라 거래 수수료 할인 등 혜택이 주어짐

ICO Initial Coin Offering
암호화폐 프로젝트가 자금을 모으기 위해 최초로 토큰을 판매하는 방식

IEO Initial Exchange Offering

거래소가 주관하여 암호화폐 프로젝트의 토큰 판매를 진행하는 방식

M2 광의통화

시중에 유통되는 모든 현금과 예금 등을 포함한 통화 지표로 경제 상황을 평가하는 데 사용됨

NAV 프리미엄

펀드의 순자산 가치NAV에 비해 시장 가격이 높게 형성된 상태로, 투자자의 기대 심리를 나타냄

NFT Non-Fungible Token

고유한 가치와 속성을 가져 대체 불가능한 디지털 자산으로, 예술품이나 게임 아이템 등으로 쓰임

P2P Peer-to-Peer

중앙 관리자 없이 개인 간 직접 거래가 이루어지는 방식을 의미

P2PK Pay to Public Key

수취인의 공개 키로 직접 비트코인을 보내는 초기의 거래 방식

P2PKH Pay to Public Key Hash

공개 키 해시Hash로 비트코인을 보내는 방식으로 현재 가장 흔히 사용되는 거래 유형

PFP Profile Picture **NFT**

프로필 사진으로 사용할 수 있는 NFT로, SNS 등에서 개인의 정체성을 나타내는 용도로 인기가 많음

POS Proof of Stake

자산 보유량에 따라 블록을 생성할 권한을 주는 합의 알고리즘

SHA-256 Secure Hash Algorithm 256-bit
비트코인이 채굴 과정에서 사용하는 암호학적 해시 알고리즘

TPS Transactions Per Second
블록체인이 초당 처리할 수 있는 거래 건수로, 성능을 평가하는 지표

USDT
미국 달러와 가치가 연동된 대표적인 스테이블코인

UST
테라 블록체인에서 발행했던 알고리즘 기반 스테이블코인이며, 디페깅 사태로 유명해짐

UTXO
비트코인에서 아직 소비되지 않고 남아 있는 잔액으로, 지갑의 잔고를 표시할 때 사용됨

나만 알고 싶은 비트코인 사이트 목록

클라크무디Clark Moody
네트워크 수수료, 채굴 해시레이트, 비트코인 총 발행량 등 비트코인 관련 각종 정보를 실시간 확인할 수 있는 대시보드(https://bitcoin.clarkmoody.com/dashboard/)

케이스비트코인CASEBITCOIN
비트코인의 연간 수익률을 금, 주식과 비교해볼 수 있는 사이트(https://casebitcoin.com/)

스트래티지Bitcoin Strategy
비트코인과 개별 통화, 국채, 주식과의 투자 수익률을 비교할 수 있는 사이트(https://www.strategysoftware.com/hyperintelligence/asset-vs-btc)

애셋랭크바이마켓캡Assets by Market Cap
비트코인과 금, 은, 애플 주식 등 주요 자산들의 시가총액 랭킹을 100위까지 실시간으로 보여주는 사이트(https://companiesmarketcap.com/

assets-by-market-cap/)

유에스내셔날데트클락
미국 연방정부 부채 규모, 연간 적자, 국채 이자비용 등 재정 관련 모든 수치를 한눈에 볼 수 있는 대시보드(https://www.usdebtclock.org/)

피아트마켓캡 Fiat Market Cap
각국 통화 시가총액 규모를 비트코인 기준으로 보여주는 사이트(https://fiatmarketcap.com/)

비트코인이즈데드 Bitcoin Is Dead
비트코인에 사망선고를 내린 유명인의 발언이나 뉴스기사를 총망라한 사이트(https://bitbo.io/dead/)

라이트닝네트워크스태티스틱스
라이트닝 네트워크의 노드 수, 채널 수, 캐파시티(트랜잭션 처리 규모) 등 네트워크 현황과 성장 추이를 볼 수 있는 사이트(https://bitcoinvisuals.com/lightning)

글래스노드스튜디오 Glassnode Studio
MVRV, SOPR 등 기본적인 비트코인 온체인 지표를 확인할 수 있는 사이트(일부 데이터는 유료)(https://studio.glassnode.com/home)

코인글라스 coin glass
비트코인 선물, 옵션시장 상황과 펀딩피를 파악할 때 유용한 사이트(https://www.coinglass.com/)

비트코인트래져리 bitcoin treasuries
상장사들과 주요 기업들 비트코인 보유 현황(https://bitcointreasuries.net/)

1971년 이후 무슨 일이? WTF Happened In 1971?
1971년 미국의 금태환 중지 이후 발생한 다양한 경제적 문제들을 그래프를 통해 보여주는 사이트(https://wtfhappenedin1971.com/)

멤풀닷스페이스 mempool.space
비트코인 트랜잭션 수수료와 멤풀(대기열) 혼잡도 상황 등을 확인할 수 있는 사이트(https://mempool.space)

결국 비트코인

초판 1판 1쇄 발행 2025년 9월 19일

지은이 백훈종
엮은이 박연선
브랜드 경이로움
출판총괄 안대현
기획편집 김하나
마케팅 김윤성
디자인 김민서

발행인 김의현
발행처 (주)사이다경제
출판등록 서울특별시 강남구 테헤란로33길 13-3, 7층 (역삼동)
홈페이지 cidermics.com
이메일 gyeongiloumbooks@gmail.com (출간 문의)
전화 02-2088-1804   **팩스** 02-2088-5813
종이 다올페이퍼   **인쇄** 재영피앤비
ISBN 979-11-94508-51-9 (03320)

- 책값은 뒤표지에 있습니다.
- 잘못된 책이나 파손된 책은 구입하신 서점에서 교환해 드립니다.
- 이 책은 저작권법에 의하여 보호를 받는 저작물이므로 무단 전재와 복제를 금합니다.